Ulrich Schaffer

Im Fluss der Zeit

Gedanken beim Älterwerden

HERDER

FREIBURG · BASEL · WIEN

Herder Spektrum Band 6798

Für meine Freunde,
mit denen ich schon seit Jahren in ein erfülltes Alter unterwegs bin

Aktualisierte Neuausgabe 2015

Titel der Originalausgabe: Im Fluss der Zeit. Gedanken beim Älterwerden

www.herder.de

Umschlaggestaltung: Ulrich Schaffer
Umschlagmotiv: © Ulrich Schaffer

Satz: Arnold & Domnick, Leipzig
Herstellung: CPI books GmbH, Leck

Printed in Germany

ISBN 978-3-451-06798-3

Das Alter
ist für mich kein Kerker,
sondern ein Balkon,
von dem man zugleich
weiter und genauer sieht.

Marie Luise Kaschnitz

Wisset,
meine Seele ist so jung,
wie da sie geschaffen ward,
ja, noch viel jünger.
Und wisset,
es sollte mich nicht wundern,
wenn sie morgen noch jünger wäre als heute.

Meister Eckhart

Vorwort

Zu werden, der ich bin

Erfüllt zu altern ist eine Kunst, für die man Mut braucht. Ich möchte nicht den Anschein geben, als könnte ich es. Dies ist kein Buch, in dem gesagt wird, wie man altern sollte. Ich möchte darüber schreiben, wie ich es mache und was ich dabei lerne. Es sind meine »Gedanken beim Älterwerden«.

Dieses Buch ist aus zwei Gründen entstanden. Erstens, weil ich älter werde und zweitens, weil ich spüre, dass ich nicht so älter werden möchte, wie ich manche Menschen habe älter werden sehen. Beim Arbeiten bin ich dann immer mehr an Fragen gestoßen, die sich mit dem Sinn des Alterns beschäftigen. Ist ein Sinn darin zu finden, dass wir so altern wie wir altern, und müssen wir das einfach so hinnehmen?

Mein Leben lang ist mir aufgefallen, dass es leichter ist, das zu leben, was ich mir wünsche, wenn ich eine Vorstellung davon habe: Ich folge meiner Vorstellung, meiner Visualisierung. Durch meine Vorstellung hebe ich es aus dem Bereich des unklaren »eigentlich müsste man das anders machen« heraus und gebe ihm eine Gestalt. Dabei merke ich, dass manche meiner Vorstellungen nicht realisierbar sind – auch das ist wichtig. Ich muss revidieren, was ich mir vorgestellt habe. Dabei ist der Mut wichtig: Wage ich es, das loszulassen, was bisher gut war oder was ich mir vorgestellt habe? Schaffe ich, das zu leben, was anders ist als das, was um mich herum gelebt wird? Woher nehme ich die Kraft?

Dass das Älterwerden eine Kunst ist, fällt mir dabei immer wieder neu auf. Die meisten Künstler lernen, indem sie tun. Sie mögen zu einer Kunstakademie gegangen sein, aber das hat sie nicht zu Künstlern gemacht. Die Welt durch ihr ureigenes Temperament zu sehen und das zu gestalten, was sie dabei erleben, macht sie zu Künstlern. Im Altern ist es nicht anders. Man kann wohl Anstöße durch Seminare und Bücher bekommen, aber am Ende ist es wichtig, sein eigenes Altern bewusst zu üben und neue Formen und Schritte immer wieder auszuprobieren.

Es gibt viele Vorstellungen über das Altwerden. Es reizt mich, meine Beobachtungen zu diesen hinzuzufügen. Eine weit verbreitete Vorstellung ist, im Alter abzubauen. Ab einem gewissen Punkt hat man seinen Höhepunkt überschritten und wird dann zunehmend weniger. Ab fünfundvierzig oder fünfzig Jahre achten wir auf diesen Zerfall und versuchen einzuschätzen, wo wir stehen. Das Modell setzt den Körper als zentral und unser Körper beweist uns, dass unser Modell stimmt: Ab vierzig oder fünfzig können wir manches nicht mehr so, wie wir es mit zwanzig oder dreißig konnten. Spitzensportler sind häufig Teenager oder in ihren Zwanzigern und selten über dreißig. Aber sind wir unsere Körper? Oder haben wir einen Körper, der nur ein Teil der »Ausstattung« ist, mit der wir angetreten sind?

Ich möchte vor dem Hintergrund meines eigenen Lebens untersuchen, was es heißen kann, zu altern. Mich reizt es, ein neues, anderes Modell anzubieten, als das, was ich um mich herum sehe und erlebe. Manche Aussagen haben daher einen allgemeineren Charakter, andere wiederum sind ganz persönlicher Natur: So möchte ich älter werden! Alles ist anfechtbar, alles kann hinterfragt werden. Auch meine Aussagen sollten in Frage gestellt werden, weil das, was für mich gilt, nicht unbedingt für die Leserin oder den Leser wichtig ist. Dieses Buch hat seinen Zweck erfüllt, wenn es zum Nachdenken über das eigene Altern anregt.

Dies ist kein Buch über das Alter. Darüber zu schreiben, steht mir nicht zu - ich bin nicht alt genug. Vielleicht später einmal. Dies ist ein Buch über die kritische Zeit der fünfziger und sechziger Jahre eines Menschen, in der wichtige Entscheidungen über das eigene Altern getroffen werden. Für viele kommt die Zeit des Aussteigens aus dem Beruf. Wie mache ich das innerlich? Wie lebe ich mit meinen erwachsenen Kindern, die nun auf den Höhepunkt ihrer Schaffenskraft zugehen? Was mache ich mit dem vielleicht längsten einheitlichen Block meines Lebens: die zwanzig, fünfundzwanzig oder dreißig Jahre »Ruhestand«? Es ist die Zeit, in der Weichen gestellt werden. Je nachdem, wie wir sie stellen, wird das restliche Leben erfüllt oder ein Abbauen dessen sein, was einmal war. Es wird eine neue Herausforderung bedeuten, oder ein Nachtrauern, weil jetzt nicht mehr alles möglich ist.

Ich habe mich entschlossen, dieses Buch in kleineren Happen zu präsentieren, anstatt einen durchgehenden Text zu schreiben, in dem alles mit allem verbunden ist. Es ist miteinander verbunden, aber jede Haltung und Einstellung kann auch in sich gesehen und beschrieben werden. Wichtig ist mir bei diesem Buch, die Alten nicht wieder zu Jungen zu machen. Es soll viel mehr die Suche nach einem »erfüllten« Altern sein, ohne dabei zu wissen, was »erfüllt« ist. Ich möchte weder den Satz »Das kannst du in deinem Alter noch schaffen«, noch den Satz »Sowas tut man in deinem Alter nicht mehr« anbieten. Ich möchte auch nichts mies machen, auch wenn ich denke, dass es einem gewissen Alter nicht mehr entspricht. Ich vermute auch, dass es Dinge gibt, die jeweils nur die Fünfzigjährigen, die Sechzigjährigen und die Siebzigjährigen tun und denken können. Vielleicht liegt darin die Weisheit – sich dem zuzuwenden, was durch unser Alter an uns herangetragen wird.

Rückblickend – das Buch ist fertig – habe ich gemerkt, wie häufig ich das Wort »zunehmend« gebraucht habe. Es drückt aus, was mit mir geschieht: Ich bin dabei, etwas zu entdecken und mich ihm mehr und mehr zuzuwenden. Eine Einsicht gewinnt Gewicht in meinem Leben. Bei allem Abnehmen geschieht auch ein Zunehmen. Bei aller Begrenzung gibt es auch eine Entgrenzung. Ich bin froh, diese Lebensphase so charakterisieren zu können.

Der Trick ist: die Maßstäbe zu verändern. Ich werde nicht mehr mit Extremsportlern die Welt unsicher machen, aber in zunehmendem Maße werde ich ein Abenteurer des Inneren werden. Und in diesem Inneren geht es nicht um das Leben an den Grenzen des Aushaltbaren oder der Körperkraft, sondern um den Einzug in eine Grenzenlosigkeit und um die Eroberung anderer Dimensionen. Wenn ich es »Trick« nenne, dann meine ich es so: Wenn ich etwas entbehre, leide ich nur solange Mangelerscheinungen, bis ich es nicht mehr unbedingt haben will – dann bin ich frei davon. Wenn wir als Sechzigjährige körperlich unbedingt das leisten wollen, was wir mit zwanzig konnten, werden wir unter unseren Begrenzungen leiden. Wenn wir aber etwas wollen, was zu dem Alter von sechzig gehört und was wir mit zwanzig nicht konnten, dann haben wir uns durch die Verschiebung der Maßstäbe eine Freiheit erdacht und erschaffen. Der Trick ist darum: Nicht mehr auf eine Gesellschaft reinzufallen, die unter einem Diktat, vielleicht sogar einer Tyrannei jugendlicher Werte lebt, und im Altern ein Abbauen sieht, weil eben diese jugendlichen Werte nicht mehr erreichbar sind.

Anders ausgedrückt: Ich möchte meine Begabung für jede Phase des Alterns kennenlernen, anstatt mir von anderen sagen zu lassen, wie ich in meinem Alter leben können sollte. Dieses Buch ist deshalb auch nicht als Maßstab zu verstehen – es ist eine Mitschrift meines Lebens, ein Beschreiben dessen, was für mich wichtig geworden ist und vielleicht für andere auch etwas bedeuten kann. Mehr nicht. Ich weiß nicht, wie du mit fünfzig, fünfundfünfzig, sechzig und siebzig leben willst. Es ist deine Sache.

Wir sind jedoch gemeinsam unterwegs. Wir Alternden und Alten bilden einen prozentual so großen Anteil der Bevölkerung, wie noch nie in der Geschichte der Menschheit. Darin liegt ein ungeheures Potenzial. Wenn wir unser Altern – einzeln und auch im kollektiven Ausdruck – zu einem Beitrag in der Gesellschaft machen können, dann werden wir Erfüllung erleben. Und das ist es doch, was wir uns immer zutiefst gewünscht haben. Oder?

Wir sind wie ein guter, alter Wein. Ich glaube an den Charakter eines Menschen. Wir alle starten mit Anlagen, die durch die Gene unserer Eltern bestimmt sein mögen, oder durch das soziale Umfeld, in das wir hineingeboren wurden. Dazu werden wir durch unsere Umwelt geformt. Wir lernen dazu, wir bilden uns. Dabei gehen wir ständig auf uns selbst zu. Wir haben uns sozusagen im Auge. Ein guter Wein beginnt mit der Traube, aber er wird erst zu dem Wein, der er sein kann, wenn er gereift ist. Keine Phase des Weins ist unwichtig, keine unnötig – jede muss durchlaufen werden, aber die Krönung liegt im alten Wein. Wäre das nicht ein Bild für unser Altern, anstatt des Bildes, bei dem der Höhepunkt in der Jugend liegt und alles damit verglichen wird?

In meinem eigenen Leben spüre ich, dass ich erst jetzt, in meinen Sechzigern, mehr und mehr auf das zugehe, was ich bin. Die ersten zwanzig Jahre waren unbewusst, die zweiten zwanzig Jahre befassten sich stark mit der Existenzgründung. Mit neununddreißig stieg ich aus meinem gelernten Beruf aus und begann, freiberuflich zu arbeiten. Es war noch einmal die Konzentration auf eine neue Existenz, etwas, was es in Zukunft immer mehr geben wird, wenn Menschen drei, vier oder gar fünf verschiedene Berufe oder Karrieren haben werden. Mein neuer Beruf, der eines Schriftstellers, gab mir die Möglichkeit, die Bewusstwerdung aktiv zu verfolgen – ja, der Beruf forderte es geradezu, dass ich mich darauf konzentrierte. Ich spüre, wie ich mehr und mehr ins Bild trete, ich bewohne mich und mein Leben mehr denn je.

Es ist möglich, das eigene Leben als ein Kunstwerk zu sehen, wer immer wir auch sind. Unsere Begabungen sind unterschiedlich, aber ein jeder Mensch hat etwas, was ihm in die Hände gelegt ist: Das sind die Umstände des eigenen Lebens. Niemand ist »unbegabt«. Was machen wir aus den Begabungen und Umständen? Altern heißt für mich, die Umstände meines Lebens in einer Weise zu ordnen, dass sie mich und meine Werte ausdrücken. Altern heißt, zu mir zu kommen.

Als die amerikanische Dichterin May Sarton ein Tagebuch unter dem Titel »At Seventy« (Mit siebzig) veröffentlicht hatte, wurde sie zu einem Vortrag an einer Universität eingeladen. In dem Vortrag sagte sie: »Dies ist die beste Zeit meines Lebens. Ich liebe es, alt zu sein.« Sie begründete das so: »Weil ich mehr ich selbst bin, als ich es je in meinem Leben war. Es gibt weniger Konflikte. Ich bin glücklicher und ausgewogener.« Altern heißt, den Kontext mehr und mehr zu erkennen.

Jung zu sein, ist weder nur etwas Biologisches, noch nur etwas Psychologisches. Es heißt, zu begreifen, dass das Leben sich in jedem Moment, egal wie alt man ist, auftut und unsere Interaktion erwünscht. Ich bin nicht jung, weil ich mit fünfzig Jahren hundert Meter noch in dreizehn Sekunden laufen kann, oder weil ich mit sechzig noch die modernste Kunst verstehe oder schätze. Ich bin nicht alt, weil ich mit fünfzig die Treppen nicht mehr schnell steigen kann oder mir einen neuen Film nicht ansehen will. Messbare Indikatoren mögen für gewisse Kalkulationen wichtig sein, aber sie sind nicht alles. Unser

Alter ist eine so tief innere Sache, dass letztlich von nichts und niemandem als uns selbst entschieden werden kann, wie alt wir sind.

Wir sind so alt, wie wir zu sein meinen. Damit liegt die volle Verantwortung für unser Alter bei uns. Und keine Herablassung oder Aufmunterung von anderen kann uns sagen, wie alt wir sind. Vielleicht gibt es eine Haltung – und sie interessiert mich am meisten – bei der wir uns entscheiden können, zeitlos zu sein. Wenn wir an ein Fortleben nach dem Tod glauben, bietet sich diese Einstellung an. Die Zeit ist eine willkürliche Erfindung und bedeutet wenig. Was für den einen alt ist, scheint dem anderen jung zu sein. Die Länge eines Jahres wird von verschiedenen Menschen sehr unterschiedlich erlebt. Zeitlos zu sein, heißt für mich nicht, die Zeit zu ignorieren. Wir leben bis zu unserem Tod mit der Zeit, mit Terminen und Fristen und können uns manchmal nicht über sie hinwegsetzen. Aber es gibt eine Einstellung zur Zeit, die uns befreit und uns nicht zu ihren Sklaven macht.

Die Griechen hatten drei Begriffe für die Zeit. Äon für eine lange, fast endlose Zeit, Chronos für eine kürzere, messbare Zeit und Kairos, was wir mit »Moment« übersetzen könnten. Die ersten beiden sind Wirklichkeiten, denen wir uns nicht entziehen können, auch wenn der erste Begriff schwer für uns zu erfassen ist. Aber Kairos ist eher eine Einstellung zur Zeit, weniger ein Begriff für die Zeit. Wenn Jesus zu seiner Mutter auf der Hochzeit zu Kana sagt: »Mein Moment ist noch nicht gekommen«, steigt er nicht aus der Zeit aus, sondern stärker in sie ein, durch eine größere Aufmerksamkeit für den günstigen Moment, für das, was passt. Als dieser Moment gekommen ist, macht er aus Wasser Wein, wird uns berichtet.

Es ist diese Zeit, die ich besser erfassen möchte, weil es eine Art Zeitlosigkeit ist. Es zählt nicht mehr was vorher war und was kommen wird, es zählt nicht mein oder dein Alter, sondern wichtig ist allein, den Moment mit seiner Möglichkeit zu erfassen. Und je älter ich werde, desto offener und aufmerksamer bin ich für den Moment. Ich bewege mich aus der Zeit hinaus in die Zeit hinein. Es ist ein Vergnügen. Dabei fällt mir immer mehr auf, dass wenn ich wirklich in einem solchen Moment lebe – es mag das Lesen eines Buches sein, ich mag in einem lebendigen Gespräch mit jemandem stehen oder mich in eine Landschaft begeben, die mich glücklich macht, vielleicht gehe ich auch einer Erinnerung aus dem eigenen Leben nach – dann bin ich zeitlos. Ich lebe nicht mehr mit dem Blick auf die Uhr, aber das gelingt mir noch nicht oft genug. Zu sehr lebe ich noch im »Fluss der Zeit«, in dem Kalender und Uhren das Sagen haben. Ich weiß auch, dass es für viele Menschen in ihrem Beruf nicht geht, nur im Moment zu leben. Ich kenne Abgabetermine, Deadlines – dieses Buches soll in sechs Monaten fertig sein, schaffe ich es, oder werde ich unter Druck kommen? Aber ich weiß auch, dass innerhalb dieser Termine das Momenterleben möglich ist. Ich habe während des Schreibens einen neuen, guten Gedanken, der mir die Welt auftut, und plötzlich – fast wie ein Wunder – bin ich nicht mehr in der Welt der Termine, sondern in der zeitlosen Welt der Einsichten, der Zusammenhänge, und stoße in eine Welt vor, in der ich genauso wirklich lebe, wie in der Welt der Termine.

Aber wir haben ja neben der Welt unseres Berufes, wo diese Art zu leben manchmal schwer sein mag, auch noch die Welt unserer Freizeit. Ich übe, die Haltungen aus der einen Welt nicht in die andere zu verschleppen. Dabei merke ich, dass ich meine Freizeit auch noch mit der Uhr lebe und frage mich zunehmend mehr, ob das nötig ist.

Ich möchte euch mitnehmen auf diese Reise ins Älterwerden. Ich gehe davon aus, dass ihr auch auf dieser Reise seid und dass ich etwas von euren Erlebnissen in mir finde und ihr vielleicht etwas von meinen Erlebnissen in euch wiederfindet. Dann wären wir zusammen unterwegs und es gibt nichts Schöneres, als zusammen unterwegs zu sein, in ein Leben, das man noch nicht kennt, das aber verspricht, spannend und neu zu sein.

Dies ist ein ganz persönliches Buch. Ich zeige mich. Ich schreibe über das, was mich beim Altern bewegt. Es sind die Gedanken eines Mannes in seinen Sechzigern. Sehr gern teile ich meine Erlebnisse, Ängste und Einsichten mit meinen Leserinnen und Lesern. Ich hoffe, dass wir durch dieses Buch und durch die Gedanken, die darüber hinaus entstehen, gemeinsam Wege ins Alter finden, auf denen es sich zu gehen lohnt, und durch die wir Beiträge leisten können, die das Gesicht der Welt zum Guten verändern.

Die Wirklichkeit, in der wir leben, ist meistens die, die wir gedacht haben. Wir schaffen unsere Wirklichkeit durch unser Denken. Darum ist unser Denken entscheidend, wenn wir zumindest ein Mitspracherecht in unser Altern haben wollen. Es gibt Dreißigjährige, die alt wirken und es gibt Alte, die auf eine undefinierbare Art noch jung zu sein scheinen. Es ist darum spannend für mich, zu entdecken, warum der eine vorzeitig alt ist und der andere nicht alt zu werden scheint.

Das, was ich beschreibe, ist nicht immer das, was ich selbst schon kann. Aber ich möchte es denken, weil ich glaube, dass unser gemeinsames Denken uns neue Wege aufzeigen kann. Zwar muss jeder einzelne seinen Weg finden, aber durch das gemeinsame Denken, ist es möglich, neuen Gedanken eine bessere Chance zu geben, die alten, ausgedienten zu ersetzen. Ich möchte gerade im Bereich des Alterns nichts als schon festgelegt sehen. Wie in vielen anderen Bereichen, stehen wir auch hier vor einem Schritt in neue Erfahrungen, die die Generationen vor uns kaum denken konnten. In diesem Denken ist es wichtig, zu begreifen, dass die materielle Welt nicht die letzte Wirklichkeit ist. Wir neigen dazu, unser ganzes Leben so zu leben, als wäre sie es. Wir leben so, auch wenn wir wissen, dass wir durch unsere Einstellungen ständig ins Leben eingreifen. Durch Biofeedback wissen wir, dass unser Denken körperliche Funktionen verändern kann und doch liefern wir uns dem Materiellen immer wieder ganz aus und meinen von ihm bestimmt zu sein. Am Ende geht es um eine andere Wirklichkeit, die es zu entdecken gilt.

Ich habe über fünfzig Gedichte in diesen Band eingefügt. Gedichte zu schreiben gehört seit meinem sechzehnten Lebensjahr zu meinem Leben dazu. Es ist der Versuch, in Bildern und konzentrierten Gedanken etwas von einer anderen Wirklichkeit einzufangen und Einsichten und Erfahrungen zu pointieren. Ich hoffe, dass die Gedichte den Text dieses Buches auflockern, aber ihn auch zugleich vertiefen. Einige von ihnen sind schon früher in anderen Bänden erschienen.

Ich wünsche allen Leserinnen und Lesern ein erfülltes, lebendiges Altern. Erfüllung ist ein wunderbares Wort, voller Geheimnisse und Möglichkeiten. Es kann losgehen.

Ulrich Schaffer
Gibsons, British Columbia,
Kanada, im Sommer 2015

Dieses Ich mit meinem Namen

Soweit wir zu erkennen vermögen, ist der einzige Sinn der menschlichen Existenz, ein Licht anzuzünden in der Finsternis des bloßen Seins.

C.G. JUNG, Erinnerungen

Ich bin gerade aufgestanden und steige nun in den Tag hinein. In meinem Schreibtisch gibt es ein Fach, in dem ich Fotografien von mir in verschiedenen Lebensaltern aufgehoben habe. Ich blättere sie durch. Da ist eines, auf dem ich vierunddreißig Jahre bin – mit langen Haaren, mit einem Bart, der länger ist, als ich ihn jetzt trage. Es wirkt, als wäre mein Gesicht zugewachsen. Manchmal besehe ich die Bilder, als betrachtete ich einen Fremden. Und doch weiß ich, dass ich alle diese Menschen gewesen bin – und ich bin sie noch. Jedes Alter hat in mir etwas hinterlassen. Jedes Alter mit seinen Erlebnissen hat mich geformt. So bin ich der geworden, der ich jetzt bin. Und jetzt werde ich langsam alt. Etwas in mir wehrt sich noch, es so zu schreiben. Nein, ich werde noch nicht alt. Mein Leben ist noch in einer aufsteigenden Linie begriffen. Das Eigentliche kommt noch. Wirklich?

Ich spüre, dass ich den Menschen, der mich aus den Bildern ansieht, liebe. Allein schon bei der Formulierung fällt mir auf, dass es zwei »Ich« gibt: Eines bin ich in meinen Handlungen, und ein weiteres Ich scheint das erste zu reflektieren. Ich bin beide. Ich begleite mich und ich werde begleitet. Ich schlussfolgere daraus, dass das, was ich von mir kenne, nur ein kleiner Teil von mir ist. Viel von mir liegt noch in einer unbewussten Dunkelheit, die mich anzieht. Ich will sie ans Licht bringen, ich will mich mit dem neuen Ich, das aus der Reflexion entsteht, anfreunden, es entwickeln, ihm in seine Abenteuer folgen und es auch lieben lernen. Ich lege die Fotografien weg, schließe die Augen und gehe in mich.

Zunächst ist es noch bewegt in mir, aber langsam wird es ruhig. Ich erkenne mich. Ich projiziere mich in verschiedene Situationen hinein. Ich spiele Szenarien durch, von denen ich vermute, dass sie in der nächsten Zeit auf mich zukommen werden. Ich beobachte, was ich sagen und wie ich handeln werde. Dabei wird das Leben zeitlos. In meinen Fantasien und Meditationen habe ich kein Alter. Ich bin nur ich. Ich ahne, dass die Zeit ein Konstrukt ist, mit dem wir die Welt ordnen. Klein und vorsichtig vermute ich, dass ich eigentlich außerhalb der Zeit lebe. Es ist schwer das zu denken – ständig melden sich andere Gedanken, die sich über die Gedanken der Zeitlosigkeit lächerlich machen. Aber ich halte an ihnen fest und ahne mich in eine andere Welt hinein – die ich, wenn es sie nicht gibt, mit meinem Erahnen zu einer Wirklichkeit machen werde.

Ich öffne meine Augen wieder und setze mich an das Buch über das Älterwerden. Ich bin gespannt, was mir heute zu diesem Prozess einfallen wird, den ich zwar erlebe, den ich aber Tag für Tag, Zeile um Zeile, Begegnung um Begegnung entkräfte und überwinde.

Wenn ich sterbe, werde ich vierzehn sein und durch die wilden Wälder im Norden Kanadas streifen; ich werde sechsundzwanzig sein und mich mit Zittern und doch auch mit jugendlicher Sicherheit um die Stelle als Dozent bewerben und sie bekommen; ich werde neununddreißig sein und meine gute Stelle aufgeben, um freiberuflich zu leben; ich werde fünfunddreißig, zweiundvierzig und dreiundfünfzig sein, umgeben von den Fragen und dem Glück dieser Jahre, vielleicht werde ich fünfundsiebzig sein und mich an den Tod meiner Mutter erinnern, oder ich werde gar achtzig sein und staunen, dass ich noch lebe. Und in allem und durch alles hindurch werde ich ich sein, ohne genau sagen zu können, wer das ist. Und ich werde dieses Nichtwissen genießen, weil es mein kostbarster Schatz ist, der jeden neuen Tag meines Lebens zu einem Abenteuer macht. Und je mehr mir bewusst wird, desto größer wird die Welt und je größer die Welt wird, desto größer kann ich werden, im Sinne der Herzensgröße.

Vielleicht werde ich einmal nicht am Tod sterben, nicht an der Unfähigkeit zu leben, sondern an der Größe der Welt, die ich nicht mehr fassen kann – dann brauche ich eine neue Welt, in der diese Ausdehnung weitergehen kann. Vielleicht wird mir eine Krankheit die plausible Erklärung geben, die auch andere verstehen, aber ich werde wissen, dass ich hineinsterbe in das Größere. Ich übe es, diese Ausdehnung jetzt schon zu denken und vielleicht ein klein wenig von ihr schon hier zu leben.

Ich hätte heute sterben können

Ich hätte heute sterben können.
Es gehört immer dazu,
wie das Frühstück, das Zähneputzen,
wie der Schritt vor die Tür.
Es drängt sich dazwischen,
mit dem Herzen, mit der Lunge,
mit den Zellen, die auf der Kippe stehen:
zu wuchern oder nicht.
Sehe ich genauer hin,
ist es bereits in dem, was ich tue
und bildet die Vollkommenheit dieser Handlungen,
eines Tages, vielleicht heute, vielleicht morgen.

Wenn es so dazu gehört,
ist es Zeit, dass ich es in mich aufnehme,
wie das Schwarzbrot, die Zahnpasta
und die Klinke der Tür.

Ein Traum – am Abgrund entlang

Vor einigen Jahren hatte ich einen Traum, der mich tief berührte und beängstigte. Ich war mit zwei Freunden auf einer Fotoreise in der Wüste von Utah und im Hochgebirge von Colorado unterwegs. Wir reisten bereits zwei Wochen und hatten hauptsächlich die Herbstfarben in Utah fotografiert. Mein VW Westfalia Campingbus war zweimal kaputt gegangen. Das eine Mal auf fast dreitausend Meter Höhe, auf einer ganz schlechten Straße, die nur mit Allrad zu befahren war, versagten die Bremsen und ich kam nur mit »Pumpen« ins Tal. Wir mussten fast zwei Tage auf die Reparatur warten.

Auch wenn ich meinen Camper mag (ich habe in den letzten Jahren vierhundert Nächte in ihm geschlafen), sorgen Autoreparaturen immer wieder für Unsicherheit in mir, weil ich nichts dagegen tun kann. In der besagten Nacht standen wir oberhalb des kleinen Orts Ouray, hoch in den Bergen von Colorado. Es war kalt, Minustemperaturen. Wir hatten keinen Platz zum Wildcampen gefunden und waren auf einen offiziellen Campingplatz gefahren. Unsere Autos standen einige Meter auseinander und so waren wir kurz vor Mitternacht zu Bett gegangen. Andere Camper konnten wir nicht sehen.

Um drei Uhr nachts wachte ich auf und mir war sofort klar, dass ich einen bewegenden, beunruhigenden Traum gehabt hatte. Aber ich konnte mich an nichts mehr erinnern. Der Traum hatte ein Gefühl der Enge in mir ausgelöst. Ich zog den Reißverschluss meines Schlafsacks auf, um mir Luft zu machen, und versuchte den Traum festzuhalten, oder mich wenigstens an Stücke von ihm zu erinnern, aber es gelang mir nicht. Dabei spürte ich meine Angst. Ich hatte das Gefühl, verrückt zu werden. Es war, als stünde ich an einem Abgrund. Ich hatte das Bedürfnis, Licht im Camper zu machen, sagte mir aber, dass ich damit meiner Angst nachgeben würde – ich würde sie anerkennen. Dann wollte ich aus dem Camper aussteigen und einen kurzen Spaziergang in der sternenklaren Nacht machen. Aber auch das verbot ich mir, auch dies wäre ein Eingeständnis meiner Angst gewesen wäre, der damit Futter gegeben hätte. Also blieb ich ganz still liegen und durchdachte mein Leben.

In drei Wochen würde ich mit Waltraud, meiner Frau, zu einer Lesereise nach Deutschland aufbrechen, konnte mir aber nicht vorstellen, wie ich auch nur eine Lesung hinbekommen würde, geschweige denn zweiundzwanzig und dazu noch zwei Tagungen. Ich hatte das Empfinden, dass ich nie mehr etwas ganz Normales würde tun können. Im Dunkel des Campers schien mir mein Leben zu zerbröckeln – mir, der ich doch immer so solide und mit beiden Beinen fest auf der Erde stand, der solche »Anwandlungen« nicht kannte. Ich konnte mich in diesem Moment im Abgrund sehen. Es fiel mir auch auf, dass ich das niemandem würde erklären können. Ich war mit diesem Zustand allein.

Auch am Morgen stand ich noch ganz unter dem Einfluss dieses Traumes. Ich erzählte meinen Freunden davon und sie sagten gleich, dass ich sie doch hätte wecken sollen. Dabei fiel mir auf, dass auch die Wachzeit nach dem Traum noch so unter seinem dem Einfluss stand und meine Sicht der »Wirklichkeit« verdreht hatte. Natürlich hätte ich Licht machen, spazieren gehen oder meine Freunde wecken können. Ich hätte so dem Traum nicht »nachgegeben« oder mich unter seine Angst gestellt.

Was hat das mit dem Altern zu tun? Ich spüre intuitiv eine Verbindung zwischen dem Ausgeliefertsein in diesem Traum und dem Verletzbarsein im Älterwerden. Der Traum selbst ist Ausdruck eines anderen Lebensstadiums, in das ich komme. Das Leben macht etwas mit mir und ich kann nur begrenzt eingreifen. Ich habe zwar immer noch die Fähigkeit, zu entscheiden, wie ich mit den Ereignissen umgehen werde und was ich aus ihnen mache (wie ich ihn auch verarbeite, indem ich über ihn schreibe), aber ich kann nicht verhindern, dass ich diesen Traum mit seinen Konsequenzen geträumt habe und dass er etwas mit mir gemacht hat.

Wenn wir offen und echt altern, dann haben wir zunehmend das Gefühl der Verletzbarkeit im Leben. Die Welt scheint größer zu werden, oder wir werden kleiner. Oder beides geschieht. Ich vermute, dass es ein Teil des Loslassens und Loslösens ist. Ich bemühe mich nun darum, dass es nicht ein resignatives Loslassen und Loslösen ist, sondern eine bejahendes, bei dem die Welt ruhig größer werden darf und/oder ich kleiner, weil ich nicht mehr das Bedürfnis habe, die Welt in den Griff zu kriegen. Sie darf mir entgleiten, ich muss nicht mehr alles verstehen oder meinen, ich verstünde es, wie vielleicht in jüngeren Jahren. Das ist die Befreiung, die mit dem Altern kommt oder kommen kann. Viele altern, indem sie sich verschließen, verhärten. Sie reagieren sauer auf ihr reduziertes Verständnis, weil sie an der Illusion festhalten wollen, die sie in jungen Jahren hatten: Dass sie verstehen, wie die Welt funktioniert.

Manchmal erlebe ich meine Verletzbarkeit so intensiv und tief, dass ich meine, damit nicht mehr lange leben zu können. Ich kann mich innerlich nicht so ins Leben geben, weil ich es nicht ertragen kann. Und doch fühle ich mich einerseits stark, und fähig mit dem Leid der Welt umzugehen und es auszuhalten. Dann sehe ich wieder, wie voll die Welt mit Katastrophen und Leid ist, dass ich meine, unter den nächsten Ereignissen zu zerbrechen. Die leise Ironie dabei ist, dass ich nicht so wirke. Ich wirke fest und stark und bin es auch meistens – aber dann kommt ein Erlebnis, wie mein Traum, eine Reihe Bilder im Fernsehen, eine

Emotion, ausgelöst durch etwas, was ich lese, und schon spüre ich, dass ich an den Abgrund geführt werde, dass jede Festigkeit nur eine Illusion ist, die wir zu einer Weltsicht aufgebaut haben.

Ich erlebe diese Empfindsamkeit wie eine Art Vorbereitung auf eine andere Welt. Auf Dauer ist es nicht möglich, so empfindsam zu leben. Es ist ein Missverhältnis. Wie diese andere Welt sein wird, weiß ich nicht. Vielleicht wächst unsere Unfähigkeit, in dieser Welt zu leben, mit unserer Fähigkeit, immer mehr auszuhalten, weil wir das Leben auf einer tieferen Ebene besser verstehen. Die Empfindsamkeit wächst in dem Maße, wie wir verkraften können, was wir erleben. Ob es einen Zutritt zu dieser anderen Welt schon hier und jetzt gibt, versuche ich zu erfahren. Vielleicht gibt es eine Art Erleuchtung, in der sich diese andere Welt zwischen zwei Erlebnissen, in dem Bruchteil einer Sekunde auftut. Dann wäre es die Kunst, diesen Bruchteil einer Sekunde auf eine lebbare Zeit von einer Minute oder gar einer Stunde auszudehnen. Darin liegt für mich die Kunst des Alterns. Es ist mir zu wenig, nur geistig aktiv zu bleiben, als wäre geistige Aktivität oder intellektuelle Beschäftigung etwas Wertvolles an sich. Vielleicht ist es das auch, aber es ist mir zu wenig, wenn es in dieser Aktivität nicht eine Entwicklung gibt, die ein Ahnen des Ganzen ermöglicht.

Hinter dieser Sensibilisierung steckt für mich auch

der mystische Gedanke, dass es eine Art von Stellvertretung im Leben gibt. Vielleicht wird mir etwas aufgebürdet, damit es irgendwo auf der Welt einem Menschen, der etwas nur schwer ertragen kann, leichter geht. Mit diesem Gedanken spüre ich mich zunehmend mehr mit der ganzen Welt verbunden. Ich lebe nicht nur für mich, sondern für die Welt. In mir kreuzen sich Möglichkeiten, um etwas ganz Einmaliges zu bewerkstelligen – und dies nicht nur für mich, sondern als ein Stein in dem großen Mosaik, das ich nie überschauen werde, das sich aber in einem tiefen Glauben an meine Zugehörigkeit zu allem ausdrückt.

Mit dem Traum hoch in den Rocky Mountains über Ouray ist die Kruste der Erde ein Stück dünner geworden. Ich glaube nicht, dass ich einbrechen werde, aber ich gehe nicht mehr ganz so sicher auf ihr. Manchmal hätte ich gern die alte Festigkeit wieder, aber meistens empfinde ich die neue Unsicherheit nicht als einen Verlust, sondern als einen Gewinn: Ich lerne, zarter mit mir selbst und mit der Welt, die ich jeden Morgen neu betrete, umzugehen. Schon einige Tage nach dem Traum konnte ich ihn als großes Geschenk verstehen.

Ich habe die Lesereise drei Wochen später gemacht – zum Thema »Das Wunder in uns«. Sie ist gut gelungen, alle vierundzwanzig Stationen. Vielleicht war ich ein wenig gedämpfter und vorsichtiger, aber die innere Kraft, meine Gedanken mit Leidenschaft und Überzeugung darzustellen, war da – trotz des Traums. Ich merkte, dass das Erlebnis seine eigene Wirklichkeit besaß, die mir etwas zu sagen hatte, dass ich aber trotzdem mein Leben noch gestalten konnte.

Sanftmut

Ich erinnere mich an meine Großeltern mütterlicherseits. Bis zu meinem zehnten Lebensjahr wohnten sie bei uns. Sie waren alt. Sie bewohnten eine andere Welt, auch wenn ich mich besonders mit meinem Opa gut verstand. Wir konnten sogar miteinander ringen: er dreiundachtzig, ich acht. Ich sehe ihn noch seine Predigten vorbereiten, er war Pastor und half auch im Alter noch aus. Meine Mutter hat mir versichert, dass ich seine Augen habe und es wirkt auch so für mich auf Bildern. Wichtig in meiner Erinnerung ist mir seine Sanftmut an ihn. Ich wünsche mir, diese Art von Sanftmut zu erreichen. Ich wünsche mir eine Sanftmut, die nicht durch Müdigkeit oder Resignation entsteht. Der Vorname meines Opas ist mein Zweitname: Gustav. Ich trage ihn in mir.

Ich bin dran

Wenn ich über das Altern gefragt werde, neige ich erst einmal dazu, zu sagen, dass ich darüber wenig weiß. Ich bin jetzt in diesem Prozess des Alterns– neben anderen – in der Annahme, dass es andere gibt, die darüber besser Bescheid wissen. Es ist eine typische Reaktion – ich fühle mich noch nicht alt genug, darüber zu befinden. Aber ich bin alt genug, ich bin jetzt dran. Ich muss mir sagen: »Du hast reflektiert gelebt, du hast Ideen über das Altern. Nimm sie ernst.« Ich wage mich in einen Bereich vor, der immer anderen gehört hat – den Älteren.

Hindernisse

Ich erlebe jetzt manchmal Hindernisse als unüberwindbar. Sie mögen nicht so groß sein, und doch scheint schon der Gedanke an sie, mir die Energie zu nehmen. Es ist mehr ein Empfinden, als eine sachliche Feststellung. Ist es, weil ich etwas anderes tun sollte, oder weil ich nicht mehr so viel Kraft habe wie früher?

Es ist gut, älter zu werden

Alles strebt den Punkt an,
an dem sich trifft, was noch Erlösung sucht.
Das Wunder kann geschehen.
Ich habe mich ein Leben lang danach ausgestreckt,
ich habe gedacht, gehofft,
gewacht und geträumt.
Jetzt fügen sich die Dinge zueinander,
die Vergebung wächst über die Steppe,
die Tiere meines Herzens sind zahm geworden.
auch wenn ich noch wild sein kann,
um verwegen zu lieben.

Mit meiner Neigung biege ich
die Wirklichkeit mir zu.
Ich ahne meinen Platz in der Weisheit der Dinge
und in der Stille der Zeit.
Es ist gut,
älter zu werden und zu sehen,
wie sich das Maß füllt,
zum ersten Mal, zum letzten Mal.
Schon wenn ich dir in die Augen sehe,
ereignet sich vorsichtig der Sinn.
Komm in das Zuhause,
das wir uns erschaffen haben.

Älter werden

Als ich begann dieses Buch zu schreiben, war ich achtundfünfzig. Inzwischen bin ich zweiundsiebzig. Es hat sich im Prozess des Schreibens immer wieder verändert. Eigentlich habe ich es während der letzten dreißig Jahre geschrieben. Schon als ich recht jung war, habe ich Menschen ganz bewusst beim Altern beobachtet und mir fast intuitiv gesagt: Ich suche nach Menschen, die auf eine Weise alt werden, die mir gefällt. Beim Altern schienen mir die, die ich beobachtete, aus dem Leben hinauszufallen. Das Leben ging an ihnen vorbei. Sie schienen auf der einen Seite etwas zu verlieren, aber auf der anderen Seite nichts dazu zu gewinnen. Das Alter schien sie zu berauben und nicht zu beschenken. Ich hörte zwar, dass mit dem Alter die Reife kommt, aber sie war schwer zu finden – Theorie und Praxis klafften auseinander. Ich habe mir damals gesagt, dass ich versuchen will, anders zu altern. Erst später merkte ich, dass wir so altern, wie wir gelebt haben, als wir jung waren. Nur werden manche unserer Unarten und Unreifen nicht mehr durch jugendlichen Elan und jugendliche Anmut verdeckt. Beim Altern werden wir sichtbar. Die Kleinlichkeit von früher ist nicht mehr niedlich, die jugendliche Naivität wirkt dumm, eine gewisse Begeisterung wirkt unreif, das ängstliche Misstrauen eines Jugendlichen ist nun zu handfester Schwarzseherei und Pessimismus geworden, die unangenehm sind.

Im Alter werden wir die, die wir immer waren. Wir hätten es gern anders. Wir möchten gern das Unfertige und Unreife mit dem chronologischen Älterwerden in Reife und Weisheit verwandeln. Aber das erfordert eine Bewusstwerdung und einen Einsatz. Wir leben in einer Kultur, die das Altern verdrängt, verschweigt oder belächelt. Allein schon, dass es den Spruch gibt: »Da siehst du alt aus«, deutet darauf hin, dass alt zu sein der Inbegriff von allem Schlechten ist. Auch ist das Altern mit Sterben verbunden und das Sterben haben wir allgemein noch nicht als Teil des Lebens angenommen. Wir sehen es als etwas Tragisches, Schweres und Unerklärliches, das wir am liebsten ausblenden. Wir können darum in unserer Kultur auch nicht erwarten, viel über das Sterben zu lernen.

Manche meinen, das Altern sei ein natürlicher Prozess und wir lernen von selbst, damit umzugehen. Meine Beobachtung ist es, dass zwar das körperliche Altern etwas ganz Natürliches ist – wir altern wie Tiere und Pflanzen aber das heißt nicht, dass wir innerlich erfüllt und mit Sinn altern. Es ist, als wenn die Seele und der Geist lernen müssen, manchmal mühsam und mit viel Not, was dem Körper von allein zufällt.

Jetzt bin ich dran. Seit Jahren frage ich mich, ob es mir gelingen wird, anders zu altern, als ich es um mich herum erlebt habe. Oder werde ich auf junge Menschen

Dr. Who und eine gewisse physikalische Unmöglichkeit

Vor Jahren gab es eine wunderbare Fernsehserie aus England, sie hieß »Dr. Who«. Wir haben sie als Familie fast jeden Samstag angesehen, auch wenn sie erst nach Mitternacht kam. Es war eine Science Fiction Serie, in der das Hauptfahrzeug eine einfache »Police Box« – eine Telefonzelle – war, aus der man die Polizei anrufen konnte. Darin hauste Dr. Who, ein einsteinscher Krauskopf mit einem fünf Meter langen Schal, der sich darin durch Raum und Zeit bewegte. Aber diese Telefonzelle war überraschend anders. Zwar war sie etwa einen auf zwei Meter hoch, aber wenn man sie betrat, befand man sich sofort in einem großen Zeit und Raumschiff. Das Innere war sehr viel größer als das Äußere. Innen war die Telefonzelle gewaltig groß und barg schier unendliche Möglichkeiten in sich.

So fühle ich mich mit zunehmendem Alter immer mehr. Äußerlich werde ich weniger: Ich schrumpfe, die Haare fallen aus, und die, die bleiben, werden dünner und fliegen im geringsten Wind. Die Gaumen bilden sich zurück, trotz täglicher Behandlung mit Zahnseide und einer elektrischen Zahnbürste, die Kniegelenke machen sich bemerkbar, der Rücken wird steifer, auch wenn ich weiß, dass das angeblich nicht »nötig« ist im Alter.

Aber wenn ich nach innen gehe, gibt es da ein anderes

Bild. Dort ist mehr los, als je zuvor in meinem Leben. Dort werde ich größer, nicht im Sinne der Expansion, sondern im Sinne der Tiefe, der Sehnsucht, der Weite. Ich merke jetzt, wie lange ich glaubte, dass beides simultan gehen müsste: Innen und außen müssten zusammen größer werden. Der Körper, das Sichtbare, das Messbare müsste doch eigentlich mit dem Inneren mithalten können. Was sollte sonst alle Vergrößerung innen, wenn das Außen nicht mithalten könnte? Wie sollte sich die innere Weite manifestieren, wenn nicht in einer größeren äußeren Reichweite? Jetzt merke ich, dass die innere Größe ihren ganz spezifischen Ausdruck sucht. Vielleicht liegt er in der größeren Verletzbarkeit – wie weise wäre da das Leben wieder: Die Expansion wählt ein zerbrechlicheres Gefäß um sich zu manifestieren. So läuft diese innere Expansion, die für mich eine Konzentration ist, nicht Gefahr, wieder die Expansion der Jugend zu werden. Ich merke diese Gefährdung manchmal recht deutlich.

Ich mag die Police Box von Dr. Who. Außen ist sie ganz normal. Sie fällt nicht auf. Die Zeit der äußeren Extremabenteuer ist vorbei. Ich werde nicht mehr machen, wovon ich früher manchmal geträumt habe. Vielleicht war das Träumen sowieso wichtiger, als es tatsächlich zu tun. Das Träumen war wie eine Vorschule für das spätere Leben, für die innere Expansion, die ich jetzt spüre. Ich erlebe, dass es innere Abenteuer gibt, in die ich mich vor dreißig

Jahren nicht hineingewagt hätte: theologisch, psychologisch, zwischenmenschlich. Ich bereite jetzt das vor, was nur ein Sechzigjähriger oder Siebzigjähriger tun kann.

Aufbruch

Man spricht jetzt über den neuen Aufbruch im Alter. Solange das nicht eine neue Form der Ablenkung ist, finde ich es gut. Es gibt ein Ausblenden des Alters, aber es gibt auch eine Geschäftigkeit, die sich vielleicht sogar mit dem Altern befasst, bei der man das nicht spürt und erlebt, was im eigenen Alterungsprozess wichtig wäre.

Held

Es hat mich nie wirklich interessiert, ein Held zu sein. Warum wohl nicht? Höchstens ein Held in der Innenwelt. Dort Gedanken zu überwinden, wie Drachen, indem ich sie in mein Leben integriere, und dann Haltungen zu entwickeln, mit denen man neue Orte auf der Welt entdeckt.

Leiser

Im Alter würde ich gern ein erfüllter Leiser sein.

Auch ist die Angst da...

Als ich unlängst – nach drei Monaten mit Unterleibsschmerzen, von denen ich erwartete, dass sie irgendwann weggehen würden – endlich zum Arzt ging, machte der eine bedenkliche Miene und sagte: »Ich schicke Sie zum Ultraschall, damit wir sehen, was da Böses in Ihnen wächst.« Das saß. Es dauerte einige Wochen ehe die Resultate der Untersuchung vorlagen. Man hatte nichts gefunden. Auch bei anderen Untersuchungen wurde nichts gefunden. Aber jeder Tag barg die Möglichkeit eines Desasters in sich. Die Sicherheit des Lebens war erschüttert.

Ich lerne noch, damit umzugehen. Ich will diese Wirklichkeit nicht abtun, aber ich will sie auch nicht überbetonen. Beide Reaktionen sind die häufigsten, die wir bei alternden Menschen finden. Die einen wollen nicht über das Sterben reden, sie finden es morbide. Sie wollen leben. Die anderen neigen zur Hypochondrie – jede Krankheit wird registriert, sie warnen, sie reden über das, was nicht geht. Insgesamt räumen sie dem körperlichen Zerfall einen sehr großen Platz ein.

Zu Altern ist, in einem Schwebezustand zu leben. Beide Gruppen »arbeiten« nicht mit dem Schwebezustand, sie setzen ihn nicht für sich ein. Entweder unterschlagen sie ihn oder sie betonen ihn zu sehr. Entweder setzen sie viel Energie für die Verdrängung ein, oder sie beschleunigen einen Ablauf, durch ihre Konzentration darauf.

Statistisch hat ein Sechzigjähriger noch zwanzig Jahre zu leben, aber dafür gibt es keine Garantie. Die Chancen sind gut, achtzig Jahre alt zu werden, aber es kann jeden Tag zu Ende sein. Das gilt auch in der Jugend, aber da ist das Sterben so weit weg, dass man es als junger Mensch nicht mit in die Gleichung nimmt – man ist in gewisser Weise unsterblich. Ich suche nun nach einer Möglichkeit, diesen Schwebezustand einzusetzen, die Energie, die in ihm steckt, für mich zu verwenden. Was sich da zunächst anbietet, ist die höhere Wertschätzung des Lebens, weil der Tod bereits hörbar angeklopft hat. Die eigene, wahrgenommene Sterblichkeit gibt dem Leben einen größeren Wert, spitzt zu, was es noch zu erleben gibt.

Die andere Reaktion ist das Umschwenken von der Expansion in die Reduktion. Wenn ich weiß, dass mehr als dreiviertel meines Lebens vorbei sind, dann bietet es sich an, nicht mehr so zu leben, als hätte ich noch eine große Zukunft, die aufzufächern wäre. In dem Sinne befremdet es mich, wenn alte Männer noch Kinder zeugen. Es ist, als hätten sie dreißig Jahre lang nicht in den Spiegel geschaut. Vielleicht brauchen sie den Beweis ihrer körperlichen Potenz, weil sie sich über ihren inneren Wert unsicher sind.

Ich habe manchmal das Empfinden, dass es mit meinem Schreiben jetzt erst richtig losgeht. Aber es ist keine

Expansion, sondern eine Konzentration, eine Vertiefung. Ich bohre mich in die Erde hinein, ich begebe mich an die Innenseite der Dinge und Menschen. Mich interessiert die kosmetische Seite immer weniger und die substantielle Seite immer mehr. Es ist die Reise zum Herzen der Dinge. Dahinter steckt einerseits die Begrenzung, die ich spüre, aber andererseits auch der Glaube, dass durch diese Konzentration eine neue Welt zu entdecken ist – die ich entdecken muss, wenn ich erfüllt altern will.

Inwieweit wir diese neue Welt entdecken, wird nicht so sehr durch unsere Fähigkeiten bestimmt, wie durch unsere Selbsteinschätzung. Da sagt einer: »Ich gehe es an« und traut es sich zu. Und ein anderer sagt: »Das werde ich wohl nicht mehr schaffen« und versucht erst gar nicht. Unsere Begrenzungen beginnen in unserem Denken.

Meine Stadt

Ich habe viele Jahre in Vancouver an der Westküste Kanadas gewohnt. Vor fünfzehn Jahren sind wir auf eine Halbinsel außerhalb von Vancouver gezogen, die man nur mit einer Fähre erreicht. Wenn wir jetzt nach Vancouver fahren, staunen wir, wie sich die Stadt verändert hat. Es gibt jetzt »Rapid Transit«, eine Art U/S-Bahn. Die Stadt ist kosmopolitischer geworden. Als ich 1961 mein Studium dort begann, war sie fast eine Kleinstadt. Jetzt hat sie sich zu einer Großstadt entwickelt. Sie lässt mich zurück. Auch so spüre ich mein Alter, ohne zu meinen, ich müsse mithalten. Es entsteht eine Stadt, in der jemand anders jung ist.

Vom Ende her

Von hier aus
kann man schon
das Ende sehen.

Es kann sein,
dass dann alles,
was hier wichtig war, zerfällt,
weil die Energie fehlt,
die früher alles zusammen hielt.

Aber es kann auch sein,
dass alles hier erhöht wird,
in seinen ursprünglichen Zustand.
Da wird dann eine kleine Handbewegung,
wie ein Rauschen des Geistes sein,
das die Welt umkreist
und wir werden erkennen,
dass nichts klein
und nichts unwichtig war.

Eine Lichtquelle

Im Altern sehe ich eine Lichtquelle. Ich lege mit jedem Tag einen größeren Schatz an. Mein Leben wird immer reicher. Erinnerung wird zu Erinnerung gepackt, Gold auf Gold, Edelstein auf Edelstein. Es gibt keine Wiederholungen. Ich schichte um: Was einmal in der Zukunft lag, wird über Nacht Gegenwart und genauso schnell Vergangenheit. Es ist die Bewegung, mit der wir etwas hervorholen, es ansehen und wieder beiseitelegen.

Ich erinnere mich, wie mein Vater – als ich Kind war – tief in einer Torfgrube stand, Torf stach und die Stücke im hohen Bogen über die Schulter zu uns hinauf warf. Wir schichteten sie dann zu kunstvollen Mieten auf, umgeben von blühendem Wollgras. So erlebe ich das Altern: Auf der einen Seite wird etwas weggestochen, herausgelöst aus dem Herzen der Erde, aus dem Dunkel befreit, und auf der anderen Seite wird es gestaltet, aufgetürmt, ins Licht erhoben. Wir legten die Torfstücke versetzt, sodass der Wind hindurch blasen konnte. So trockneten sie schneller und gleichmäßiger.

Mein Leben gleicht einer Torfmiete. Die Jahre werden anders gestapelt: Die, die vor mir lagen, werden jetzt hinter mich gelegt, damit ich an die komme, die noch gehoben und entwickelt werden wollen. Die Miete hat eine große Grundfläche mit der Form einer Pyramide. Ich sehe im

Altern die Möglichkeit, den Wind durch das blasen zu lassen, was ich gelebt habe. Es schrumpft, wird echter, zeigt sich in seiner Vorläufigkeit, wird auf das reduziert, was aus Liebe getan wurde. Irgendwann wird das letzte Stück Torf obenauf gelegt, und das Werk ist fertig. Die Miete muss jetzt trocknen. Das Leben dieses einen Menschen ist fertig, und der Wind bläst hindurch.

Mit dem Alter nimmt das Licht zu, nicht das Augenlicht, nicht das Licht des blühenden Körpers und auch nicht das Licht der beglückenden Möglichkeiten – all das wird geringer. Aber das Licht, das ein inneres Glühen ist, wird stärker. Die Tage werden dichter, die Liebe, die sich selbst durchschaut, wird reifer, Zusammenhänge werden durchsichtiger – Gott wird nahbar. Das Glühen beginnt an einem Ort, den ich nicht kenne.

Das Schwert über mir

Seit einigen Jahren lebe ich bewusst mit einem Schwert über mir. Den Gedanken gab es schon früher, aber er war immer nur begrenzt »wirklich«. Ich wusste, dass ich jederzeit sterben könnte. Aber ebenso schien ich überzeugt zu sein, dass es nicht passieren würde – dafür war ich einfach zu jung.

Mit fünfzehn hatte ich mich zur Waldbrandbekämpfung im Norden von British Columbia gemeldet. Ich wurde tief in die Wildnis zu einem Feuer geschickt, das sehr groß war und am Ende zwei Monate lang brannte. Ich war verantwortlich, die Spritze zu bedienen. Wir arbeiteten achtzehn Stunden am Tag. Darum machten wir meistens einen Mittagsschlaf, irgendwo im Wald weit genug weg vom Feuer. Ich fand es seltsam, musste aber mitmachen, weil die ganze Mannschaft für eine gewisse Zeit ausfiel. So schlief ich eines Mittags an einem steilen Berghang ein. Über mir brannte das Feuer langsam den Berg herunter. Ich wachte auf, von dem Geräusch eines Steins von vielleicht fünfundzwanzig Kilo, der direkt neben meinem Kopf eingeschlagen war. Er hatte sich gelöst, als das Moos um ihn herum verbrannt war. Auch wenn ich wusste, dass der Stein mich erschlagen hätte, wenn er mich getroffen hätte, schien es mir nichts auszumachen. Heute im Rückblick scheine ich mir der Gefahr bewusster zu sein, als ich es damals gewesen bin. Der Tod war nicht wirklich.

Als vor einigen Jahren die ersten Gleichaltrigen starben, konnte ich den Tod nicht mehr ganz so leichtfertig wegdenken. Er war nähergekommen. Jetzt staune ich manchmal, dass ich noch lebe. Mir ist bewusst, was alles im Körper falsch laufen kann. Jederzeit kann es zu Ende sein – ein Herzschlag, ein Schlaganfall, ein Autounfall, ein schnell wachsender Krebs. Das Leben findet auf Messerschneide statt. Dann wiederum denke ich an meine Mutter, die mit zweiundneunzig Jahren starb, und an meinen

Vater, der vierundachtzig wurde. Daraus errechne ich, dass ich noch ein paar Jahre habe.

Während ich dies schreibe, bin ich siebenundsechzig und eine sehr lange Kette von Menschen marschiert durch mein Gehirn, die alle in meinem Alter schon tot waren. Auch alte Leute, richtig alte Leute – Leute, die also viel älter waren, als ich jetzt bin. Aber sie waren eben nicht älter, sie waren sogar jünger, als ich es jetzt bin – sie wirkten damals nur älter auf mich. In den letzten Jahren denke ich häufig: In einer Woche könnte ich tot und bereits beerdigt sein.

Wenn ich beginne ein neues Buch zu schreiben, dann frage ich mich jetzt jedes Mal, ob ich es wohl fertigstellen werde. Das hat nichts mit Morbidität zu tun – es ist realistisch. Statistisch gesehen sterben in meinem Alter mehr Menschen als mit siebenundfünfzig oder mit siebenundvierzig. Irgendwann werde ich, wenn ich so lange lebe, die statistische Lebenserwartung erreicht haben, und dann werde ich mit geborgter Zeit leben. Und irgendwann werde ich dann auch zu einer Statistik. Ich werde in den Durchschnitt hineingerechnet und sicherlich wird es Menschen geben, die sagen: Ach, lebte der immer noch, ich dachte, der wäre schon längst tot. Und andere werden sagen: Ach, jetzt ist auch er tot!

Es gibt diese Beschäftigung mit dem Tod, aber ebenso gibt es bei mir eine Leidenschaft für das Leben. Ich lebe bewusster als je zuvor und darum ist mir die Vielfalt, die Buntheit, die unglaubliche Differenziertheit von allem, das mich umgibt, sehr nah. Ich finde es manchmal schwer, zu denken, dass es mich irgendwann nicht mehr in dieser Liebe und engen Beziehung zum Leben geben soll. Ich habe nie etwas anderes gekannt, und das soll von einer Minute zur anderen aufhören! Es ist nicht vorstellbar. Mein Denkapparat wehrt sich dagegen. Und doch weiß ich, dass es eintreten wird. Mich da hineinzufinden ist die Aufgabe, die mir das Leben stellt und die ich mir selbst auch ganz bewusst stelle. Das ist die Arbeit des Alterns.

Das Kunststück ist wieder einmal, die Balance zu halten. Weise werden durch das Alter, aber sich nicht vom Alter lähmen zu lassen. Das ist die eigentlich Aufgabe dieser Lebensphase – den Tod, das Leben informieren zu lassen, aber nicht bestimmen zu lassen. Das ist der Ausdruck der Weisheit, um den ich mich bemühe. Das Alter ist die Zeit, in der wir in beiden Wirklichkeiten leben. Wir fühlen uns einerseits nicht so anders als vor zehn oder zwanzig Jahren und doch wissen wir, dass wir anders sind.

Manchmal finde ich es anstrengend, so unter dem Schwert zu leben. In der griechischen Sage ließ Dionysios ein Schwert über Damokles an nur einem Pferdehaar aufhängen. Es konnte jederzeit fallen. Dionysios wollte ihm damit vermitteln, wie gefährdet das Leben zu jeder Zeit ist. Das spüre ich mit zunehmendem Alter immer mehr.

Wie mache ich etwas daraus? Zu tun, als wäre es nicht so, ist keine Alternative. Die Antwort ist wieder einmal: Wirklich im Moment leben!

Milva singt mit Hingabe das Lied »Hurra, wir leben noch«. Das ist eine Feier wert. Ich lebe noch. Ich trage den Reichtum meines Lebens in mir und kann ihn in diesem Moment, in dieser Stunde, in dieser Begegnung, in dieser Aufgabe einsetzen und neue Erinnerungen herstellen und neue Einsichten gewinnen. Wie wunderbar, auch wenn ich ein vom Tod Gezeichneter bin. Aber jetzt ist der Tod noch nicht hier, er hat noch nicht in mein Leben eingegriffen – das ist der Reichtum des Alterns, das ist die Chance, die ich noch nie hatte.

Ich weiß noch wie wir als Jugendliche das Lied der Beatles »When I'm 64« gesungen haben und dann waren wir irgendwann überraschenderweise vierundsechzig. Die Geschichte, unsere Geschichte, hatte uns eingeholt. Zwei der Beatles sind tot, John nun schon über dreißig Jahre und George Harrison neun Jahre. Das ist das unaufhaltsame Fortschreiten der Zeit. Und doch bin ich auch noch der Neunzehnjährige, der gerade mit Leidenschaft die deutschen Romantiker studiert und Aufsätze über Franz Kafka schreibt und staunt, das der Schriftsteller Wolfgang Borchert an den Folgen des Krieges schon mit sechsundzwanzig gestorben ist. Wie oft habe ich besonders als junger Mann die Fotos von ihm betrachtet und versucht, mich in ihn hineinzudenken. Diese Ströme fließen alle in mir zusammen und sind Ausdruck von mir.

Ich sehe in diesem Zusammenfluss, die unglaubliche Chance, meinem Leben eine Tiefe und Buntheit zu geben, die es nicht hatte, als ich jung war. Die Vielfalt der Welt und die Dichte des Lebens sind synergetisch angelegt. Sie geben einander Energie.

Das Leben wird eine Art kompliziertes Glasperlenspiel, in dem alles mit allem verbunden ist und in dem alles in gewisser Weise Ausdruck eines Phänomens ist. Die Trennungen werden mehr und mehr aufgehoben. Alles lebt in mir und ich bin in allem anwesend. Das wird mir gerade in der Verletzbarkeit unter dem Damoklesschwert deutlich. Einsichten gewinne ich in den Grenzgebieten meines Lebens.

Außerhalb der Zeit

Wie wäre es, wenn es uns gelänge, so zu leben, dass die Zeit aufgehoben wäre, wenigstens für eine kurze Zeit? Liebende sind sich in Momenten ihrer Liebe keiner Zeit bewusst. Man müsste die Dinge, die Menschen, die Begegnungen, die Gedanken, die Erkenntnisse so wichtig nehmen – nicht im bewundernden, anbetenden Sinn, weil das wieder Abstand schafft – aber im wahrnehmenden, liebenden Sinn, dass sie uns als ihre Heimat wählen und wir – so getroffen – die Zeit vergessen.

Je mehr wir uns mit dem Leben einlassen, desto mehr kann es uns gelingen, die natürlichen Grenzen zu transzendieren. Darum lohnt es sich, sich im Alter nicht herauszunehmen, sondern sich noch tiefer ins Leben hineinzubegeben. Vielleicht ist es möglich, so »im Leben zu sein«, dass wir uns aus der Zeit hinausbewegen und die Zeit stillsteht. Das geschieht in Momenten besonderer Erkenntnis. Epiphanie kennt keine Zeit.

Sitzend

Ich sitze viel am Schreibtisch. Irgendwo in mir gibt es den Glauben, dass ich mir vieles »erdenken« kann. Ich bin darum gern zuhause, in meinem Arbeitszimmer, umgeben von Büchern. Ich glaube an die konsequente, kontinuierliche, gedankliche Beschäftigung mit dem, was für mich wichtig ist. Ich erlebe nicht nur mein Alter, sondern denke es gleichzeitig. Meine Gedanken machen mir Unsichtbares sichtbar. Heute bin ich, was ich denke.

Segen

Es ist ein unbeschreibliches Glück,
mich in diesem Abend zu befinden.
Ich habe mich nicht angemeldet,
aber vielleicht hat der Abend mich erwartet.
Auch wenn ich kein Recht habe,
jetzt die klare Sichel des Mondes über mir zu sehen,
oder die dunkle Endlosigkeit des Meers
zu meinen Füßen zu spüren,
kann ich es als ein Geschenk annehmen.

Es ist nicht selbstverständlich,
dass ich bei mir geblieben bin,
bei dem, den ich kenne,
und nicht ein Fremder in meiner Haut geworden bin.
Unzählig sind die Möglichkeiten,
die mich herauslösen könnten
aus dem Geschenk dieses Abends
und aus den Narben auf meiner Haut.

Ich fülle den Abend von Stunde zu Stunde,
so wie er mich erfüllt, mit dem Wissen,
dass ein seidener Faden mich
mit dem kostbaren Leben verbindet.
Und verstohlen liebe ich den, der ich geworden bin.

Androgyn: Jenseits der Biologie

Wir alle leben in einer Zeit, in der das Fassbare, Messbare, Beweisbare als wirklicher angesehen wird, als das Unfassbare, nicht Messbare und Unbeweisbare. Das hat ungeheure Konsequenzen für unser gesamtes Leben. Eine dieser Konsequenzen ist der weit verbreitete Glaube, dass wir unser Körper sind. Wir können ihn anfassen, ihn im Spiegel besehen, ihn mit anderen Körpern vergleichen: Er ist wirklich.

Unsere Seele können wir nicht sehen, wir wissen nicht wo sie steckt, wie sie beschaffen ist und wie wir sie versorgen und nähren können, so wie wir es für unseren Körper wissen. Ebenso unser Geist: Wieviel unseres Geistes ist angeboren, gelernt oder von anderswo bestimmt? Wo sind seine Grenzen und wie unterscheiden sich Seele und Geist? Wir haben viele Fragen und nur wenige Antworten.

Da bietet es sich an, sich selbst in erster Linie als Körper zu sehen. Darum glauben wir, jung zu bleiben, wenn wir unseren Körper jung erhalten. Wir fühlen uns wie unser Körper, was verheerende Folgen haben kann, wenn unser Körper altert, und nicht dem Ideal entspricht, das wir überall um uns herum sehen und vermittelt bekommen. Da kann ein Mensch in eine Depression fallen. Das ist die Diktatur einer materialistischen Weltsicht: Der Glaube, dass das Material, das Materielle das Eigentliche ist.

Wenn wir jung sind, ist die Identifikation mit unserem Körper leicht. Wir sind unsere Biologie. In der Pubertät sind wir »hormonell«. Wir nehmen die Welt über unseren Körper auf und begeben uns körperlich in die Welt hinein. Wir sind betont Jungen und Mädchen, mit allem Glück und mit aller Frustration, die das mit sich bringt. Das andere Geschlecht kann zuweilen sogar der Feind sein. Es ist schwer, mit einem pubertierenden Jungen über seine weiblichen Anteile zu sprechen, oder einem zwölfjährigen Mädchen zu sagen, dass Jungen gar nicht so anders sind als Mädchen.

Älter zu werden heißt für mich, umfassender Mensch zu werden. Nicht mehr in erster Linie Mann oder Frau zu sein, sondern Mensch. Das ist leichter gesagt als getan, weil unsere Kultur uns nach unserem Geschlecht einteilt. Wir haben Vorbilder und Rollen wie wir sein sollten, wir leben mit Regeln, die entweder für Männer oder für Frauen gelten. Es gibt Vorstellungen, die sich uns anbieten oder gar aufdrängen, was es ist, Mann oder Frau zu sein. Dabei gehen wir davon aus, dass es zwei Geschlechter gibt und diese uns geprägt haben. Aber erleben wir unsere Geschlechtlichkeit nicht genauso individuell, wie wir auch sonst alles andere erleben? Für den einen Mann besteht das Glück im Mannsein, in seiner körperlichen Stärke, während ein anderer Mann sich als Eroberer versteht, sei es von neuen Entwicklungen, neuen Landschaften oder neuen Frauen, und ein dritter eine Sensibilität entwickelt hat, die für manche Männer nicht mehr typisch männlich ist. Wir sind darum viel mehr als unsere Geschlechtlichkeit.

Für mich heißt älter werden, meine Geschlechtlichkeit neu zu verstehen und sie vielleicht auch ein wenig zu belächeln. Es ist etwas seltsam Trauriges, einen älter werdenden Menschen zu sehen, der fast verzweifelt versucht, eine gewisse Form der eigenen Geschlechtlichkeit festzuhalten – meistens eine jugendliche Form, die wie ein Stehenbleiben wirkt. Ich meine hier nicht Potenz oder Orgasmusfähigkeit, sondern eine Enge der Sicht.

Haben wir nicht in unseren Zwanzigern erlebt, dass es viel mehr gibt, als wir in unserer Pubertät geahnt haben? Fast alles, was wir als Jugendliche erlebt haben, hat beim Älterwerden eine veränderte, erweiterte Form desselben, die es zu entdecken gibt. Wir werden zu etwas fähig, zu dem wir unfähig waren und das wir vielleicht noch nicht einmal wollten. Ein Mensch, der sich dagegen verschließt oder sperrt, versucht meistens noch eine Form des Jungseins festzuhalten, die überholt ist. Der alternde Mann, der lüstern jungen Mädchen nachschaut, ist ein Klischee. Aber in diesem Klischee liegt unsere Unfähigkeit alt zu werden verborgen. Ich kann mein fixiert jugendliches Verständnis meiner Geschlechtlichkeit nicht überwinden, wenn ich nicht etwas Anderes an seine Stelle setzen kann. Wenn der alternde Mann jungen Frauen ein väterlicher Freund werden könnte, als ein Beispiel, wie viel reicher könnte sein Leben sein und wie glücklich könnte er andere machen. Aber das erfordert ein Loslassen alter Vorstellungen über die eigene Geschlechtlichkeit, ein Umlernen, ein Überwinden des Materiellen.

Ich glaube, dass das reife Alter androgyn ist, während das unreife Alter »geschlechtlich orientiert« bleibt. Androgyn ist nicht geschlechtslos. Androgyn enthält beide Geschlechter mit ihren unzähligen Spielarten. Androgyn sein heißt, nicht mehr unter dem Diktat des einen Geschlechts zu stehen, und nicht mehr den Vorstellungen einer Gesellschaft gerecht zu werden, die Androgynie nicht fördert und nur als ein Phänomen in der Rockwelt sieht.

Ich erfreue mich zunehmend an Gesprächen, bei denen mir zunächst nicht auffällt, dass eine Frau oder ein Mann mir gegenüber sitzt. Ein Mensch sitzt vor mir und ich antworte als Mensch. Ich habe mein Mannsein nicht abgelegt – meine tiefe Stimme, meinen Bart, und häufig auch meine Art, die Welt zu sehen, besonders wenn es um zwischenmenschliche Fragen geht, »verraten« mich, aber sie bestimmen mich nicht. Ich versuche vor allem Mensch zu sein. Es macht mich glücklich, wenn ich mich durch diese Art weder von Frauen noch von Männern getrennt fühle. Mann sein, das ist wie eine Zugabe zum

Menschsein – eine schöne Zugabe, aber nicht mehr das Zentrale, das bestimmt, wie ich reagiere.

Ich merke, dass ich mich unter Männern, sowohl wie auch unter Frauen, unwohl fühle, wenn bei sexistischen Witzen stehen geblieben wird, oder wenn der Unterschied zwischen Männern und Frauen betont wird, oder eine gewisse Art des Mannes oder der Frau als männlich oder weiblich vorausgesetzt wird. Ich fühle mich verunreinigt, wenn ich dann im Gespräch so mit hineingenommen werde, als sähe ich die Welt auch so. Dann bin ich der Spielverderber. Ich will es auch sein, weil ich nicht stehenbleiben will. Ich wehre mich gegen die Klischees, in denen ich gefangen gehalten werden soll. Es reizt mich, die andere Hälfte der Welt, die ich um mich herum ein Leben lang wahrgenommen habe, die aber auch in mir steckt, zu entwickeln und sie mir bewusst zu machen. Ich will alle Seiten in mir entdecken. Androgynie hat für mich in unserer heutigen Welt einen besonderen Stellenwert. Es ist immer ein wenig gefährlich eine Haltung »männlich« oder »weiblich« zu nennen, aber ich glaube, dass es Unterschiede gibt.

Vor fast dreißig Jahren habe ich in dem Buch »Sammle mir Kiesel am Fluss« geschrieben: »Ich glaube, dass wir in einer Zeit leben, in der es wichtiger als je zuvor ist, dass wir uns darauf besinnen, wie wir überleben können, im Kleinen und im Großen. Wir stehen kurz vor der wahrscheinlich letzten Katastrophe der Menschheit. Wenn es jetzt schiefgeht, dann gibt es kein ›Danach‹ mehr. An diesen Rand hat uns eine männliche Art, das Leben anzugehen, gebracht. Die Werte der Männerwelt, die Hierarchiebetonung, der Eroberungsdrang, das Besitzdenken, der Kampfgeist, sie alle haben zu dem Verlust einer wichtigen Seite des Menschlichen beigetragen, und darunter leiden wir jetzt. Die weiblichen Werte, das Nach-innen-Nehmen, das In-einem-Stück-Leben, die existentielle Betroffenheit und nicht nur das Verkopfte, das Mit-dem-Mysterium-Verbundene und nicht nur Aufgeklärte, das Schützende und Hegende, das brauchen wir jetzt mehr denn je.«

In den Jahren, die seitdem vergangen sind, hat sich unsere Lage noch mehr zugespitzt und heute würde ich die weibliche Haltung noch stärker betonen, weil wir etwas tun müssen, wenn wir überleben wollen. Als Ziel würde ich die androgyne Haltung ansteuern. Androgynie ist eine Art von Selbstkorrektur. Sie befreit uns aus der Einseitigkeit, in der wir viel leichter grobe Fehler machen. Auch gibt sie uns viel Neues aneinander zu entdecken. Ideal ist dabei, dass wir das andere Geschlecht um uns haben, um uns auf dieser Entdeckungsreise zu leiten. Männer, die ihre weibliche Seite umfassender entdecken wollen, können sich Frauen anvertrauen und von ihnen lernen. Und Frauen können sich an Männer wenden, denen sie trauen, um von ihnen zu lernen, der männlichen Seite in sich selbst nachzuspüren. Auch entlasten wir uns so gegenseitig. Der Mann muss nicht mehr immer stark sein und die Frau kann sich aus den Grenzen befreien, in die sie von einer sexistischen Welt immer noch gesteckt wird.

Ich spüre meine Androgynie in einer wachsenden Verbindung mit meinen Gefühlen. Durch den Beruf des Schriftstellers, habe ich mich viel auf die Reise nach innen begeben und bin dabei auch meiner weiblichen Seite nachgegangen. Ich habe mich oft unter Frauen wohler gefühlt als unter Männern. Ich habe in meinem Leben mehr von Frauen als von Männern gelernt, merke aber trotzdem, dass der Weg in die Androgynie weitergeht.

Es geht um die Überwindung, nicht um das Ablegen der eigenen Geschlechtlichkeit und allem, was dazu gehört. In der Überwindung wird das Existierende nicht ausgelöscht, sondern es wird auf einer höheren Ebene Bestandteil des Neuen. In dem androgynen Mann gibt es noch den »männlichen« Mann, aber es gibt eben auch die Frau. In der androgynen Frau gibt es noch das spezifisch Weibliche, aber es gibt auch das Männliche. So wie sich reife Männer und Frauen ergänzen, anstatt sich zu bekriegen, so ergänzen sich auch die beiden Teile in uns und wir werden komplett und gehen so als Reifere auf andere Menschen zu. Ich kann mir vorstellen, dass unsere Geschlechtlichkeit im Alter zu einer Art wesenhafter Zartheit wird, die uns tiefer berührt, als der Orgasmus unserer Jugend. Aber wir müssen einander helfen, dorthin zu gelangen. Wir müssen lernen, nicht im Fleisch stecken zu bleiben.

Wir sind bei aller Reife doch immer wieder einer Welt und Kultur ausgeliefert, die uns in Männer und Frauen teilt und die für jedes Geschlecht gewisse Haltungen und Einstellungen vorgibt. Wir Alternden müssen uns dagegen wehren, weil wir so in unserer Entwicklung festgehalten werden. Wir sind nicht nur unsere Körper, sondern wir sind transzendente Wesen, begabt mit Seele und Geist, die auf Unendliches ausgerichtet sind.

Das, was uns am tiefsten verbindet, ist unsere Menschlichkeit. Vielleicht gelingt es uns im Alter, den Geschlechterkampf beizulegen, nicht, weil uns die Kraft dazu fehlt, sondern weil wir entdecken, dass wir im Kampf gegen das andere Geschlecht uns selbst bekämpfen, weil ein jeder/eine jede von uns Mann und Frau ist, weiblich und männlich, jeweils in einer ganz einmaligen Zusammensetzung. Es ist für mich wohltuend, dass mir mein Altern in dieser Entwicklung entgegenkommt. Es ist letztlich nicht mehr eine Frage der Wahl, weil es unumgänglich geworden ist, wenn wir diesen Planeten erhalten wollen. Wir können uns nicht mehr den Krieg zwischen den Geschlechtern leisten. Wir brauchen all unsere Energie, um an einer anderen Front zu kämpfen.

Was ich an Liebe verteilt habe

Ich erhole mich von meinem Leben,
von dem Fegefeuer meiner Gefühle,
von der Kühle meiner Gedanken,
um noch eine Runde zu drehen,
in dieser herrlichen Welt.
Sie ist alles, was ich kenne,
sie ist die Leinwand,
auf der ich bis zu meinem letzten Tag malen werde
mit immer neuen Pinseln
und mit einem lockeren Arm,
der gelernt hat,
dass am Ende nur noch zählt,
was ich an Liebe verteilt habe,
an Achtsamkeit, an Glück.
Ich erhole mich von mir,
um mich zu finden,
wie ich mich nie fand.

Bob

Bob hatte keine Begabung, alt zu werden. Er war als Hippie aufgewachsen. In seinen Zwanzigern wurde er von einem Auto überfahren. Das Auto fuhr noch einmal rückwärts über ihn und blieb auf ihm stehen. Als ihm vom Gericht eine Summe von über 100.000 Dollar (das würde heute einer Kaufkraft von etwa einer Million entsprechen) Schadensersatz zugesprochen wurde, verfeierte er mit seinen Freunden die ganze Summe an einem Wochenende.

Danach bekehrte er sich bei den »Jesus People« und wohnte ab und zu bei uns. Wir konnten ihm unsere kleine Tochter Kira anvertrauen, wenn wir zur Arbeit gingen. Er versorgte sie, als wäre sie sein eigenes Kind. Jeweils nach einer gewissen Zeit bei uns wurde er unruhig und zog zu seinen Freunden nach Seattle oder San Francisco. Auch da hielt er es nicht lange aus und rief nach einigen Wochen erschöpft an und ich musste sofort losfahren, um ihn abzuholen. Er zerfiel dann fast. Er versuchte fast verzweifelt, dem moralischen Standard der »Jesus People« und der dazugehörigen Gemeinden gerecht zu werden, aber es gelang ihm nicht. Er konnte nicht damit leben und verzweifelte an sich selbst. So nahm er Tabletten. Er hatte schon vorher einen Suizid versucht, hatte sich mit einer Pistole durch die Brust geschossen, aber das Herz verfehlt. Diesmal gelang es ihm. Er hatte es in einem stillen Teil des

Candlestick Parks in San Francisco getan, damit man ihn dieses Mal nicht wieder rechtzeitig finden würde.

Auf eine eigenartige Weise waren wir nicht traurig über seinen Tod. Wir hatten zwar einen guten Freund verloren, aber wir spürten auch, dass er große Mühe hatte in dieser Welt zu leben. Er hatte getan, was ihm am besten erschien. Als wir im nächsten Jahr mit der Familie in San Francisco waren, erschien uns die Stadt seltsam leer, weil er nicht unser Fremdenführer sein konnte.

Bob wäre nur schwer alt geworden. Ich habe daraus gelernt, dass ich für den anderen letztlich kein Lebenskonzept haben kann. Ich kann ihn begleiten, ihm beistehen, aber die großen Entscheidungen muss jeder allein treffen. Ich muss ihm auch zugestehen, dass er über sein Ende entscheidet. Es ist sein Leben und ich werde nicht mit moralischen Überlegungen in dieses Leben hineinreden. Die Liebe verbietet es mir.

Ich habe noch einen breiten, dicken Ledergürtel von Bob, in den er für mich hineingeschrieben hat: »For Ulli, Love Bob« Ich habe ihn schon lange nicht mehr getragen, weil er so breit ist, dass er nicht durch die Schlaufen der heutigen Jeans passt. 1975 passte er hindurch.

Die Weltformel

Ich bin nicht systemabhängig. Ich will nicht zu Systemen oder zum Systematisieren greifen, um die Welt in den Griff zu kriegen. Ich habe einen lockeren Umgang mit dem gefunden, was ich nicht verstehe. Warum suche ich denn nach einer Formel? Vielleicht nur, weil ich es kann, so wie ein Bergsteiger einen Berg besteigt, weil er da ist. In letzter Zeit denke ich, dass es mein Spieltrieb ist: Ich habe Freude, die Puzzlestücke zusammenzufügen. Man kann es doch versuchen, sage ich mir. Je älter ich werde, desto weniger traue ich allen Systemen und Formeln. In ihnen wollen wir uns die Welt passend machen. Ich will es in der »unpassenden« Welt aushalten.

Biopsie

Der Arzt bohrt ein kleines Loch in meinen Bauch, um eine Biopsie zu machen. Dann muss ich zwei Wochen auf das Resultat warten. Lebe ich mit meinem möglichen Tod schon in mir? Die Antwort ist eigentlich immer: »Ja«. Unser Körper in seiner Begrenztheit ist immer unser Untergang. An ihm sterben wir. Trotzdem habe ich immer meine Beine gemocht, weil sie mich an so viele schöne Stellen der Welt getragen haben und meine Hände, mit den erhabenen Adern, mit denen ich schreiben, streicheln und fotografieren kann. In meinem Körper liegen Leben und Tod dicht beieinander.

Glauben im Älterwerden

Ungeheuer befreiend erlebe ich es, dass ich mit zunehmendem Alter nicht mehr wissen muss, wie was zu glauben ist. Der Glaube hat immer eine große Rolle in meinem Leben gespielt. Schon als Kind war es mir wichtig, fromm zu sein, also das Richtige zu tun, auch wenn es mir schwer fiel, weil ich gern wild spielte. Später kam eine Art von praktischer Theologie dazu, die mir sagte, wie ich im täglichen Leben zu leben hatte. Es folgten viele Diskussionen über die Richtigkeit von diesem und jenem, die ich mit mir selbst und mit anderen führte. Ich habe mich an den Diskussionen beteiligt, im Glauben, dass das, was ich glaubte, überzeugend vermittelbar sein müsste.

Ich lag dabei in den Kreisen, in die ich hineingeboren war und in denen ich noch verkehrte, meistens etwas quer, was dazu führte, dass ich der Irrlehre bezichtigt wurde und später aus der Kirche meiner Jugend ausgeschlossen wurde. Diese Anklage mir gegenüber ist bis heute nicht verstummt und ich habe immer mit ihr gelebt. Sie hat mir in den letzten Jahren nicht mehr zugesetzt, aber weil sie immer da ist, berührt sie in mir immer wieder den Raum, in dem ich darüber nachdenke, was richtig und falsch im Glauben ist.

Vor Jahren habe ich mich gegen diese »Richtigkeit« gewehrt, indem ich ganz entschieden und mit Vorsatz dagegen verstoßen habe, indem ich wiederholt etwas tat, was ich nicht tun sollte, laut dieser inneren Stimme, die auf Richtigkeit pochte. Ich wollte sehen, wie Gott mit meinem Verstoß umgeht und wie ich selbst damit umgehe. Es hat mich von meinem Gewissen befreit, zumindest von dem Teil meines Gewissens, der die Lebendigkeit der Richtigkeit opfert. Ich habe die Befreiung und Erweiterung überlebt und damit einen Weg für mein Alter beschritten, auf dem ich mich auch heute noch bewege.

Ich habe damals angefangen, die Schönheit der Relativität zu sehen. Dabei wurde mir deutlich, dass wir alle, und ich meine damit den Pfarrer am Ort, das einfache Gemeindemitglied, den Papst in Rom, Eugen Drewermann in Paderborn, den lieben, strengen und manchmal anstrengenden Bruder Paulus im Neuen Testament und ich selbst hier an der Sunshine Coast von British Columbia, dass wir alle immer nur von einem Gottesbild sprechen, und zwar von unserem ganz eigenen Gottesbild, auch wenn wir dabei meistens verallgemeinern (es scheint uns ein ganz tiefes Bedürfnis zu sein) und so gern etwas darüber sagen möchten, wie es »wirklich« ist. Es ist der Wunsch, etwas Endgültiges zu sagen, was durch seine Endgültigkeit auch verbindlich für andere wäre.

Wir sind nicht zufrieden, unseren Glauben als ein

Angebot an einen anderen Menschen zu verstehen, sondern meinen, es müsste mit etwas Druck besser gehen. Daraus entstehen dann die Floskeln: »Aber das musst du doch auch so sehen!« oder »Es wird ganz deutlich, dass ...« oder »Wer das nicht so sieht...« oder »Wie wir schon bei Paulus lesen...« und mit jedem dieser Sprüche üben wir Druck aus und schaffen eine Welt, in der es die Richtigen und die Falschen gibt. Der Glaube wird damit etwas Exklusives, zu dem die einen gehören und die anderen nicht. Und wenn sie nicht dazu gehören, können sie missioniert oder abgetan werden.

Das war schon in den ersten Jahren des Christentums so. Da gab es die »Thomaschristen«, gegen die massiv angegangen und angeschrieben wurde. Es gab offensichtlich eine gnostische Tradition, die ausgemerzt werden musste, weil sie das eigene Innenleben eines Christen zu stark betonte und damit für die sich immer stärker herausbildende Führung der Urgemeinde eine Gefahr bedeutete. So wurden die Anhänger dieser Tradition verteufelt und als falsch beschrieben. Die Institution entsteht, wächst und schützt sich, in dem sie sich abgrenzt und alles Andersartige als falsch bezeichnet.

Das ist mein Hintergrund. Dazu ist immer mehr das Bedürfnis gekommen, mich keiner Autorität mehr zu beugen. Niemand kann mir darum sagen, was ich zu glauben habe und wie ich es zu tun habe. Das ist anstrengend aber auch sehr befreiend. Dabei lebe ich nicht gegen etwas, sondern für etwas, was in mir Gestalt gewinnen will. Ich versuche, mich von dem »Man sollte ...« zu befreien. Die letzte Instanz die auf diesem Weg zu überwinden ist, ist die eigene Vorstellung vom Glauben. Ich arbeite darum immer noch an mir. Es fällt mir noch schwer zuzugeben, dass ich nichts weiß – nicht im sachlichen, naturwissenschaftlichen Sinne, sondern auf der transzendenten Ebene.

Der Glaube, um den ich mich mühe, der für mich zum Älterwerden gehört, weiß, dass er ein Glaube ist. Es scheint zum Leben dazuzugehören, dass wir das, was wir nicht wissen können, glauben, aber dann so glauben, dass wir so tun, als wüssten wir es. Ich habe das meine ganze Jugend und weit in mein Erwachsensein erlebt und beobachtet – an anderen, aber auch an mir.

Es fehlt uns die Integrität zu sagen: »Ich weiß es nicht, ich glaube es!« Stattdessen sagen wir: »Weil ich es glaube, ist es so!« Oder noch genauer: »Weil ich es glaube, muss es so sein!« Wir erwarten, dass das Leben sich nach uns richtet. Wir wollen es zu uns hin biegen. Das ist das Kennzeichen des Fundamentalismus in all seinen Formen. Aber Glaube ist Glaube. Er ist individuell und persönlich und jeder entscheidet sich am Ende, was er/sie glaubt, selbst da, wo wir den Glauben anderer annehmen und uns nach Richtlinien verhalten, die andere sich ausgedacht haben.

Es ist gut, den Glauben nicht mit etwas Naturwissenschaftlichem zu verwechseln. Aber weil die Naturwissenschaft in der westlichen Kultur seit einigen hundert Jahren einen ungeheuren Siegeszug erlebt hat, haben wir uns sogar in unserem Glauben der Naturwissenschaft unterworfen, und haben versucht, auch dem Glauben einen naturwissenschaftlichen Anstrich zu geben. So wird versucht, zu beweisen, dass das Turiner Grabtuch den Leichnam Jesu in sich getragen hat. Als würde dies einen Unterschied für den Gläubigen machen. Glaube ist eine spirituelle Wirklichkeit, keine materielle.

Manchmal scheint es mir seltsam, dass wir gerade in dem Bereich, der uns so zentral angeht, nichts wissen – im beweisbaren Sinn. Der Glaube scheint zu wenig zu sein. Aber dann sehe ich, dass alles, was mehr wäre, uns vergewaltigen würde und den Glauben nicht mehr persönlich und privat sein lassen würde. Dann bin ich wieder zufrieden mit meiner »Unwissenheit«, mit der Unsicherheit und Vorsicht, in der ich mich an mein Gottesbild herantaste. Diese Art zu glauben, ist die des Alters, wenn wir nicht mehr expansiv leben wollen, wenn es uns reicht, in uns zu sein und bei uns zu bleiben, mit dem, was wir glauben. Dieser Glaube vergleicht nicht mehr, um abzuwerten, sondern nur noch um zu lernen.

Ich gehe nun mit den alten Dogmen um, wie einer, der nicht mehr unter ihrem Zwang steht, sie aber auch nicht ablehnen muss, sondern wie einer, der frei wählen kann und es immer nur für den jeweiligen Tag, für die jeweilige Situation tut. Es ist eine Art von Situationsdogmatik. Dahinter steht die Überzeugung, dass die Beziehung des Menschen zu Gott auf der Basis einer freien Wahl entsteht. Ich darf heute auch denken, dass es Gott nicht gibt, ohne dabei Angst zu haben vom nächsten Blitz erschlagen zu werden. Ich bin Gott gegenüber zu nichts verpflichtet. Gott erwartet nicht, dass ich an ihn glaube, als fehle ihm sonst etwas.

Auch muss ich nichts, was ich nicht glauben kann, so hinbiegen, dass ich es doch noch glauben kann. Und ich muss mich nicht so hinbiegen und mir selbst dabei vielleicht sogar untreu werden, dass ich noch an Gott glauben kann. Ich betrete mehr und mehr die große Freiheit des Alterns, in der ich auch kein theologisches Gebäude mehr aufbauen muss. Ich kann mich beschenken lassen von der Weisheit in mir, die dort wie ein großes Geschenk deponiert liegt.

Ich übe es, meinen Glauben zu leben, also die Einstellungen, Haltungen und Tätigkeiten für mich sprechen zu lassen. Schon lange weiß ich nicht mehr so genau, was ich glaube und bin dabei froher geworden. Es ist als wenn eine Last von mir genommen worden ist. Ich habe endlich den Mut, die Dinge, die in den Bereich des Glaubens gehören, auch dort zu lassen und sie nicht als wissenschaftliche

Aussagen auszugeben, die sie nie sein können und auch nie sein sollten.

Ich habe dabei eine Regel: Was ich nicht entscheiden muss, entscheide ich nicht. Damit lösen sich viele der theologischen ›heißen Eisen‹ in Wohlgefallen auf. Ich muss nicht über die Jungfrauengeburt Jesu, die Taufe, das Abendmahl, die Transsubstantiation, die Dreieinigkeit Gottes, die Beziehung zwischen dem Neuen und dem Alten Testament entscheiden. Ich darf sogar – ich erlaube es mir – nicht über den Kreuzestod und die Auferstehung Jesu entscheiden. Ich lebe zwar mit manchen dieser Gedanken sehr intensiv, sie durchwandern mich fast täglich, aber weil ich keine Dogmatik schreiben muss, keinen Lehrstuhl für Dogmatik und Systematik habe, und ich sowieso nur für mich spreche, darf ich alle diese großen Themen unabgeschlossen lassen. Das ist eine herrliche Freiheit.

Ich falle auch zunehmend weniger darauf herein, wenn jemand zu mir sagt: »Aber Sie müssen darüber doch eine Meinung haben!« Ich muss es nicht. Ich erlaube es mir, unwissend zu sein und es zugeben zu können. Ich glaube agnostisch an Gott. Das ist eine große Herausforderung. Es ist der Mut, nichts, wirklich nichts, als gegeben zu sehen – keine Ordnung, kein System – und es auszuhalten.

Das erfüllt für mich zwei wichtige Ziele. Erstens: Ich nehme mich dabei ernst. Ich beginne bei meiner

Unwissenheit, bei meinem Geworfensein in eine Welt, die ich nicht verstehe. Und zweitens: Ich nehme ernst, was sich mir vielleicht offenbaren will, jenseits meines Wissens und Verstehens. Im ersten Ziel nehme ich meine Begrenzungen und meinen Daseinszustand ernst, während ich es im Verfolgen des zweiten Zieles nicht ernstnehme. Ich lebe in einer Relativität, in der ich für nichts mehr kämpfen muss. Das ist die großzügige Freiheit des Alterns.

Ich muss nicht mehr die Welt verbiegen, damit sie in ein System passt. Ich ahne, dass der Hang von uns Menschen, ein System für alles zu entwickeln, nicht in erster Linie eine Aussage über die Welt und ihre Ordnungen ist, sondern ein Ausdruck unserer Unsicherheit, die wir mit Hilfe von Systemen bewältigen wollen. Die Welt ist mit meinem Älterwerden komplexer geworden, einmal weil wir durch die fast sofortige Information überall auf der Welt dabei sein können und auch, weil ich selbst komplexer geworden bin. Ich kann also der Welt erlauben, nicht verstehbar zu sein. Es löst in mir nicht den Reflex von früher aus, gerade dann nach einer Erklärung, einem System, einer Ordnung suchen zu wollen.

In meinem Alter lebe ich schon mit einem Fuß in einer anderen Welt. Darum kann ich so viel besser in dieser Welt leben. Die neue Ordnung ist die unglaubliche Vielfalt, die ich nicht ordnen kann und mit der ich doch zunehmend besser zu leben lerne. Das ist der Vorteil des Alterns. Dabei spüre ich dies nicht als Resignation, sondern als Annäherung an den wahren Zustand der Welt. Was ich früher geglaubt habe, war eine Vereinfachung der Welt. Was ich jetzt glaube und sehe, ist ein Ernstnehmen der Welt. Und da, wo ich noch mit einem Teil meines Wesens nach einer Weltformel suche, werde ich, wenn ich sie finde, die Welt nicht reduzieren, sondern sie vergrößern. Das Ordnen muss immer ein schöpferischer Akt sein, nicht ein reduzierender.

Diese Haltung versuche ich auch Menschen gegenüber zu entwickeln. Ich wähle, das zu glauben, was mir zu leben hilft, wirklich zu leben hilft. Das ist meine Wahrheit, eine andere zählt für mich nicht. In dem Sinne glaube ich an ein Leben nach dem Tod, weil es mich hier sinnvoller und erfüllter leben lässt. Und weil alles Wachstum ist, sehe ich dieses Leben als Möglichkeit, mich für das folgende Leben vorzubereiten. Die beste Vorbereitung ist, das Leben hier auf eine bestmögliche, lebenspendende Weise (für mich, für meine Mitmenschen und für den Planeten) gelebt zu haben. Ich lebe nicht nach einem Dogma, auch nicht dem »Dogma« der Zehn Gebote. Ich will die Zehn Gebote in mir finden. Auch das ist eine Form des Loslassens. Ich versuche, aus meinem Verständnis von Liebe zu leben und entdecke dabei, dass die Zehn Gebote in ihrem Geiste in dieser Liebe enthalten sind. Der Glaube ist der große Gleichmacher: Eine jede von uns darf und kann glauben, was sie will. Manche meinen, unsere zarte Seele würde diese große Verunsicherung nicht aushalten. Für mich gehört dieses Aushalten zum Altern dazu. Es ist geradezu die Auszeichnung des Alterns.

Der Gott meines Alters

Mein Alter segnet mich
mit einem neuen Gott in meinem Herzen.
Ausgezogen ist der kleine Gott,
der mich aus der Ferne einschüchterte,
dem es um Schuld und Vergebung ging,
der Buch über mich führte,
kleinlicher als ich es selbst getan hätte.

Wenn er zurückkehren und
wieder über mich bestimmen will,
dann lächle ich.
Ich besinne mich auf mein Alter und schicke ihn
in der Erfahrung meiner Wege und Erlebnisse fort.
Ich gehöre mir jetzt vor jedem Gott.

Ich sehe Gott so, wie ich ihn brauche.
Er neigt sich mir zu und erkennt mich,
so wie ich ihn erkenne.
In der Geschichte meines Lebens segnet Gott mich,
so wie ich ihn segne.
Wenn ich irgendwann diese Erde verlasse,
werde ich diesem Anderen begegnen
und es wird gut sein.
Es wird überraschend sein.

Bevormundung

Ich habe für mich einen Trick entwickelt, mit dem ich der Bevormundung anderer entkomme. Manchmal werde ich herausgefordert, mich auf gewisse Weise auszudrücken und für gewisse Werte zu stehen, weil mir gesagt wird, dass man das als »Christ!« doch so und so zu sehen habe. Ich merke dann, wie eine Falle zuschnappt. Mir wird nicht eine Einladung in die Freiheit angeboten, sondern es ist der Versuch, mich in die Gefangenschaft der festen Vorstellung eines anderen Menschen zu bugsieren.

Am einfachsten entgehe ich dem, indem ich sage, dass ich nicht Christ sei, nicht in dem Sinne, wie ich gerade in die Falle gelockt werden sollte. Da geht für mich die Falle wieder auf. Ich mag dann zu ihrem Missionsobjekt werden, aber das ziehe ich dem vor, in gewissen Haltungen und Einstellungen eingemauert zu werden. Wenn ich mich nicht mehr als Christ bezeichne, verlieren die, die meinen, mir sagen zu können, wie ich zu leben habe, ihre Handhabe über mich. Ich bin nicht Mitglied einer Gruppe und bin damit nicht den Pflichten unterworfen, wie andere sie verstehen. Es ist mir wichtiger, mir selbst treu zu bleiben, als einer Lehre zu folgen.

Die Fäden unseres Lebens

Gerade durch die unfreiwilligen, unwillkürlichen Erinnerungen, mit denen uns unser Unbewusstes gelegentlich überrascht, versucht es, unser ganzes Leben zu einem Riesenteppich zusammenzuknüpfen. So kann ein einziges Wort uns an eine Begebenheit von vor fünfzig Jahren erinnern und damit Zeit und Raum aufheben. Dass im Alter unser Kurzzeitgedächtnis nicht mehr so gut funktioniert mag uns für dieses Zusammenknüpfen freistellen. Wir verlassen die täglichen Kleinigkeiten, um uns rückblickend Gedanken zu machen, wie wir unsere gesamt Vergangenheit besser denn je verstehen können. So wird ein Mangel zu einer echten Chance.

Die Gedanken

Während sich eine Wolke
vor die Sonne schiebt,
setze ich mich auf einen Stein am Meer,
und schon kommen sie, wie seit Jahren,
mit ihren warmen Armen,
mit ihren Bögen und Senken,
mit ihrer Stille und Heimlichtuerei,
bringen mir die Vertrautheit,
die sich gebildet hat,
wie ein winziges Loch in meinem Herzen,
durch das das Leben entschwinden kann,
wie eine Rede nach rückwärts gerichtet,
als wäre das Leben nur Vergangenheit,
kommen sie,
die Gedanken vom Sterben
und gehen jetzt manchmal
in die Leere nach diesem Leben,
in der alles möglich ist,
besonders das, was ich nicht denken kann.

Ich will mich
noch vor meinem Tod einholen
und bei mir sein.

Organ recital

Ein Organ recital ist ein Orgelkonzert. In Englisch ist »Organ« gleichzeitig »Organ« (Leber, Herz Nieren) und »Orgel«. Wenn wir uns mit gleichaltrigen Freunden treffen, laufen wir immer Gefahr, dass wir in ein organ recital verfallen. Da kann es dann lange Orgelkonzerte geben, wenn wir uns über unsere Krankheiten und Wehwehchen unterhalten. »Und wie geht es dir mit deiner Arthrose und dir mit dem hohen Blutdruck? Hast du wieder Nierensteine gehabt? Merkt ihr auch, dass ihr schlechter seht? Seit letztem Jahr ist mein Cholesterinspiegel wieder gestiegen. Ich merke, dass ich nicht mehr so weite Strecken gehen kann.«

Menschen, die sonst noch viel im Leben leisten und die über ein reiches Innenleben verfügen, reduzieren sich einen Abend lang auf ihren Körper. Sie identifizieren sich mit ihrem Körper, sie werden ihr Körper. Es ist eine Falle des Alters, sicherlich weil dieses Gespräch sich anbietet – es ist wichtig, wie es einem körperlich geht und man möchte gern sehen, wie es anderen geht, ob man Mitleider hat, und ob man »Durchschnitt« ist. Ich merke nur, wie es mich stört. Meistens sind es körperliche Zustände, die kaum oder nicht zu ändern sind. Man gewöhnt sich daran, nachdem man nach Lösungen gesucht hat. Es ist gut so, es gehört zum Altern dazu.

Vielleicht ist es auch die Einfachheit des Themas, die uns anzieht. Es ist ähnlich wie die Gespräche über den letzten Crash der Wirtschaft. Die äußeren Dinge lassen sich leicht fassen. Ich habe soundso viel verloren, wie ist es dir ergangen? Dann kann man es breitwalzen, Vermutungen anstellen, Hoffnung ausdrücken – vielleicht erholt sich die Wirtschaft und mein Gespartes wird wieder so viel Wert sein, wie früher. Vielleicht erholt sich mein Körper, wenn ich dieses oder jenes Mittel versuche, anders esse oder mich körperlich mehr betätige.

Bei diesen Gesprächen geschieht die Abkehr vom Transzendenten, dem Unfassbaren, dem Unendlichen. Ich möchte mich lieber über den einen Satz aus dem fast 4.000 Jahre alten Gilgamesch-Epos der Sumerer unterhalten: »Jung wird man nur als Greis«, oder einen ähnlichen Satz von Hermann Hesse: »Mit der Reife wird man immer jünger.« Damit können wir nicht nur einen Abend füllen, sondern die restlichen Jahre unseres Lebens. Mit diesen Sätzen stoßen wir an Geheimnisse, die uns reich machen, wenn wir uns ihnen zuwenden.

Ich will damit nicht sagen, dass es nicht ab und zu wichtig ist, sich über körperliche Beschwerden und Krankheiten zu unterhalten, aber wenn es zur Regel wird, dann betrügen wir uns selbst und einander um wichtige Gespräche, die uns tief erfüllen könnten. C.G. Jung schreibt in seinen Erinnerungen: »Leider kommt die mythische Seite des Menschen heutzutage meist zu kurz. Er kann nicht mehr fabulieren. Damit entgeht ihm viel; denn es ist wichtig und heilsam, auch von den unfasslichen Dingen zu reden.«

Immer jünger

Höre dich ein
in das Ungesagte,
höre dich hin, wo du noch nie warst.
Da spricht es von dir,
wie du dich nicht kennst,
aber wie du sein könntest.

Und was mache ich mit mir,
wie ich war?, fragst du.
Lass dich zurück.
Nur nach vorne hin
wirst du jünger, immer jünger,
bis du wieder geboren wirst.

Der Blick in den Spiegel

Ich besehe mich im Spiegel und finde, dass ich noch nicht so alt aussehe, wie ich bin. Was geschieht da wirklich? Ich will nicht um jeden Preis jung sein, aber ich will nicht in der Weise alt sein, wie man meistens alt war und noch ist. Sollte ich einmal ganz weiße Haare haben (im Sommer, wenn ich viel draußen bin, komme ich dem schon nahe), würde mich das nicht stören. Sollte ich mal an den Rollstuhl gebunden sein, so wäre das sicherlich schwer, aber das Bild von mir im Rollstuhl würde mich nicht stören. Ich erinnere mich an meine Mutter, die sich nicht gern öffentlich im Rollstuhl schieben ließ, weil es sie störte, »wie das aussah«. Sollte ich einmal abends früher müde werden und nicht mehr so lange aufbleiben können, wie ich es jetzt noch kann, auch damit würde ich leben lernen.

Stören würde mich, wenn meine Mitmenschen damit ein Bild von mir bekämen, das nicht meiner inneren Wirklichkeit entspricht. Ich möchte nicht in den Topf der Alten geworfen werden, die abgeschaltet haben, die sich nicht mehr interessieren, die ihre Gebrechlichkeit als Erpressung gebrauchen, die negativ geworden sind, die gern Opfer sind und darum viel klagen. Das sind häufig die Bilder, die wir mit dem Alter verbinden – sicherlich auch zu einem gewissen Recht, weil viele Alte so sind. Ich denke, das ist es, wovor viele von uns Angst haben.

Dagegen können wir nur ein anderes Altern setzen. Die Generation derer, die jetzt siebzig und jünger sind, hat die Möglichkeit, ein neues Bild des alten Menschen zu prägen. Es liegt an uns. Schaffen wir es, uns von dem äußeren und inneren Bild des alten Menschen zu lösen und ein neues an seine Stelle zu setzen?

Ich meine hier nicht das Bild eines alten Menschen, der sich gut gehalten hat, der sich vielleicht sogar hat liften lassen, um die Zeichen des Alters zu verleugnen. Das neue Altern ist nicht unbedingt äußerlich jung zu bleiben, oder all das zu tun, was man gewöhnlich mit Jüngeren verbindet, sondern in einer Weise alt zu werden, in der die Lebendigkeit erhalten bleibt. Für mich ist »Lebendigkeit« das Stichwort. Ich bin jetzt mit siebenundsechzig genauso lebendig, wie ich mit achtzehn war. Oft erscheint es mir, als wenn ich sogar lebendiger bin, als ich damals war. Ich spüre meine Lebendigkeit, ich kann sie besser verstehen, ihre stillen Wünsche, ihre Ängste. Ich mache mich von gewissen Prägungen frei, die mich in meiner Jugend eingeengt haben, sodass ich jetzt auch in dieser Weise lebendiger sein kann. Warum sollte mich darum ein Mensch alt finden, im Sinne der fehlenden Lebendigkeit? Das stimmt bei mir nicht. Es mag mir nicht immer gelingen, aber das ist das Ziel, das ich anstrebe.

Sogar wenn es darum geht, noch neue Projekte anzugehen, stimmt es nicht. Ich habe manchmal das Empfinden, dass das Beste in meinem Leben, auch im Bereich meines Schreibens, noch vor mir liegt. Dabei geht es mir nicht um Expansion, sondern um Tiefe. Manches ist jetzt zum ersten Mal in meinem Leben möglich, weil ich reifer geworden bin.

Haken schlagen

Sie verrät ihr Alter nicht, redet drumherum und zieht damit mehr Aufmerksamkeit darauf, als wenn sie ihr Alter einfach sagen würde. Jetzt interessiert es jeden, wie alt sie wirklich ist.

Gespalten

Manchmal setze ich mir zu, als wäre ich, der Zusetzende, jemand anderes. Es kann schwer sein, sich nicht die eigenen Wünsche zu erfüllen, auch wenn diese wenig Sinn haben. Sich vergeben, dass man diese Wünsche hat. Sich nicht mehr zusetzen.

Wieder eine Frage der Balance

Ich bin bei mir und bei meiner Vorstellung von mir. Ich denke an mich, aber auch an den, der ich sein könnte, sein möchte. Zuviel davon macht mich verrückt und lebensfremd, zu wenig davon, und ich habe keine Zukunftsperspektive.

Der Tod einer Freundin

Wie waren vierundvierzig Jahre lang befreundet, fünfundzwanzig davon waren wir direkte Nachbarn. Ich lernte sie kennen, als ich Anfang zwanzig war. Mein Buch »Neues umarmen« ist ihr gewidmet. Wir haben unzählige Stunden im Gespräch miteinander verbracht. Wir haben eine ähnliche Entwicklung durchlaufen – aus einem engen in ein weites, offenes Gottesbild hinein. Sie war eine Powerfrau – stark, entschieden, unverwüstlich, ewig lebend. Dann bekam sie Lungenkrebs und in weniger als acht Monaten war sie tot. Weil sie mir so nahe stand, hat es mich tief getroffen. Weil sie erst vierundsiebzig war, war es eine Überraschung. Niemand von uns, von ihrer Familie und ihren Freunden, hatte damit gerechnet. Das Leben hatte sich nicht so verhalten, wie wir es erwartet hatten.

Mit ihrem Tod wurde der Tod für mich Wirklichkeit. Durch ihre Stärke hatte ich das Empfinden, dass sie unsterblich sei und daraus schloss ich meine Unsterblichkeit. Jetzt wusste ich plötzlich, dass auch ich in meiner Stärke keine Chance gegen den Tod hatte. Natürlich hatte ich das immer gewusst – mit meinem Kopf, aber eben nicht mit meinem Sein. Es gab immer die Diskrepanz zwischen dem, was ich mit meinem Kopf wusste und dem, was ich als Realität in mir trug. Wo das Kopfwissen nicht mehr durchhält und das existenzielle Wissen anfängt, da beginnen wir auf eine andere Weise zu altern. Das Altern ist nicht mehr mental, es ist keine Vorstellung mehr, sondern eine Befindlichkeit.

Ich glaube, es ist schwer, vielleicht sogar unmöglich, den eigenen Tod mit dem ganzen Wesen zu denken. Wir haben uns immer nur lebendig erlebt. Ich kenne mich nur so. Ich kenne mich nur mit einer Zukunft, weil ich immer eine Zukunft hatte. Den eigenen Tod zu denken, heißt, sich selbst ohne Zukunft zu denken. Das ist ungewohnt, vielleicht sogar unmöglich. Auf alle Fälle ist das schwere Arbeit. Vielleicht kommen daher die vielen Vorstellungen von einem Leben nach dem Tod. Wenn wir das denken, geht unser Leben weiter und der Tod ist nur eine Tür, durch die wir gehen. Für viele ist es sicherlich der einzige Weg, mit ihrem Tod umzugehen. Es ist ihre Rettung, nicht schon in diesem Leben zu verzweifeln.

Hildegards Tod hatte etwas in mir ausgelöst. Ich merkte, dass ich noch nicht bereit war zu sterben. Auch ich stellte mir vor, endlos zu leben – das war meine innere Wirklichkeit, auch wenn ich wusste, was heute die Lebenserwartung eines Mannes Mitte sechzig ist. Während ich dies schreibe, spielt im Hintergrund Brahms‘ »Ein deutsches Requiem«. Gerade kommt das Bariton Solo: »Herr, lehre doch mich, dass ein Ende mit mir haben muss und mein Leben ein Ziel hat und ich davon muss«. Auch wenn dies schon seit vielen Jahren eines meiner liebsten Musikstücke ist, wachse ich doch immer weiter in diese Gedanken hinein. Sie werden immer mehr meine Wirklichkeit. Ich denke an Psalm 90, der den Gedanken erweitert, indem der Dichter dort sagt: »Lehre uns bedenken, dass wir sterben müssen, auf dass wir klug werden.«

Der Prozess des Alterns ist die Chance, klug zu werden. Aber was heißt, klug werden? Für mich heißt es, Leben und Tod immer zusammen zu denken, sie in meinem Wesen zu verbinden und dabei weder dem einen, noch dem anderen den Vorrang zu geben. Das eine gibt dem anderen seine Tiefe, seine Substanz, sein Gewicht. Wenn wir eins von beiden zu sehr betonen, laufen wir Gefahr, das andere nicht ernst zu nehmen. Es hat schon Nietzsche aufgeregt, dass die Frommen sich auf den Himmel freuen und das Leben hier verraten. Im Englischen gibt es den schönen Ausdruck auf »pie in the sky« zu warten – auf seine Torte im Himmel zu setzen und nicht wirklich hier zu leben. Und nur auf das Leben fixiert zu sein, nimmt dem Leben seinen Kontext, seine Grenzen und seine Begrenzung. Das eine steigert das Erlebnis des anderen. Diese Haltung zu haben, übe ich seit Hildegards Tod stärker als früher. Ich bin ihr dankbar, dass sie über ihr Leben hinaus meine Bewusstwerdung begünstigt.

Eine Fußnote zu diesen Gedanken: Als Alternder, der auf das Sterben zugeht, bin ich aber immer noch auch der Junge, der vor dem Leben steht. Wie ein Baum seine sämtlichen Jahresringe in sich trägt, so trage ich auch alle die Menschen, die ich war, in mir. Ich bin das kleine Kind auf der Flucht am Ende des Weltkrieges, ich bin der bitterlich weinende Junge, der sich in dem neuen Land, in das seine Familie ausgewandert ist, so unendlich einsam fühlt. Ich bin der Oberschüler, der Student, der Dozent. Ich bin der werdende Vater, der Vater von Teenagern, von Erwachsenen. Ich bin der freie Schriftsteller und Fotograf, der das Risiko eingeht, von den »Früchten seines Geistes« zu leben. Ich bin der Ehepartner, der versucht seine Frau zu verstehen und sie zu lieben, auch wenn er sie nicht versteht. Ich bin sie alle, sie alle machen mich aus, sie alle sind in dem Alternden vereint. Sie geben einander ihre Wirklichkeit und lassen mich das Leben stereophon und stereoskopisch erleben. Durch den, der ich war, verstehe ich den, der ich werde. Durch den, der ich war, kombiniert mit dem, der ich hoffe zu werden, verstehe ich den, der ich in der Gegenwart bin. Die Vorbereitung auf das Sterben, bei dem ich klug werde, ist auch immer die Vorbereitung auf ein intensiveres Leben. Und wirklich zu leben ist die beste Vorbereitung für das Sterben.

Der Weg

Der Weg des Alterns ist der Weg vom Sichtbaren, Fassbaren zum Unsichtbaren, Unfassbaren. Mit dem Alter können wir erkennen, dass die Welt ein Mysterium ist, das wir niemandem erklären müssen – auch uns selbst nicht. Es reicht, in ihm zu leben.

Risiko

Risikolos zu leben ist in der Regel langweilig. Beim Altern verlagert sich das Risiko häufig nach innen. Die Herausforderung liegt nicht mehr im Materiellen, sondern im Geistigen, Geistlichen. Am Ende es ist eine Herausforderung: Das Risiko des Liebens einzugehen, immer neu.

Leichter werden

Wir müssen mit dem Alter leichter werden. Vielleicht gibt es dann eine Art auf dem Wasser zu gehen. Schwere bekommen wir immer, wenn wir insistieren, dass alles so gehen muss, wie wir es wollen. Schwer sind wir, wenn wir nach Vorschriften leben, wenn wir von außen nach innen dirigiert werden, anstatt uns von innen nach außen zu entscheiden. Schwer werden wir, wenn wir an Erinnerungen hängen, als könnten wir die Vergangenheit noch einmal leben und als könnten wir die tatsächlichen Umstände verändern. Schwer werden wir, wenn wir uns festlegen, festschreiben, festdenken. Schwer wird unser Kopf, wenn wir unseren Körper verneinen.

Leicht werden wir, wenn wir begreifen, wie alles nebeneinander existieren kann und wir das Puzzle nicht auflösen müssen. Leicht werden wir, wenn wir uns selbst entkommen und nicht mehr auf unsere Schlauheit reinfallen. Leicht werden wir, wenn die Regeln dem Leben untergeordnet werden. Leicht werden wir, wenn wir die Welt aus den uns bekannten Angeln heben und ihr einen Platz zuweisen, den der Kopf nicht mehr verstehen kann. Leicht werden wir, wenn wir die Leere als Fülle verstehen.

Im Alter nimmt uns das Leben vieles ab, um uns leichter zu machen. Es gibt ein Schweben.

Der Fuß wehrt sich

Der Fuß wehrt sich
gegen die Unebenheit des Kieselstrandes
und beginnt langsam,
aber mit zunehmender Festigkeit,
auf dem Wasser zu gehen.
Wer hätte gedacht,
dass das Wasser so fest ist,
wie die Luft.

Mit dem Alter wächst die Sensibilität

Freunde von mir waren krank geworden. Sie leben gesund und bewusst, und machen Yoga. Als sie ihrer Mutter sagten, dass sie eine Erkältung hätten, machte diese sich über sie lustig.

»Ihr seid soweit entwickelt, so reif und bewusst, da müsstet ihr eigentlich gegen so etwas wie eine Erkältung, gefeit sein.« Die Antwort meiner Freunde fand ich interessant. Sie erklärten der Mutter, dass sie gerade durch ihre Entwicklung anfälliger für die Krankheit seien.

Wir denken oft, je bewusster wir leben, desto unverletzbarer werden wir. Es mag genau das Gegenteil sein. Mit der Reife kommt eine tiefere Verbundenheit mit dem Leben. Mit dem erfüllten Altern kommt eine Liebe zum Leben, die so umfassend ist, dass wir an dem Leid der Welt mitleiden. Da leben wir nicht abgeklärt und mit Distanz, sondern lassen uns auf das Leben ein.

Loslassen

Es gibt ein Loslassen, das resignativ ist. Das ist nicht die reife Form. Wenn wir loslassen, weil wir weniger lieben, dann ist es kein Loslassen, sondern dann sichern wir uns nur ab.

Betulichkeit

Wir sind vor ihr im Alter nicht sicher. Bei manchen setzt sie schon früh ein. Es ist die Regung, alles abmildern zu wollen, die Höhen und Tiefen zu reduzieren und sich nicht wirklich auf das Leben einzulassen. Es ist ein Sein und Sprechen, als sei man jemand anderes, als man selbst.

Es scheint sich besonders im Alter anzubieten und gibt sich als Reife aus. Der Betuliche simuliert die Reife, die er nicht hat. Die Form und der Ausdruck sollen wettmachen, was das Sein nicht erreicht hat. Es ist eine Respektlosigkeit und vielleicht manchmal sogar eine Lüge.

Bilder

Nichts steht mir so im Wege, wie mein Bild von mir. Nichts hilft meiner Entwicklung so, wie mein Bild von mir. Beides ist richtig und wahr. Es gibt zwei Ich: Das eine lebt, das andere beobachtet das erste und macht sich Gedanken. Manchmal bin ich nur ich, ein anderes Mal bin ich mehr mein Bild. Meine Eltern haben mich früher manchmal bei Freunden und Fremden so vorgestellt: Und dies ist unser wilder Ulrich. Ich war nicht wirklich wild, ich spielte nur gern mit Hingabe und dabei ging manchmal etwas kaputt, was im armen Nachkriegsdeutschland nicht sein durfte. Meine Lebendigkeit konnte manchmal ein

Problem sein. Mit dieser Vorstellung vermittelten meine Eltern dem Besuch ein Bild von mir. Und, was noch wichtiger war, sie vermittelten mir ein Bild von mir. Danach konnte ich sagen: So bin ich. Aber war ich so?

Meine Mutter hatte ein Bild von mir: Ich bin auf einem Gut in Pommern geboren, das meine Eltern besaßen. Das Gutshaus hatte zwanzig Zimmer und war fünfhundert Jahre alt. Seine Mauern waren ein Meter dick. Das verpflichtete und damit hatte ich ein Bild von mir. Ich erinnere mich noch, dass ich mir für meine Hochzeit einen schwarzen Anzug lieh. Ich war überzeugt, dass ich nie wieder einen schwarzen Anzug brauchen würde, was sich als richtig herausgestellt hat. Meine Mutter war enttäuscht, traurig, betroffen, dass ihr Sohn (der Sohn von Gutsbesitzern) mit einem geliehenen Anzug heiratete. Das Bild wurde nicht aufrechterhalten.

Ich hatte ein Bild von mir: Ich bin in Deutschland geboren, in dem Land der Dichter und Denker, das 1939 die Welt in ein Chaos von unvorstellbaren Ausmaßen gestürzt und sechs Millionen Juden umgebracht hat. Ich lebe seit meinen elften Lebensjahr in einem Land, das auch ein Bild von Deutschen hat, geformt durch viele Filme und Fernsehsendungen in denen Deutsche dargestellt wurden. Als Kind wurde ich in diesem fremden Land DP geschimpft, displaced person, Staatenloser. Die Kinder, die das riefen, wussten nicht, was es bedeutete. Mein deutscher Name verrät mich und das Bild des Deutschen beginnt sofort zu wirken. Ich kann mich in den Köpfen derer, die mich so sehen, nicht wehren.

Ich hatte ein Bild von mir: Ich gehörte der Freikirche (Baptisten) an – eine winzige Minderheit in Deutschland. Wenn der Lehrer am Anfang des Schuljahrs fragte, wer katholisch sei, gingen (in Norddeutschland) ein paar Hände hoch. Die restlichen Hände meldeten sich, wenn er fragte, wer evangelisch sei. Nur ich hatte mich nicht gemeldet, weil ich evangelischfreikirchlich war. Ich konnte eins von zwei Bildern von mir haben: Entweder waren wir eine seltsame kleine Sekte (so ordneten uns die meisten ein) oder wir waren die Erwählten, die einzigen, die die kirchlichen, religiösen Dinge wirklich richtig sahen und nach dem Neuen Testament lebten. Beides waren Bilder. Beide trugen einen Preis. Ich habe mich für die Wirklichkeit jenseits der beiden Bilder entschieden.

Ich hatte ein Bild von mir: Ich studierte und war später Dozent. Ich gehörte also einer intellektuellen Sparte der Gesellschaft an. Mein Leben hatte schon aufgrund dieser Tatsache eine Bedeutung. Ich verstand mich in meiner Geistigkeit. Das Bild bedeutete im Lauf der Zeit immer weniger, bis es mich nicht mehr von außen prägte. Dass ich die Welt auch als einen geistigen Ort verstehe, hat mich viel tiefer geprägt. Es ist kein Bild geblieben.

Ich hatte ein Bild von mir: Ich bin ein Abenteurer. Ich

wollte es sein. Dass ich es nie im Herzen war, ging mir erst später auf. Zumindest war ich kein Abenteurer, der in Steilwänden hing oder gefährliche Flüsse befuhr. Aber ich war ein Abenteurer in Gedanken, in Weltentwürfen, im Zwischenmenschlichen. In dem Bild habe ich mich wohlgefühlt und als ich darin zu leben lernte, hörte es auf ein Bild zu sein.

Ich habe ein Bild von mir: Ich bin Fotograf. Mit jedem Bild, das ich fotografiere, mache ich ein Bild von mir. Ich erlebe viel in der Welt durch meine Augen. Ich habe wunderbare Landschaften gesehen und fotografiert. Ich habe in vielen Jahren eine visuelle Sprache entwickelt, die mich so ausgedrückt hat, wie meine gesprochene Sprache und meine Schreibsprache. Durch meine Kameras und Objektive ist die Linse meines Auges geschärft worden, und die Schönheit von vielen Landschaften hat mich erfüllt und glücklich gemacht. Ich erkenne mich auf dem Bild von mir, auf dem ich leidenschaftlich in der visuellen Welt lebe.

Ich habe ein Bild von mir als Ehepartner. Bisher habe ich siebenundvierzig Jahre an diesem Bild herumgebastelt. Zu dem Bild gehörte und gehört noch die Entwicklung meiner weiblichen Seite. Ich wollte nicht der autoritäre Mann sein. Ich kannte zu viele Männer dieser Art, unter denen Kinder und Frauen litten. Oft habe ich mich gefragt, ob es mir gelungen ist. Es gab wenige Vorbilder, wenig Bilder, von denen man lernen konnte, wie es zu leben war.

Wenn ich auf einer Lesereise durch deutschsprachige Länder fahre, bin ich der reisende Schriftsteller. So werde ich gesehen, so sehe ich mich zwangsläufig auch selbst. Ich bediene das Bild jeden Abend, wenn ich mit meinen Büchern nach vorne gehe und aus ihnen lese und von meinem Leben erzähle. Ich tue es gern, aber ich weiß, dass ich mehr bin als meine Rolle und doch wirkt das Bild auf mich. Ich sehe mich dann mit den Augen meiner Zuhörer und versuche immer wieder darüber hinaus zu gelangen, weil das Bild zu eng und zu klein ist.

Ich habe beobachtet, wie ich in diesen Bildern oder gegen sie gelebt habe. Ich brauchte sie, um mich zu definieren und um die Größe zu entwickeln, sie zu überwinden. Ich bin an den Aufgaben, die gerade mit diesen Bildern kamen, gewachsen. Alle diese Bilder werden mit zunehmendem Alter relativiert. Sie sind nicht mehr so wichtig. Ich habe die meisten hinter mir gelassen. Ich habe das Gut, auf dem ich geboren bin, nie besucht. Ich gehe nicht mehr in eine Baptistengemeinde. Ich bin nicht mehr Dozent. Ich bin nicht mehr der Abenteurer, für den mich viele hielten. Ich bin nicht mehr vorrangig Ehemann, weil unsere Beziehung schon lange zu einer Freundschaft geworden ist. Ich bin nicht mehr Vater, weil die Beziehungen zu meinen beiden Töchtern ebenfalls zu Freundschaften geworden sind. Ich bin noch Schriftsteller und Fotograf, aber auch diese Bilder beginnen ihre Grenzen zu sprengen. Wenn mich jetzt jemand fragt, was ich bin, sage ich am liebsten »Mensch«.

Im Alter gelingt es mir leichter, mich von den Bildern zu lösen. Ich höre auf mich und möchte mehr und mehr der sein, der ich jenseits der Bilder bin. Wenn es im Alten Testament heißt »Du sollst dir kein Gottesbild machen und keine Darstellung von irgendetwas am Himmel droben, auf der Erde unten oder im Wasser unter der Erde.«, dann geht es um das Gebot, das Leben nicht zu verengen. Wo die Bilder von Gott beginnen, dauert es nicht lange und Gott wird als eifersüchtig, als für den Menschen streitend, als gerecht, als zornig, als gewalttätig beschrieben. Die Bilder häufen sich und ein Gottesbild entsteht, weil wir nicht ohne Bilder leben können. Und wir merken nicht, wie die Bilder uns verführen. Und wo die Bilder zwischen uns beginnen, wird Ablehnung, Ausgrenzung, Verachtung und Krieg legitim. Ich möchte mir immer wieder den Spruch der Hopi Indianer sagen: »Ich bin du.« Sich selbst zu kennen heißt, einander zu kennen. Ohne Bilder.

Weil im Alter weniger Stellungnahme von mir verlangt wird und weil ich weniger Stellung nehme, ist es leichter ohne Bilder zu leben. Ich muss nicht mehr alles sortieren. Meine eigene Meinung entzieht sich mir. Altern ist die Möglichkeit, Bilder abzulegen. Wie befreiend, wenn es nicht nur beängstigend ist. Es gehört zur Jugend, viele Bilder zu haben. Revolutionäre sind in der Regel jung, weil sie stark von ihren Bildern motiviert sind. Im Alter ist Bildlosigkeit mein angestrebtes Ziel. Wo die Bilder aufhören, ist wieder alles möglich. Wer kann denn wissen, wie es ist?

Aufbruch

Auf deiner Stirn
beginnt der Sommer zu dunkeln.
Getrieben von einem unstillbaren Hunger
hast du von dem Licht gegessen,
das sich jetzt in deinen Adern
wie ein heller Fluss ausbreitet.
Noch bist du Sommer:
gelbe Felder, Heufahrten, steile Sonne,
Erkenntnisse, die aufrichten.

Aber weiter weg gibt es schon
sich neigende Getreidehocken,
schräg stehende Bäume
mit entblößtem Wurzelwerk,
und unter den blühenden Wiesen
bilden sich Rechtecke,
die das Leben begrenzen.
Der Sommer gibt dem Kalender nach,
dein Leben stößt gegen seinen Rand.
Auch da geht es los.

Ein zeitloser Neffe

Carsten ertrank mit zweiundzwanzig Jahren in English Bay, Vancouver. Er war im November mit einem Kajak aufs Meer hinausgefahren, ein Sturm kam auf und er kam nicht zurück. Man suchte ihn mit Hubschraubern und fand ihn zerschunden. Er trug große schwere Wanderschuhe, mit denen es sicherlich anstrengend war, zu schwimmen. Ich kam drei Tage nach seinem Ertrinken von Deutschland zurück. Oft habe ich gedacht, dass ich ihn vielleicht hätte abhalten können, an dem Tag aufs Meer hinauszufahren. Er kam oft bei uns vorbei und wäre vielleicht auch an dem Tag gekommen, vielleicht um mich zu fragen, ob ich mitkommen wolle. Er schien uns manchmal wie unser Sohn zu sein, nicht wie unser Neffe.

In all diesen Jahren, die dieses Ereignis zurückliegt, habe ich mir oft vorgestellt, wie er sein Leben gelebt hätte. Er war schon mit zweiundzwanzig ein guter Fotograf und wir wären sicherlich oft auf gemeinsame Fotoreisen gegangen. Er mochte Gedichte, er liebte Worte – die Sprache als Ausdrucksmittel. Manchmal stelle ich mir sein Leben vor – seinen Werdegang, die Arbeiten, die er gemacht hätte, die Gespräche, die wir geführt hätten. Ob er irgendwo eine Zukunft gelebt hat, die wir nicht kennen? Er wäre jetzt neunundvierzig – das ist nicht greifbar für mich, weil er nur zweiundzwanzig wurde.

Ein schwarzweißes Porträt, das ich von ihm gemacht habe, hängt in unserem Haus und er bleibt zweiundzwanzig. Weil er mich auf diesem Porträt so intensiv anschaut, meine ich, ihn manchmal spüren zu können. In meinem Altern entferne ich mich immer weiter von ihm, wie er damals war. Aber auf andere Weise komme ich ihm immer näher. Irgendwann kommt der Moment, wo wir uns in die Augen sehen, ein jeder von dem Gepäck des eigenen Lebens befreit. Es wird keine Zeit mehr geben. Dann werden wir eine gemeinsame Gegenwart haben.

Unsere Bedürftigkeit

Kierkegaard hat den für mich faszinierenden Satz geprägt: »Gott zu bedürfen ist des Menschen höchste Vollkommenheit.« Dieser Satz hat mich früher sehr angezogen. Er hat etwas Romantisches, schon durch seine sprachliche Form. Ein Bedürfnis wird als höchste Vollkommenheit bezeichnet. Das Fehlende wird einem angerechnet. Das hört sich an, wie die Umkehrung der Werte, wie sie im transzendenten Bereich zuhause sind.

Mit zunehmendem Alter habe ich mich gewagt, die Romantik dieses Satzes anzufechten. Kierkegaards Aussage gehört für mich zu der alten Art zu glauben. Ich will sie nicht schlecht machen, möchte aber, was mich betrifft, einen Schritt weitergehen. Ich nenne den Satz auch »romantisch«, weil er eine Ungleichheit und Kindlichkeit des Menschen propagiert. Gott ist der Gnädige, der sich von oben herab zum Menschen neigt und ihm hilft. So haben wir es gelernt und geglaubt. Kierkegaard hat das vor einhundertsiebzig Jahren formuliert. Seitdem ist viel geschehen.

Mir ist es manchmal, als wenn wir uns als Menschheit langsam aufrichten, um endlich aufrecht zu gehen. Wir haben dabei noch Angst vor dem wesentlich größeren Schatten, den wir nun werfen. Aber wir wagen es. Ich ehre Gott, wenn ich mich ehre, auch meine Vollkommenheit inmitten meiner Unvollkommenheit. Ich brauche mich nicht mehr an einer Messlatte messen. Ich bin bereit, die primitive Vermenschlichung Gottes hinter mir zu lassen. Ich habe nicht mehr das Bedürfnis, mich selbst vor Gott auszulöschen, um damit Gott zu »ehren«. Ich bin in meinem Sosein vollkommen.

Anders gesagt: Wenn ich den, aus dessen schöpferischem Geist ich entstanden bin, nicht mehr bedarf, dann ist es ein Zeichen einer unglaublichen Weisheit und Voraussicht, mich so gestaltet zu haben. Wenn meine Kinder mich nicht mehr brauchen, weil sie ihr Leben mit Überzeugung und Fähigkeit führen, so nehme ich das als ein implizites Kompliment für mich an. So zu denken, ist der Mut meines Alterns.

Der Generationenschritt

Ich erinnere mich, dass ich als Kind ein Bild von den Generationen hatte, das mir heute lustig erscheint. Ich glaubte damals, dass sich alles in klaren Generationen abspielt. Es gab da die Generation meiner Großeltern (mein geliebter Opa, Gustav, Jahr gang 1872 und seine Frau, Anna, 1870), die Generation meiner Eltern (Agathe 1906, und Otto 1907) und die Generation von uns Kindern (Klaus 1936, Ingrid 1938 und Ulrich 1942). Dass es Menschen genau zwischen diesen Generationen gab, die 1890, oder 1920, oder 1954 geboren waren, nahm ich nicht bewusst wahr. Ich erinnere mich nicht an Freunde meiner Eltern, die altersmäßig genau zwischen uns standen und die einerseits mit meinen Eltern befreundet waren und andererseits mit uns Kindern.

Erst als ich merkte, dass sich mein Leben nicht an den Generationenschritt hielt, fiel mir auf, wie verwoben und vernetzt alles sein kann und wie gut und wichtig diese Vernetzung ist. Ich habe gute Freunde, die fast eine Generation älter sind als ich und ich habe ebenso gute Freunde, die jünger sind als meine Kinder. Seitdem lebe ich nun mit einem Modell, das mir hilft, mein eigenes Altern in einen größeren Kontext zu stellen. Da gibt es zunächst die erste Stufe, in der das Kind total von seinen Eltern abhängig ist. Als ich klein war, brauchte ich meine Eltern. Weil ich im Krieg geboren bin, war mein Vater für mich als Kleinkind oft nicht da. Meine Mutter musste mich allein erziehen. Sie hat es auf eine Weise getan, die mir ein tiefes Grundvertrauen in das Leben gegeben hat. Ich habe es ihr am 29. Februar 1992, als sie fünfundachtzig und ich neunundvierzig Jahre alt war, geschrieben:

»Ich werde auf meinen Reisen öfter gefragt, woher ich meine Energie zu der Entschiedenheit nehme, mit der ich lebe. Ich habe viel darüber nachgedacht und komme immer wieder auf eine Grundbefindlichkeit, die mir ganz wichtig in meinem Leben ist. Sie ist mehr ein Hintergrund und darum manchmal so wenig auffällig, dass man sie eigentlich kaum bewusst bemerkt.

Ich glaube, dass deine Zuwendung für mich, besonders als ich klein war, ungeheuer wichtig war. Vielleicht doppelt wichtig, nach der schweren Zeit im Krieg in Pommern, mit allem, was du mir davon erzählt hast. In der Zeit in Seebergen hast du durch deine Zuwendung eine Grundlage in mir gelegt, von der ich sicherlich in einer gewissen Weise noch immer zehre. Dafür möchte ich dir danken. Ich habe diese Zuwendung in mich aufgenommen und habe aus ihr einen Lebensansatz entwickelt, der von der Hoffnung geprägt ist. Ich habe aus deiner Zuwendung ein Grundvertrauen dem Leben gegenüber entwickelt.

Aus diesem Grundvertrauen haben im Lauf der Jahre

viele Menschen – meine Leser und Hörer in Vorträgen – Lebensenergie bekommen. Du bist also direkt an dem beteiligt, was an Aufbauendem durch mich in Menschen geschehen ist. Auch dafür möchte ich dir danken und sicherlich würden dir die Menschen, die das so erlebt haben, auch danken, wenn sie um diese Zusammenhänge wüssten.

Ich erlebe viele Menschen – manchmal scheine ich sie fast anzuziehen – die diese Zuwendung nicht erlebt haben und die es schwer haben, ihr Leben zu meistern. Ich merke dann im Vergleich mit ihnen, dass ich einen anderen Start gehabt habe und da verdanke ich dir viel.

Manche der inneren und tiefen Zusammenhänge werden wir nie ganz verstehen. Sie entziehen sich unserer Einsicht. Aber diesen Zusammenhang, zwischen meiner Kindheit und meinem jetzigen Leben, meine ich verstanden zu haben und darum wollte ich dir dies gern schreiben und dir danken.«

Ich habe also meine Mutter, meine Eltern, als Kleinkind gebraucht. Dann begann ich selbständig zu werden. Als ich zehn Jahre alt war, wanderte unsere Familie nach Kanada aus. Ich ging dort zur Schule und wurde bald ein Teil des Landes. So begann für mich ganz persönlich die zweite Stufe dieses Modells. Mit fünfzehn, sechzehn, siebzehn erklärte ich meinen Eltern das Land, in das sie ausgewandert waren, führte sie in Vorgänge ein, die sie nicht verstanden und stand ihnen generell zur Seite. In vielen Familien gibt es auch heute etwas Ähnliches. Da sind die Eltern zwischen fünfundvierzig und sechzig, wie meine Eltern damals, und ihre Kinder sind Teenager und entdecken die Welt. Wahrscheinlich gibt es kaum eine Familie, in der Teenager nicht die Eltern mit der Welt der Computer vertraut machen. Hier schlüpft das Kind vorübergehend in die Rolle eines Elternteils. Sie mögen ihren Eltern die moderne Popmusik erklären, die Welt der Mode, die internationalen Bewegungen, die Fragen der Ökologie, mit denen ihre Eltern noch nicht so bewusst aufgewachsen sind. Hier werden die Kinder ein Stück zu den Eltern ihrer Eltern.

Ich erinnere mich, wie es mir eines Tages auffiel – ich war schon lange erwachsen – dass mir mein Vater als ich Kind und Jugendlicher war, und auch später, keine Fragen gestellt hat – wenigstens keine Frage von Substanz, mit der er Interesse an meinen Gefühlen oder meinen Gedanken zu diesem und jenem gezeigt hätte. Dies fiel mir erst auf, als ich merkte, wie häufig ich meine beiden Töchter nach ihrer Meinung fragte, als sie Teenager waren. Ich wusste intuitiv, dass mir durch sie eine Welt geöffnet würde, zu der ich von mir aus nicht automatisch Zugang hatte. Mein Vater hielt an dem alten Modell von Kindern und Eltern fest, in dem die Eltern immer Eltern sind, ganz gleich wie alt die Kinder sind, und es immer nur begrenzt möglich ist, wirklich in eine gleichwertige Freundschaft einzutreten.

Die dritte Stufe zeigt sich, wenn die Kinder ins Studium und Berufsleben einsteigen. Hier sind ihnen die Eltern wieder voraus. Sie haben bereits die meiste Zeit ihres Berufslebens hinter sich. Sie mögen fünfzig sein und ihre Kinder zwanzig oder fünfundzwanzig. Da gibt es dann noch so allerhand von den »alternden Eltern« zu lernen, wenn die Kommunikation offen geblieben ist und keiner sich hinter seiner Rolle versteckt. Die Eltern können auf eine Praxis zurückblicken und aus Erfahrung sprechen.

Die vierte Stufe ist dann wieder die Umkehrung. Es sind die Kinder, die neue Modelle bauen, die nun arbeiten, die Führungsstellen übernehmen, neue Methoden entwickeln, neue Programme schreiben. Sie finden einen neuen Umgang mit Freunden. Sie suchen neue Urlaubsziele, einen neuen Lebensstil und eine neue Art des Umgangs miteinander in der Partnerschaft. Vielleicht verfolgen sie jetzt einen Beruf, den es eine Generation früher, als ihre Eltern so alt waren wie sie jetzt sind, noch nicht gab.

Ganz viel geht kaputt wenn es den Eltern nicht gelingt, ihren Kindern diese neue Welt zu gönnen, wenn sie die Kinder immer wieder darauf hinweisen, wie sie es selbst gemacht haben und wie gut oder vielleicht besser das doch war. Und es geht ebenso schlecht, wenn die Kinder von den Eltern verlangen, die Welt genauso wie sie zu sehen, weil sie glauben, dass das Neue immer das Bessere und allgemeingültigere ist. Es ist wichtig, dass Eltern und Kinder hier an der Stufe, auf der sie stehen, entdecken und sie durchleben.

Die fünfte Stufe läuft parallel zur vierten ab, aber betrifft zunächst nur die Eltern. Diese beginnen nun aus dem Berufsleben auszuscheiden. Sie haben nicht mehr den Druck und Stress. Die Kinder brauchen ihre Unterstützung nicht mehr – sie verdienen vielleicht inzwischen mehr als die Eltern. Das Leben stellt die Eltern nun frei, sich den inneren Werten, dem spirituellen Leben zu widmen. Hier beginnt es spannend zu werden. Ich drücke es so aus, wie es für mich ist. Ich, in meinen Sechzigern und vielleicht Siebzigern, habe nun die Möglichkeit, mich den bleibenden Werten, dem Transzendenten, dem Spirituellen zu widmen. Ich will von mir nicht fordern, mit den Jungen mitzuhalten. Selbst wenn ich das könnte, ist das nicht meine Berufung für diese Zeit.

Ich verstehe dieses Älterwerden als eine persönliche Kontaktaufnahme mit dem Numinosen, dem Unsagbaren, dem Kosmischen. Es ist eine große Herausforderung, vielleicht die größte überhaupt im Leben. Es so zu sehen, verwandelt das Älterwerden. Es ist nicht mehr ein Abbauen, ein Schrumpfen und Eingehen, sondern ein Aufblühen zu einer neuen Lebensdichte und Reife. Vielleicht kann es uns gelingen, mit fünfundsiebzig oder achtzig so viel Neues entdeckt zu haben in dieser transzendenten Welt, dass wir mit vollen Händen dastehen, wenn die Generation unserer Kinder an das Ende ihrer Vollzeitbeschäftigung kommt und sie nun ihrerseits Zeit hat, sich mehr den inneren Werten zu widmen. So könnte die fünfte Stufe in die sechste münden, in der die Eltern tatsächlich noch einmal die Eltern ihrer Kinder sind, aber nicht im Sinne einer Bevormundung, sondern im Sinne einer Partnerschaft auf diesem einmaligen Weg, auf dem sie einen Vorsprung von fünfundzwanzig Jahren haben.

Vielleicht kann auch dann die siebte Stufe gelingen, in der die Eltern im hohen Alter hilfsbedürftig werden und die Kinder ein letztes Mal zu den Eltern ihrer Eltern werden. Wenn die beiden Generationen im gegenseitigen Respekt miteinander älter geworden sind, dann wird es sicherlich möglich sein, mit der Hilfsbedürftigkeit der Eltern umzugehen. Diese Stufe ist in das Ebben und Fluten des Lebens schlechthin eingebettet. Sie empfängt ihren Sinn von dem, was vorangegangen ist.

Aber was sind die Inhalte der fünften und sechsten Stufe? Wie entwickle ich diese Wirklichkeit in meinem Leben? Wie bereite ich mich für das Alter vor, so dass meine Kinder mit fünfzig oder sechzig einen Menschen vorfinden, mit dem sie gern zusammen sein wollen, weil sie eine anziehende Reife spüren, die für sie interessant ist, und nicht einen alten, verbitterten, negativen Menschen, den sie zum Tod hin begleiten? Welchen Dingen gehe ich nach? Was heißt reif werden, sodass ich nicht mehr aus einer Rolle als Elternteil spreche, sondern wirklich aus der Weisheit, die sich in mir gebildet hat, und die darum auch leichter annehmbar ist, und die sich vielleicht sogar als Schatz entpuppt?

Abschied

Dieses Frühjahr ist L.G. gestorben. Vor zehn Jahren habe ich ihr noch ein Gedicht gewidmet. Sie war fast einhundert Jahre alt. H. sagt mir, dass sie auch in diesem hohen Alter schwer gestorben sei. Ich bin erstaunt. Sie hat noch mit neunzig Yoga-Unterricht gegeben, hat also ein volles Leben gehabt. Was hat es ihr schwer gemacht nach fast 100 Jahren Abschied zu nehmen? Ich hätte sie gern gefragt. Ein Freund von ihr sagt: »So widerspenstig, wie sie im Leben war, so war auch ihr Sterben.« Vielleicht war es eine besonders tiefe Liebe zum Leben.

Irgendwann

Irgendwann wird sich niemand mehr
an unsere Liebe erinnern.
Alle, die uns gekannt haben,
auch die Jüngsten,
werden gestorben sein.
Niemand wird mehr unsere Namen
in den Mund nehmen
und eine neue Generation
wird wie zum ersten Mal all das entdecken,
was uns so kostbar war.

Und doch wäre die Welt eine andere,
wenn es uns nicht gegeben hätte.
Wir haben unseren Teil
zur Erfüllung beigetragen,
in dem wir einander oft
– ein halbes Leben lang –,
gegen die unendliche Weite
und gegen das große Gewicht der Zeit
gesagt haben, so wie wir es jetzt tun,
dass wir uns lieben.

Ein Buch bringt mich aus der Fassung

Vor Jahren nahm ich ganz »zufällig« ein Buch zur Hand, in dem in Bild und Text über die Auswanderer Deutschlands nach Kanada in den frühen 1950er Jahren berichtet wird. Dazu werden die Schiffe erwähnt, auf denen sie kamen, und die Familien aufgelistet. Da steht auf Seite 310 »Fair Sea #3 – June 1, 1953 at Montreal, P.Q.« und unter den aufgelisteten Familien steht »SCHAFFER, Otto 45, Agathe Mrs. 46, Klaus 16, Ingrid 14, Ulrich 10.« Mehr stand dort nicht. Ich blätterte weiter und traf auf eine Welt, die fast sechzig Jahre zurückliegt und doch in uns, die wir zu der Gruppe gehören, abgelagert ist und uns unser ganzes Leben betroffen hat.

In dem Buch begegnete ich so manchen Familien die ich kannte, las von den Einwanderern, die etwas Besonderes geleistet hatten. Es wird nichts über die gesagt, die durch den Verlust der Heimat untergegangen sind und für die die Auswanderung ein Bruch mit ihrem vorigen Leben bedeutete, den sie vielleicht nicht verkraftet haben. Weil wir alle einer Kirche angehörten und diese Kirche in Kanada für uns bürgte, durften wir kurz nach Kriegsende kommen. Wir waren darum in einer gewissen Weise miteinander verbunden und die Zeit damals war eine intensive. Deutschsprachige Gemeinden wurden gegründet, Jugendgruppen, in denen wir unsere deutsche

Vergangenheit lebendig erhielten, waren unser Leben. Jede Familie versuchte ihren Traum zu verwirklichen. Man beobachtete, wie die anderen es machten und half einander. Kinder der einen Familie heirateten die Kinder einer anderen. Auch der Glaube verband – man sah Gott auf eine ähnliche Weise, hoffte und betete für einander.

Als ich das Buch so durchblätterte, überfiel mich eine so tiefe Trauer, dass ich einen Schreck bekam. Noch nie hatte ich so etwas erlebt, und schon gar nicht beim Betrachten eines Buches. Ich schloss das Buch und dachte darüber nach, was wohl mit mir geschah. In den Jahren danach wiederholte es sich jedes Mal– ich musste das Buch immer wieder weglegen. Auch heute ist es nicht viel anders.

Was geschieht da in mir? Woher kommt die Wehmut und was ist sie? Weil die Zeit von damals so ausgelöscht ist, dass es sie kaum gegeben zu haben scheint! Die Menschen sind in alle Winde zerstreut, die Gefährdung der damaligen Zeit ist fort, wir haben dieses Land zu unserer Heimat gemacht. Eine Sensibilität ist verschwunden, oder hat sich anderen Dingen zugewandt. Für viele von uns war es eine formative Zeit: Nun ist eine neue Lebensform entstanden und die Zeit des Entstehens ist in weite Entfernung gerückt.

Dabei geht es nicht darum, gerade mit diesen Menschen noch Kontakt zu pflegen oder alte Erinnerungen aufleben zu lassen. Nein. Ab und zu begegne ich Menschen aus dieser Zeit und merke, dass wir uns so gut wie nichts zu sagen haben. Wir haben uns auseinander entwickelt. Und doch bleibt die Wehmut über den Verlust der damaligen Zeit. Ich vermute, dass diese Wehmut eine tiefere Wurzel hat – es ist der unaufhaltsame Fluss der Zeit, dem alles anheimfällt, der mich jetzt, fast sechzig Jahre später, so tief aufwühlt.

Vielleicht liegt darin auch unser Problem mit dem Älterwerden. Wir nisten uns ein in einer Zeit, in einem Zustand, in einer Einstellung. Wir kennen uns da aus. Wir haben Menschen, die uns genau darin begleiten. Und dann ist diese Zeit vorbei, etwas verschiebt sich, ein Mensch verlässt uns, ein Gefühl verändert sich, eine Glaubensperspektive überlebt sich und alles ist anders. Wir wollen Einspruch erheben, wollen das, worin wir gerade noch gelebt haben, festhalten, und merken, dass wir es nicht können – es ist vorbei.

Das Schwere am Älterwerden ist die Unwiederbringlichkeit der Zeit. Das haben wir schon oft gehört, und doch sind wir durch das Wissen um diese Tatsache nicht gegen sie gefeit. Wir sind Geschöpfe, die eine tiefe Sehnsucht nach Permanenz haben, die gewisse Wiederholungen lieben, die nicht nur in einer anderen Welt, sondern auch hier ewig leben und dabei Herr über die Zeit sein wollen. Ich glaube, dass selbst die Menschen, die gern viel Abwechslung haben und nicht nach hinten zu schauen scheinen, manchmal so leben, weil auch sie es fast unerträglich finden, dass alles verschwindet und nichts Bestand hat.

Darum ist es dann besser zu versuchen, die Not in eine Tugend zu verwandeln: Indem ich nicht zurückschaue, binde ich mich an nichts und bin für alles offen, was vor mir liegt. Aber gegen das Älterwerden und den Verlust der Vergangenheit, auch wenn man sie noch in sich trägt, gibt es letztlich keinen Trick – in einer ungeheuren Sachlichkeit und Kühle wird unser Leben jeden Tag um vierundzwanzig Stunden weniger. Neue Erlebnisse verdrängen die alten und viel, was wir einmal als ganz kostbar empfanden, geht in der Unerinnerbarkeit unseres Lebens unter.

So gesehen hat unser Leben mit seinem Alterungsprozess etwas Tragisches an sich und ich merke, dass ich mich auch nicht dagegen wehren will. Ich will es auf mich nehmen und daran reifen. Ich will es nicht verharmlosen, als dürfte man so nicht empfinden. Das Tragische hat etwas mit der Unwiederbringlichkeit zu tun. Weil wir die Fähigkeit haben, uns genau zu erinnern, können wir die Zeit in unserem Denken aufheben. Aber im wirklichen Leben können wir das nicht. Wir sind verdammt, mit unserer Erinnerung zu leben, mit unserer gesamten Kindheit, mit unserer Jugend, mit vielen großen und kleinen Erlebnissen, von denen wir wissen, wie sie uns geformt haben und können doch nicht zurück in die Zeit, in der alles mit uns geschehen ist. Jedes Erlebnis können wir nur einmal haben. Auch wenn wir etwas ein zweites Mal erleben, ist es nicht wie beim ersten Mal.

Die Ironie will es auch, dass wir bei den vielen »ersten Erlebnissen« zu unbewusst sind, um sie wirklich in ihrer ganzen Tiefe zu erleben. Es ist wie eine Verschwendung. Darum möchten wir noch einmal zurück, und das erste Erlebnis beim zweiten Mal richtig erleben. Gerne würde ich in der Reife, die ich jetzt habe, jetzt noch einmal die Zeit des ersten Kennenlernens erleben, aber das geht nicht. Ein schlauer Mensch hat einmal gesagt, dass die Jugend eine Verschwendung an die Jungen sei.

Mit einem anderen Buch habe ich etwas Ähnliches erlebt. Vor einigen Jahren wollte ich das Blühen der Wüste in den USA fotografieren. Ich hatte auf eine gute Blütezeit in Arizona gehofft und war über zweitausend Kilometer gefahren, um sie zu fotografieren. Ich erlebte eine schlechte Blütezeit und noch schlechteres Wetter und meine Reise schien daneben zu gehen.

Meine Stimmung war nicht besonders gut. In dieser Verfassung ging ich in eine Buchhandlung in Tucson, Arizona, und nahm ein Buch mit dem Titel »The Bridges of Madison County« aus dem Regal. Auf dem Schutzumschlag war von einem Fotografen die Rede, der sich in eine verheiratete Frau verliebt, ein paar Tage mit ihr verbringt und sie dann nie wieder sieht. Das Buch wirkte ein wenig kitschig und ich stellte es ins Regal zurück. Ich durchstöberte die große Buchhandlung weiter nach etwas Gutem und traf nach einer Viertelstunde an einer anderen Stelle des Ladens wieder auf die »Bridges«. So kaufte ich das Buch und las es am Abend in meinem Camper fast in einem Zug durch.

Ich kann mich nicht erinnern, jemals bei der Lektüre eines Buches geweint zu haben. Nah dran bin ich vielleicht bei einigen Erzählungen von Theodor Storm oder Adalbert Stifter gewesen. Aber bei den »Bridges« liefen mir die Tränen. Ich wehrte mich dagegen, aber es half nichts. Weil ich selbst schreibe, konnte ich sehen, wie mich der Schriftsteller, Mr. Waller, manipulierte, aber auch das half nichts. Ich ging sozusagen in dem Buch unter und schämte mich. Schon während es geschah, und in den Jahren danach, habe ich mich gefragt, was es in gerade diesem Buch gewesen ist, das mich so berührt hat.

Ein paar Tage später traf ich mich mit Louise Harris, einer Freundin, mit der ich öfter in der Wüste wandere. Ich erzählte ihr von dem Buch und seiner Wirkung auf mich, ohne den Titel zu erwähnen. Sie sagte, das wären wohl »The Bridges of Madison County«. Sie hatte das Buch auch gerade gelesen und so wie ich reagiert. Der deutsche Titel ist »Die Brücken am Fluss«. Das Buch wurde später mit Meryl Streep und Clint Eastwood verfilmt und hat noch einmal Millionen von Zuschauern zu den Tempos und Kleenex greifen lassen, also ein »Five Hanky Movie«.

Hier erleben zwei Menschen Glück und können es nicht festhalten. Das Leben geht weiter. Es wird beschrieben, wie der Fotograf Robert Kincaid alt wird. Mit vierundfünfzig trifft er Francesca, verliebt sich in sie und blickt den Rest seines Lebens auf diese wenigen Tage zurück. Auch für Francesca sind diese Tage ein besonderes Glückserlebnis. Sie geht nicht mit Robert Kincaid fort, weil sie ihren Mann und ihre Kinder liebt. Sie opfert das romantische, dramatische dem häuslichen, alltäglichen Glück und bleibt. Das Alter holt sie ein und alles wird unwiederbringlich, auch wenn der Leser vielleicht bis zuletzt hofft, dass die beiden sich noch einmal sehen, besonders nachdem Francescas Mann stirbt und der Begegnung der beiden großen Liebenden nichts mehr im Weg steht.

Aber es soll nicht sein. Mr. Waller will uns in der Wehmut halten, will uns spüren lassen, wie unerbittlich die Zeit und wie tragisch das Leben ist. Das Verrinnen der Zeit fordert seinen Tribut. Es ist alles etwas kitschig, oder sogar sehr kitschig. Wir können uns vorstellen, dass das Glück, dass Francesca und Robert Kincaid erlebt haben, nicht angehalten hätte, wenn sie geheiratet hätten. Vielleicht hätten sie einander nicht immer so vollkommen verstanden, wie in den vier Tagen des Glücks. Vielleicht wäre die Liebe so viel schwerer gewesen als das SichVerlieben.

Und doch gibt es für manche Leser ein Wiedererkennen in dem knapp verpassten Glück. Während wir den Roman lesen, sind auch ein paar Stunden unseres Lebens unwiederbringlich fort.

Es gehört für mich zum Altern, diese Wehmut über den Fluss der Zeit zu erleben und sie dann loszulassen. Gewisse Erinnerungen immer wieder hochzuholen und in unserem Innern abspielen zu lassen, ist Ausdruck des Festhaltens. Daran leiden wir. Wenn der Buddha sagt, dass all unser Leid durch unsere Erwartungen entsteht, dann sind das auch gerade die Erwartungen, von denen man hofft, das verflossene Leben durch einen Kunstgriff (zum Beispiel mit einer Zeitmaschine) noch verändern zu können. Wir leiden darunter, die Vergangenheit verändern und die Zukunft vorher bestimmen zu wollen. Wir können beides nicht.

Reif zu altern heißt darum für mich, mich ganz auf den Moment zu konzentrieren, den ich durch meine Entscheidungen bestimmen kann und Vergangenheit und Zukunft loszulassen. Dies ist besonders im Alter schwierig, weil der Bereich unserer Erinnerungen immer größer wird. Immer mehr unseres Lebens ist Erinnerung, immer weniger liegt vor uns, bis wir am letzten Tag unseres Lebens nur noch gesammelte Erinnerungen sind. Vielleicht ist es darum eine innere Weisheit, die uns vergesslicher werden lässt. Unser Gehirn hilft uns, weniger in einer gewissen

Vergangenheit zu sein und uns mehr auf den Augenblick zu konzentrieren.

Manchmal erlebe ich das Empfinden des Tragischen geradezu wie einen Beweis, dass es ein Leben nach dem Tod geben muss. Es ist fast wie eine Generalprobe, die wir durchmachen. Aus jedem Ereignis lernen wir etwas, um daraus dann später (wann immer das auch ist, vielleicht in einem anderen Leben) etwas zu machen. Das Tragische impliziert schon beinahe das unbegrenzte Glück, irgendwo, irgendwann. Das Tragische ist sich selbst nicht genug und wartet auf seinen Gegenpart.

Aber vielleicht bin ich da nur Kind des dualistischen Denkens, das ein Konstrukt von uns Menschen ist, und nichts mit der Wirklichkeit, in der wir leben, zu tun haben mag. Aber die Wehmut ist wirklich. Ich warte auf den Tag, an dem ich das Auswandererbuch in die Hand nehmen und dabei verstehen kann, dass ich außerhalb der Zeit lebe und mich keine Trauer mehr beschleicht. Bis dahin halte ich eine Packung Taschentücher bereit.

Pubertät

In einer Umfrage in USA meinten ein Drittel aller Männer und ein Viertel aller Frauen, dass sie am liebsten permanent zwischen fünfzehn und neunzehn Jahre alt bleiben würden.

Die Menschheit durchläuft jetzt ihre Pubertät. Wir wissen noch nicht, ob es uns gelingen wird kollektiv erwachsen zu werden und wie wir diese Reife gestalten werden. Noch sind wir unseren Hormonen ausgeliefert und noch befreien wir uns von unserer Kindheit. Einige sind vorgegangen und bahnen jetzt den Weg. Ob und wann die Masse folgen wird, ist noch unklar. Es gibt wenige Bilder von Reife.

Peinlich

Es gibt Momente, da ist mir peinlich, wie ich einmal gewesen bin. Vielleicht, wenn ich alte Briefe lese, die ich geschrieben habe, oder wenn ich Bilder von mir ansehe. Bis ich mich daran erinnere, dass ich mich, genau wie alle anderen Menschen, entwickeln musste. Wenn es mir peinlich ist, ist es, als wolle ich sagen, dass ich diese Entwicklung nicht brauchte, als hätte ich alles schon immer verstanden.

Auch weiß ich, dass ich heute nur der bin, weil ich früher der war, der ich damals war. Jede frühere Entscheidung hat mich zu dem Menschen gemacht, der ich jetzt bin. Ich vergebe mir und schließe mit meiner Vergangenheit Frieden. Mein Alter hilft mir dabei.

Sich für etwas zu schämen, enthält immer eine Prise Arroganz: Ich sage indirekt, dass mir das eigentlich nicht hätte passieren sollen – als wäre ich schon darüber hinaus gewesen.

Das Vertraute verlassen

Ich habe Mühe, zu einer längeren Reise aufzubrechen. Ich fahre manchmal einen Monat lang zum Fotografieren weg, oder zu einer langen Lesereise nach Europa. Das heißt, ich muss aufbrechen und das Gewohnte, Vertraute verlassen. Ich spüre dann eine Bedrohung, als könnte ich von der Reise nicht wiederkommen. Es geht dabei nicht so sehr um etwas Konkretes, das ich meine, nicht schaffen zu können, sondern um das Gefühl, dass ich mich durch die Reise aussetze und gefährde. Am liebsten würde ich nicht wegfahren, fahre aber immer. Der Mut ist mit dem Gefühl der Unsicherheit gewachsen.

Unheil

Jetzt kommt manchmal das Empfinden, der Körper wartet auf das Unheil, das ihn irgendwann heimsuchen wird. Früher war dieser Gedanke nicht so gegenwärtig, wie er es jetzt manchmal ist. Ist mit dem Gedanken Frieden zu schließen? Was würde das heißen?

Mit den Steinen

Mit dem Alter
rücke ich den Steinen näher,
diesen großen Monumenten
einer anderen Zeitrechnung.
Ich verlasse die messbare Zeit,
diese schmerzhafte Vorläufigkeit
und berge mich in Kristallen.
Wie weit offen und still
es da zwischen den Elektronen ist,
wie wenig ich mich bewegen muss,
um etwas zu bedeuten!

Im Stillhalten
erobere ich Schwere.
In der Schwere entdecke ich Himmel.

Ich bin nicht nur das, was ich von mir weiß

Ich bin viel mehr, als mir über mich bewusst ist. Wir, im 21. Jahrhundert, sind unter anderem auch die Summe einer Entwicklung, in der dem Fassbaren, dem Beschreibbaren und dem Beweisbaren mehr Wirklichkeit zugeschrieben wird, als dem Unfassbaren. Wir sind Kinder der Aufklärung: Sie hat uns vermittelt, dass die Welt erfassbar ist und alles, was sich nicht unseren naturwissenschaftlichen Methoden unterziehen lässt, mag nicht existieren, oder ist »nur« Ausdruck einer persönlichen Vorstellung. Wenn wir unser Leben so sehen, verliert es ein Stück seiner Wirklichkeit. So ist es heute möglich und schon fast normal, die innerseelische Welt als Einbildung zu sehen.

Es gibt einen Merksatz von C.G. Jung, der im Kontrast dazu steht: »Die entscheidende Frage für den Menschen ist: Bist du auf Unendliches bezogen oder nicht? Das ist das Kriterium des Lebens.« Das Unendliche ist nicht messbar, erfassbar, es ist so persönlich, dass wir einander oft nicht verstehen, weil wir die Begriffe anders füllen und noch nicht einmal wissen, dass wir sie anders füllen.

Wenn ich Gott, Gnade, Erlösung oder Erleuchtung sage, dann weiß zunächst niemand, was ich meine. Selbst wenn ich es erkläre, ist die Verständigung nicht eindeutig, weil bei jedem etwas anderes mitschwingt. Aber es ist nötig, dass es so ist – es ist kein Verlust, sondern ein

Gewinn, auch wenn das Leben dadurch komplexer und komplizierter wird. Darum funktioniert auch der naturwissenschaftliche Ansatz bei der Religion nur begrenzt, weil es wichtig ist, dass jeder in diesem inneren Bereich seinen Weg findet, auch wenn dies nicht kommunizierbar ist. In der Verallgemeinerung und dem Festlegen von Regeln und Grenzen, bleibt der einzelne meistens auf der Strecke – weil das, was für alle gelten soll, oft für den einzelnen in seiner Einmaligkeit nicht gelten kann.

Wenn das so ist, dann ist auch das, was wir über das Altern sagen können, etwas so Persönliches, dass wir nur mit viel Vorsicht verallgemeinern können. Das Altern ist da mit dem Glauben verwandt. Was meine Werte im Alter sind, und wie ich versuche sie zu leben, ist ganz individuell. Wenn ich es so sehe, dann öffne ich mich für das Numinose, das nicht Benennbare meines Lebens. Ich gehe dann davon aus, dass in mir eine ganze Welt liegt, die gehört und erlebt werden will. Ich werde von dieser Welt beeinflusst, sie bestimmt meine Befindlichkeit, sie trägt Hoffnungen und Ängste und eine Art zu glauben in sich. Ich trage ihr Rechnung, indem ich mich nie endgültig definiere und beschreibe: Ich lasse etwas offen an mir, ich halte etwas für möglich, ich halte meine Sehnsucht nach Unendlichem für legitim und stark. Kierkegaard schreibt in »Philosophische Schriften«:

»Denn nichts Endliches, nicht die ganze Welt kann

eine Menschenseele befriedigen, in der das Bedürfnis nach dem Ewigen sich regt.«

In diesem Selbstverständnis schaffe ich mir Raum für meine Entwicklung. Ich bin nicht mehr bereit, den Vorschlägen, wie ich zu sein habe, nachzugeben. Meine Welt ist nicht nur von dieser Welt, sondern sie ist auch gleichzeitig von einer anderen Welt. So beginnt das Unfassbare immer mehr in mein Leben hineinzuragen und das Alter beginnt sich wie ein Wunder aufzutun. »Nirgends, Geliebte, wird Welt sein als innen« schreibt Rilke. Mit dieser Sicht wird das Alter zu einer Zeit der Expansion in die Tiefe und in das Unfassbare.

Familientreffen

Wir besuchen ein Familientreffen in den USA. Es ist wunderbar zu erleben, dass besonders die Enkelkinder ihre Omi lieben. Auch im Englischen heißt die Großmutter Omi und die eigenen Kinder nennen sie im Zusammensein mit den Enkeln ebenso. Trotz allen Komplikationen scheinen alle in der Familie auszuruhen: Es ist gut, jemandes Oma, Enkeltochter, Sohn, Tante, Großtante, Onkel, Nichte, Neffe zu sein. Keiner steht in diesen Tagen allein vor dem Leben, sondern immer neben jemandem, zu dem es sogar eine offizielle Beziehung gibt. Es wirkt, als wenn das Älterwerden für alle im Familienkreis gedacht ist.

Die Ungenauigkeit

Hundertmal am Tag kommt die Forderung:
Höre auf, den Sinn zu suchen.
Erst regnet es in das Gedicht,
an dem ich schreibe,
und die feine Handarbeit geht unter.
Dann tanzt eine Schlange
auf meinem Schreibtisch
und ich komme nicht ans Papier.
Später, es wird schon dunkel,
kehrt sich die Wahrheit ab
und beantwortet keine Fragen mehr.
Es ist kein Dach über das Leben zu kriegen,
ich werde unbehaust bleiben.

Bis ich merke,
wie treffend sich die Welt
in Ungenauigkeit und Verlust ausdrückt.

Geschichten erzählen

Ein Freund, B., erzählt häufig Geschichten – ob sie passen oder nicht. Wir sind zu viert zusammen, drei von uns sind mitten im Gespräch und gewinnen mit der Zeit Tiefe. Wir tasten ab, was sein könnte. Vorsichtig stellen wir Thesen auf, um sie zu prüfen. Mit unseren Gedanken entkräften wir die landläufige Meinung. Wir erwähnen kurz, wie wir es früher gesehen haben, und was wir hinter uns gelassen haben. Jetzt denken wir schon ansatzweise Neues – es ist abenteuerlich, als würden wir zum ersten Mal in ein fremdes Land reisen. Jetzt macht sich einer von uns dreien verletzbar und das, was vorher theoretisch klang, wird zu einem Geständnis. Wir könnten heute in diesem kleinen Kreis weiterkommen, als je zuvor. Die Sterne stehen gut, die Offenheit ist da, der Druck im Leben ist stark genug, neue Wege zu wagen und alte zu verlassen.

B. hat sich zurückgehalten, er ist auf seinem Stuhl ein wenig hin und her gerückt, kaum wahrnehmbar. Jetzt, plötzlich, sagt er, dass ihn der gerade geäußerte Gedanke – es ist eigentlich kein Gedanke, nur ein Wort – an etwas erinnere. Mit einem Satz holt er weit aus und ist unvermittelt in einer Zeit von vor sechzig Jahren, als er ein junger Mann war. Er redet gern von dem kleinen Häuschen am See, wo seine Familie jedes Jahr die Sommerferien verbrachte. B. hat ein fröhliches Gesicht, während er die

Einzelheiten hervorholt und sich bei uns immer wieder versichert, dass wir auch genau verstehen, was er sagt. Ja, ja, meinen wir nickend sagen zu müssen. (Wir wollen seine Geschichte nicht begünstigen, weil sie dann länger ausfällt.)

Wir fragen uns still, was diese Geschichte mit dem ernsthaften Gespräch, in dem wir kurz vorher steckten, zu tun hat. Nichts. Ich trauere den entschwundenen Möglichkeiten nach. Sie sind weg, wir kommen nicht mehr an den Punkt zurück, wo die Welt weit offen war. Diese Erzählung hat alles platt gemacht.

Diese Geschichten sind schon so oft erzählt worden, dass sie nur noch eine Art Stenografie sind. Am Ende geht es nicht um den Inhalt, sondern um die Flucht in die Vergangenheit, weil der Erzähler dadurch vor der Gegenwart sicher ist. Und manchmal scheint es mir noch mehr darum zu gehen, die Tiefe und Substanz zu stören, in die wir vorgedrungen wären, wenn die Geschichte nicht begonnen hätte. Der Erzähler hat plötzlich die ganze Atmosphäre durch seine Geschichte bestimmt.

B. ist über siebzig und ich habe das Empfinden, dass sich sein Leben auf die Vergangenheit konzentriert. Vielleicht tut er es nicht bewusst, aber etwas in ihm will immer wieder dorthin zurück. Das war die Zeit, als noch alles vor ihm lag. Er fühlt diese Offenheit, wenn er die Geschichte erzählt. Je älter er wird, desto lieber ist ihm dieser Ausflug in die Vergangenheit. Je mehr die Zeit, die vor ihm liegt, zusammenschrumpft, desto mehr leuchtet das, was einmal war. Ich gebe mir innerlich das Versprechen, nie in solches Geschichtenerzählen zu geraten. Aber kann ich es halten, oder übereilt mich, was B. jetzt schon lebt? Wird es auch an mir geschehen, obwohl ich mich dagegen entschieden habe? Wie wäre es, wenn jetzt noch das Eigentliche vor mir läge? Vielleicht wäre das die Lösung. Ich brauchte dann nicht in die Vergangenheit zu fliehen. Ich verstehe das Alter wie eine Kulmination all dessen, was ich zusammengetragen habe. Alles, was ich gelebt habe, hat auf diesen Punkt abgezielt.

Ich bin immer alles, was ich gewesen bin. Darum liegt das Leben nicht hinter mir, nicht in dieser Leistung oder jenem Erlebnis, und schon gar nicht in den Geschichten vom Häuschen am See, sondern es liegt in mir und vor mir. Auf eine undefinierbare Weise wartet es darauf, dass ich es heute noch einmal kröne, es heute noch einmal intensiv lebe. Alles Bisherige war nur eine Übung für das Gegenwärtige oder für das Kommende. Ich ahne, dass darin ein Geheimnis liegt, welches, wenn ich es leben könnte, mir eine neue Welt im Altern aufschließen würde. Das Alter ist nicht mein Feind. Ich entscheide mich, dass es mir gelingen wird, die Welt so zu sehen. Und B. werde ich vorsichtig aber bestimmt sagen, dass er mir wichtiger ist, als seine Geschichten von einer weit zurückliegenden Vergangenheit.

Was vor dir liegt

Es wird dir deutlich werden,
dass du aufbrechen musst.
Die Landschaft beherbergt dich nicht länger,
auf den Pflanzen liegt alter Staub,
du erkennst die einzelnen Vögel
nicht mehr an ihrem Lied.
Die alte, vertraute Welt löst sich lautlos auf.

Die Dunkelheit fällt ein, wie ein Feind,
und du findest es zu viel verlangt,
jetzt aufzubrechen,
aber du wirst nicht gefragt.
Auch ist dir deutlich geworden,
dass alles, was wichtig sein wird,
vor dir liegt und unerkannt wartet.

Du brichst auf in deinen Tod,
so leuchtend, so mutig, so ängstlich.
Es gibt kein Versteck mehr,
in dem du dich nicht finden würdest.
Du musst deine Sachen packen,
es geht nicht anders.
Du hast nur deinen zarten,
glühenden, strahlenden Glauben.

Wo liegt der Höhepunkt unseres Lebens?

Wenn wir jung sind, ist es leicht zu glauben, dass wir auf einen Höhepunkt zugehen. Es ist nicht nur ein Höhepunkt, sondern es geht einfach insgesamt immer weiter bergauf. Wir stellen uns vor, was wir in fünf, zehn oder zwanzig Jahren machen und sein wer den. Im Beruf werden wir uns emporarbeiten, vielleicht selbstständig werden. Wir werden eine Familie gründen, eine Wohnung besitzen, uns den Traumwagen leisten. Wir werden an Orte reisen, von denen wir geträumt haben. Es gehört dazu, wenn man jung ist. Diese Erwartungshaltung stellt das Leben in ein ganz gewisses Licht. Wir leben expansiv. Wir steigen auf.

Auf diesem Weg nehmen wir Menschen mit. Besonders die, die unsere Expansion unterstützen, vielleicht sogar fördern, oder hoffen, davon zu profitieren. Sie sind meistens etwa so alt wie wir, und leben darum ähnlich wie wir. Dies ist auch die Zeit, in der uns mehr und mehr Geld zur Verfügung steht, mit dem wir unsere Expansion finanzieren können. Wir nehmen eine wichtigere Stellung ein. Man fragt uns. Ja, man fragt uns, und daraus leiten wir gern unsere Wichtigkeit ab. Langsam erreichen wir viele von unseren Zielen. Wir gewöhnen uns an diese Stellung, wir verinnerlichen sie.

Ich erinnere mich noch, wie ich als Dozent an eine

Stelle in meinem Leben kam, an der mir deutlich wurde, dass ich gewisse Dinge nie so erreichen würde, wie ich es mir vorgestellt hatte. Ich hatte einen Kollegen, der besonders gut denken konnte. Ich hatte bis dahin immer gemeint, das mir denkerisch alles offen war, wenn ich dem nur nachgehen wollte, bis ich merkte, wie viel besser Jim denken konnte. Ich musste lernen, dass sich schon, bevor ich im mittleren Alter war, gewisse Türen zu schließen begannen.

Je nachdem in welchem Feld wir uns bewegen, verlangsamt sich irgendwann die Expansion. Vielleicht merken wir, dass unsere Ideen nicht mehr die aktuellen sind. Jemand überholt uns und wir stellen fest, wie jung dieser Mensch ist. Im Vergleich »sehen wir alt aus«. Früher haben wir diesen Begriff als einen Spruch gebraucht, jetzt füllt sich dieser Spruch schmerzhaft auf andere Weise. Die Expansion kommt ins Stocken und wir beginnen uns wieder zu verkleinern. Der Abstieg beginnt. Viele versuchen diesen Moment hinauszuschieben. Sie freuen sich, wenn jemand betont, wie gut sie noch aussehen. Sie bleiben sportlich auf der Höhe: Da schlägt der fünfzigjährige Vater den zwanzigjährigen Sohn im Tennis und meint, er könne so die Zeit zurückdrehen. Aber die Zeit ist nicht aufzuhalten. Unsere Kultur vermittelt uns, dass wir den Höhepunkt überschritten haben, die neue Generation kommt nach. Wir müssen Platz machen.

Aber ist der Höhepunkt wirklich überschritten? Ich glaube nicht. Ich erlebe mein Leben in gewisser Weise immer noch als ein Aufsteigen. Es ist nicht mehr wie früher, als die Expansion in alle Richtungen stattfand, aber sie geschieht noch. Sie zeigt sich in der Konzentration auf das Wenige, das Zentrale, das Transzendente. Weniger ist mehr, steiler führt schneller in die Höhe. Ich gehöre sicherlich nicht zu den »vielversprechenden neuen Autoren«, von denen wir Großes erwarten können. Aber wenn ich meine Entwicklung ansehe, dann meine ich immer noch, dass ich auf einen Höhepunkt zugehe. Das Beste kann noch kommen. Ich habe manchmal tatsächlich das Gefühl, dass alles, was ich bisher geschrieben habe, wie eine Vorübung für das ist, was ich noch schreiben werde. Ob es mir gelingt, wird eine Frage der Inspiration und der Energie sein. Es wird auch eine Anfrage an meine Leser sein, ob sie sich auf das einlassen wollen, was ich jetzt im Älterwerden entdecke.

An anderer Stelle habe ich darüber geschrieben, wie schwer es ist, auch im Alter noch revolutionär zu denken und einen Aufbruch zu neuen Ufern zu wagen. Ich bin dabei, es zu versuchen. Ich finde diesen Wechsel von der Expansion zur Konzentration ganz spannend und passend für mein Alter. Ich will nicht unbedingt jung bleiben. Auch ein junger Sechzigjähriger ist immer noch sechzig Jahre alt.

Die Konzentration ist dennoch auch eine Art von Expansion. Aber sie ist ungewöhnlich, weil sie weniger sichtbar ist. Die inneren Werte sind nicht so dramatisch wie die äußeren. Hier ist meine These in Form einer Frage: Warum sollte es nicht möglich sein, bis ans Lebensende zu wachsen und zu reifen? Wir wissen, dass wir schon ab Mitte zwanzig rein körperlich abbauen. Aber wir wissen, dass wir in anderen Bereichen noch stark am Aufbauen sind. Das vertröstet uns über den körperlichen Abbau. Das geht vielleicht bis vierzig, vielleicht sogar bis fünfzig, ganz gut, dann aber bricht diese Idee des Aufbaus in einigen Bereichen zusammen. Warum eigentlich? Ist es nicht nur eine Frage der Verlagerung?

Wenn wir uns immer unserem Alter entsprechend nach dem umsehen, worin wir noch wachsen können, dann müsste unser Leben eine ständig aufsteigende Linie bis zu unserem Tod sein. (Ich klammere hier den geistigen Verfall durch Alzheimer aus, wenn wir uns nicht mehr auf das Wachsen im inneren Bereich konzentrieren können.) Wir würden so nicht nur das Alter überlisten, sondern es in unseren Dienst stellen. Es wäre nicht mehr die Zeit, vor der man sich graut, sondern die Zeit, in der man die neuen Herausforderungen annimmt und etwas mit ihnen macht.

In einer Zeit, in der wir so viele Alternde und Alte haben werden wie noch nie, ist dies eine spannende

Aussicht. Werden wir sie füllen und leben können? Ich lasse kaum einen Tag vergehen, an dem ich mir nicht Gedanken mache, was denn nun eigentlich mein Beitrag zur Welt ist, jetzt in der Zeit meines Älterwerdens und der Zeit meiner Konzentration.

Ich will nicht tun, was Junge besser tun können. Ich will auch nicht das wiederholen, was ich einmal gut gemacht habe. Ich finde es ganz spannend zu sehen, was vor mir liegt – etwas, was niemand so tun kann wie ich – gerade aufgrund meines Alters und meiner Reife. Das muss ich entdecken. Das wäre mein Beitrag. Meine Einmaligkeit, die ich schon als junger Mann entdeckt habe, geht mit mir und wird mich nie verlassen. Es ist nur die Frage, ob ich mich dem gleichmachenden Alter beuge und dann mit anderen Männern in meinem Alter verwechselbar werde, die sich durch die Landschaft schieben, ohne Ausblick, ohne Konzentration, ohne aufsteigende Linie und die gelegentlich mit Wehmut auf die Höhepunkte ihres Lebens zurückschauen. Ich werde mich dagegen wehren, ich werde es mir abverlangen, meinen Kern auszudrücken, weil er auch jetzt noch »vielversprechend« ist. Es ist eine Frage der Blickrichtung.

Ab und zu erinnere ich mich dann an gewisse Vorbilder. An Fontane, der erst mit sechzig sein literarisches Schaffen wirklich begann und den Roman »Der Stechlin« mit achtundsiebzig abschloss, oder an C.G. Jung, der mit über achtzig seine Memoiren voller Einsicht aufzeichnete, an den Architekten Frank Lloyd Wright, der einige seiner schönsten Gebäude in seinen Achtzigern baute, an Grandma Moses, die erst mit siebzig zu malen begann, an Helmut Schmidt, der auch mit neunzig noch weiterführende Einsichten in die Weltlage hat. Gegen diese bin ich ausgesprochen jung und es ist lächerlich, zu meinen, nichts mehr beitragen zu können. Es geht jetzt erst eigentlich los. Die Fingerübungen liegen hinter mir, vor mir steht eine reife Ernte, die es einzufahren gilt. Es ist die Ernte meines Lebens, nach einer langen Saat und Reifezeit.

Ich habe mich, was meinen Beruf betrifft, immer wieder verändert. Ich habe in neuen Formen geschrieben, vom Gedicht über die Meditation zum Roman und zur Erzählung. Ich habe Sachbücher, Fotobände und Wandkalender gemacht. Meine Theologie ist weiter geworden, ich habe meine Bücher anders gestaltet und dabei immer wieder gemerkt, wie viel Freude mir die Weiterentwicklung gemacht hat. Es ist meine Art gewesen, und ist sie noch, lebendig zu bleiben. Auch jetzt mit siebzig reizt mich die Form, die ich am wenigsten genutzt habe: Die lange erzählende Form – der Roman. Dafür beginne ich jetzt noch einmal ernsthaft auf Englisch zu schreiben und mir einen Verlag zu suchen. Ich kenne den Höhepunkt meines Lebens nicht – ich weiß nicht, ob er hinter mir liegt, ob ich ihn jetzt lebe, oder ob er noch vor mir liegt. Solange ich das liebe, was ich tue, brauche ich darüber nicht nachzudenken.

Das vorzeitige Sterben

Gleichgültigkeit bedeutet den Tod vor dem Tod.

Wie alt bist du?

Wie alt bist du
wenn du nicht mehr
auf die alten Stimmen hörst,
die nicht aufgehört haben
die Jahre zu zählen?

Jeder Morgen ist Energie,
jedes Wort ein Wegweiser,
jedes Geräusch ein Tor,
und eine einladende Welt jeder Gedanke.

Willst du dich mit Zählen aufhalten?
Die Zeit hält für dich an,
wenn du nicht an sie denkst.

Älterwerden braucht Zeit

Wir werden alle jeden Tag einen Tag älter. Wir müssen dafür nichts tun, es geschieht an uns. Aber hat dieses Altern die Qualität, die wir uns wünschen? Das sinnvolle, erfüllende Altern braucht Zeit und Zuwendung. Wir können es nicht in Lücken im Terminkalender schieben. Altern erfordert Kraft und Einsatz. Ich will es nicht in erster Linie als Arbeit bezeichnen, wohl aber als eine Beschäftigung, die in uns reifen muss. Man kann den großen Roman »Krieg und Frieden« von Tolstoi nicht im Galopp lesen. Das Buch mit seinen sechshundert Figuren muss im Leser Gestalt gewinnen.

Auch das Altern muss in unseren Charakter eingebettet sein, in unser Wesen. Manche versuchen eine Art Teilzeit-Altern. Sie widmen sich der Sache für ein paar Minuten oder für ein Wochenende. Sie betreiben es wie einen Kurs, den man belegt und in dem man alles Wichtige lernt. Aber das Altern betrifft den ganzen Menschen. Nicht nur unser Körper altert, auch unsere Energie altert, unser Auffassungsvermögen. Unsere Erinnerung altert, vielleicht auch unsere innere Flexibilität. Wir altern auch im Bereich unserer Geduld – das mag heißen, dass wir mehr oder weniger Geduld haben, je nachdem wieviel wir an uns selbst gearbeitet haben. Wir altern in unserem Glauben – der Gott, an den wir geglaubt haben, altert mit uns. Wir fragen uns, ob wir noch so an ihn glauben können wie vor dreißig Jahren. Wir altern auch als Ehepartner, als Vater oder Mutter, als Freund für unsere Freunde.

In jedem dieser Prozesse verschiebt sich etwas und es ist wichtig, das wahrzunehmen. Das Altern in einem Bereich hat Konsequenzen in anderen Bereichen. Wenn wir nicht mehr mit einem Freund Tennis spielen können, mag uns vielleicht auffallen, dass wir weniger gemein haben, als wir dachten. Für manches müssen wir Ersatz finden, anderes müssen wir einfach sterben lassen, ohne es zu ersetzen. Altern ist ein konstantes Adaptieren. Wir tun es nicht ein für alle Mal, sondern jeden Tag auf eine neue Weise. Der Prozess ist unser Leben, auch gerade mit seinen vielen Möglichkeiten. In unserer Gesellschaft ist oft die einzige akzeptable Möglichkeit des Alterns, nicht zu altern.

Es muss vertuscht, versteckt, verheimlicht und verschoben werden. Ich glaube, dass so manche Depression bei Älteren daher kommt, dass wir uns nicht die Zeit nehmen, die Alterungsprozesse bewusst wahrzunehmen. Wir verdrängen sie und wollen sie nicht wahrhaben. Sie geschehen an uns, wie ein nicht zu verhinderndes Übel. Und irgendwann entdecken wir dann, dass sich viel verändert hat, ohne dass wir es gemerkt haben – wir sind alt geworden. Das Alter überrascht und wir erschrecken. Aber es muss nicht so sein. Wir können uns dem Prozess des Alterns widmen und uns in ihnen einrichten. Das Alter kann wie ein Heim werden.

Es geht immer darum, das Leben, das wir haben, wirklich zu bewohnen, darin zuhause zu sein. Wenn wir es positiv betrachten, dann haben wir im Alter meistens genau die Zeit, die wir brauchen – so wie wir sie nie vorher im Leben hatten. Es ist ein glücklicher Umstand, dass das Altern im Alter passiert – sonst hätten wir nicht die Zeit, uns bewusst damit zu befassen.

Das Leben wählen

Ich stehe jetzt häufig vor der Frage, ob ich noch lernen will, oder ob ich ohne es auskomme. Da gibt es beispielsweise Funktionen in Photoshop, um meine Bilder noch besser bearbeiten zu können, oder neue Software für meinen Computer, oder neue elektronische Geräte, die noch zu meistern wären. Jede dieser Entscheidungen trägt ein unterschiedliches Verständnis von dem in sich, was das Leben schön und erfüllt macht.

Leben ist einerseits, mich auf das konzentrieren zu können, was ich wirklich will. Andererseits noch mit den Entwicklungen der Zeit mitzugehen, um noch wirklich hier zu sein. Beides sind legitime Erwartungen von mir an mich. Nach intensiver Überlegung treffe ich die Wahl, die mich mir näher bringt.

Versäumtes

Ich merke jetzt manchmal, dass ich Versäumtem nachtrauere. Ich habe viele Jahre davon geträumt (träume es jetzt manchmal noch), ein berühmter, guter Schriftsteller zu werden. Zum Spaß habe ich Freunden gesagt: »Wenn ich den Nobelpreis für Literatur gewinnen sollte, würde ich mir sogar einen schwarzen Anzug kaufen.« Aber ich habe immer so geschrieben, dass meine Bücher Menschen ganz praktisch etwas bedeuteten, und das schien in eine andere Richtung zu gehen, als literarische Preise und Ehrungen jeder Art.

Das hat dazu geführt, dass ich mein ganzes Leben versucht habe, die beiden Schreibrichtungen zu verbinden. Jetzt wird es bald zeitlich eng, aber ich werde versuchen, doch noch einige Bücher zu schreiben, mit denen ich vielleicht etwas von dem Versäumten nachholen kann. Ich habe das Empfinden, dass ich erst jetzt Romane schreiben kann, die bedeutsam sind – ich musste so alt werden und so viele Erfahrungen sammeln, um sie nun in Figuren unterzubringen. Dabei sehe ich mir selbst über die Schulter und beobachte, ob ich dazu begabt bin.

Verrückt ist: Wäre ich jung und müsste wieder wählen, würde ich mich wieder so entscheiden, wie vor vierzig Jahren – trotz meiner Gefühle, etwas versäumt zu haben.

Deal with it

Wenn jemand gar zu laut und weinerlich klagte, sagte meine jüngere Tochter früher häufig: »Deal with it!« Es war etwas schnoddrig gesagt, aber es traf mich damals und ich habe es zu einem Spruch gemacht, den ich mir manchmal selbst sage. »Deal with it!« Geh' damit um, mach was draus!

Wenn wir jung sind, leben wir mit dem Glauben, dass alles anders sein könnte, dass es nur an uns liegt. Mit zunehmendem Alter wird dieser Glaube weniger und wir begreifen, dass wir die Umstände oft nicht verändern können. Das einzige, was uns in die Hände gegeben ist, ist unsere Einstellung und das ist unendlich viel.

Leben nach dem Tod

C.G. Jung hat eine überzeugende Weise, an diese Frage heranzugehen. Er schreibt:

»Man würde das Gleichgewicht verlieren, falls man sich nicht mit der Unsterblichkeit auseinandersetzte, wenn einen die Träume mit dem Problem konfrontieren; dann sollte man darüber entscheiden. Wenn sie es nicht tun, kann man es bleibenlassen. Aber wenn sie einen damit konfrontieren, sollte man sagen: ›Ich muss herausfinden, was ich diesbezüglich fühle. Nehmen wir an, dass es so etwas wie Unsterblichkeit nicht gibt, kein Leben nach dem Tode: Was fühle ich dann? Wie lebt es sich mit einer solchen Überzeugung?‹ Dann bekommen Sie vielleicht Magenbeschwerden. Also sagen Sie sich: ›Nehmen wir an, ich sei unsterblich‹, und dann sind Sie in Ordnung. Also müssen Sie sich sagen: ›Das ist offenbar richtig.‹ Wie sollen wir es wissen? Wie weiß ein Tier, dass eine bestimmte Sorte Gras, die es gefressen hat, nicht giftig ist, und wie wissen Tiere, dass es giftig ist? Sie werden krank. Auf diese Weise erkennen wir die Wahrheit: Die Wahrheit ist das, was uns leben hilft – richtig leben hilft.«

Interessant ist für mich, dass ich auch bei diesem großen, transzendenten Thema bei mir beginnen kann. Es geht um meine Gesundheit, meine Lebensfähigkeit, mein Glück, nicht um das Fürwahrhalten einer Lehre oder eines Dogmas. Ich bin in erster Linie mir verpflichtet, nicht einer Überlieferung.

An der Stelle wird das Alter wieder ganz neu spannend. Ich darf zu jedem Zeitpunkt noch einmal neu überlegen, was ich glauben will und was ich glauben kann. Für einige ist das eine Verunsicherung, der sie sich aber nicht aussetzen müssen, wenn sie nicht wollen – ähnlich wie es Jung vorschlägt. Aber für die, deren Integrität ihnen wichtig ist, die also nicht nur etwas nachsprechen und nachglauben wollen, ist es die Chance, ihre ganz eigene Ansicht zu finden.

In einem Brief schreibt Jung: »Ich habe gute Gründe anzunehmen, dass die Dinge mit dem Tod nicht zu Ende sind. Es scheint, als sei das Leben ein Zwischenspiel in einer langen Geschichte.« Die guten Gründe für diese Annahme stammen sicherlich aus Jungs »Jenseits-Erfahrung« in seinem neunundsechzigsten Lebensjahr. Er hatte einen Herzinfarkt erlitten und war dem Tod nah. Er schien über der Welt zu schweben und nannte es »das Herrlichste und Zauberhafteste, was ich je erlebt hatte«. Mehrere Wochen lebte er in einem Zwischenzustand. Er schreibt: »Voll Betrübnis dachte ich: Jetzt muss ich wieder in diese graue Welt hinein.« Er schreibt, dass es eine Entscheidung war, zu bleiben. Ich bin mit dem Glauben an ein Leben nach dem Tod aufgewachsen und es hat immer zu meinem Leben gehört. Es gehört auf eine unerklärliche Weise auch noch immer dazu. Es ist, als hätte ich diesen Glauben somatisiert, ihn in meinem Körper gespeichert, von wo aus er sich immer wieder meldet und fordert, gehört zu werden. Rein in meinem Kopf habe ich den Gedanken losgelassen. Ich glaube und ich glaube nicht. Ich habe mich daran gewöhnt, unsicher zu sein und manchmal ist es jetzt im Alter die einzige Sicherheit, mit der ich mich wohl und echt fühle.

Übung

Gerade an leuchtenden Tagen,
wenn sich die Sonne überstürzt,
um das Meer zu versilbern
und Graugänse protestierend
ihr V in den Himmel schreiben,
wenn sich die ganze Welt
in einer einzigen Knospe erneuert
und Jugendliche mit ihren lauten Stimmen
ausdrücken, dass sie unsterblich sind,
darf ich nicht vergessen,
das Sterben zu üben,
Tunnel zu graben,
wie ein Maulwurf,
unter allem,
was fest
scheint.

Vom Erlebnis zur Erfahrung

Vom Erlebnis zur Erfahrung ist ein weiter Weg. Das Jungsein und auch noch das Erwachsenenalter sind gekennzeichnet durch das Erlebnis. Wir packen ein Erlebnis auf das andere. Es gibt Abenteuer jeder Art: Reiseabenteuer, Liebesabenteuer, Extremabenteuer, Glaubensabenteuer. Manche sammeln Erlebnisse. Es gibt Menschen, die sind erlebnisabhängig, erlebnisgierig. Sie bekommen Entzugserscheinungen, wenn ihr Leben nicht mit Erlebnissen vollgepackt ist, weil sie so ihre Lebendigkeit spüren. Es ist eine sinnbetonte Art. Sie werden häufig durch die Angst, sie könnten etwas verpassen, motiviert. Manchmal wirkt es auch so, als würden sie Angst haben, näher zu betrachten, was sie erlebt haben. Es ist einfacher, wieder etwas Neues zu erleben. Das sind die Erlebnisjunkies.

Beim Älterwerden stellt sich dann langsam das Bedürfnis ein, die Erlebnisse, und sich selbst in ihnen, auf einer tieferen Ebene zu verstehen. Es kann ein spannendes Unternehmen sein, die erste Hälfte des Lebens auf irgendeine Weise zu ordnen und vielleicht sogar zu systematisieren.

Es gibt dann Fragen wie: Warum verhalte ich mich immer wieder so und so, wenn das passiert? Warum tue ich eigentlich das, was ich schon lange nicht mehr tun wollte? Woher kommt meine Angst in gewissen

Situationen? Warum lasse ich mich immer wieder mit Menschen ein, die schlecht für mich sind, die mich herabziehen? Woher kommt meine Unzufriedenheit, trotz meines guten Lebens? Diese Fragen zu beantworten, gibt unseren Erlebnissen Bedeutung über das Erlebte selbst hinaus.

Unsere Art zu leben, wird dabei durchsichtiger und vielleicht wird es so möglich, gewisse Fehler nicht mehr zu wiederholen weil sie unser Leben zerstören. Unsere Erlebnisse in diesen Kontext zu stellen, gibt ihnen die zusätzliche Dimension, die unserem Leben Reife gibt. Älter werden heißt, erfahrener, nicht erlebnisgieriger zu werden.

Es geht hier nicht um den Abschied vom Erleben aber um das Auswerten des Erlebten. Wir lernen durch unsere Erlebnisse, aber nur wenn wir das Erlebte verarbeiten. Ein Erlebnis liefert uns nicht automatisch eine Einsicht. Es ist unsere Sache, diese Einsicht aus dem Erlebnis zu ziehen. Es gibt ein Wort von Laotse, das die Beatles in eins ihrer Lieder aufgenommen haben. Dort heißt es: »Je weiter du reist, desto weniger weißt du.« Dies ist keine Aussage gegen das Reisen. Es deutet nur an, dass die Einsicht nicht durch das Reisen – die Konzentration auf das Erleben – kommt. Die Einsicht und Weisheit scheinen sogar durch das Reisen reduziert zu werden.

In der deutschen Übertragung von Linde v. Keyserlingk heißt der Text:

Du kannst die Welt kennen,
ohne je dein Zimmer zu verlassen.
Du kannst der Gestirne Bahnen kennen,
ohne je aus dem Fenster zu sehn.
Je weiter du rennst, je weniger du kennst.

Der Weise versteht die Welt, ohne zu reisen.
Er sieht was in der Ferne ist, ohne dort zu sein.
Er wirkt ohne Taten.

Das ist eine andere Dimension. Die Gleichsetzung von Erlebnis und Einsicht wird aufgelöst. Das Eigentliche geschieht tief innen und lässt sich nicht von äußeren Tätigkeiten ableiten.

In Nordamerika habe ich unter Schriftstellern eine für mich interessante Beobachtung gemacht. Besonders Lyriker scheinen es nötig zu finden, eine lange Liste von Arbeiten und Tätigkeiten in ihrer Biografie zu nennen. Da ist dann jemand Fließbandarbeiter, Koch, Leibwächter, Lehrer in Afrika, Musiker in einer Garage Band, Buschpilot und Bauarbeiter gewesen. Oft wirken diese Listen wie Angeberei, aber damit wird impliziert, dass dieser Mensch das Leben kennt und der Leser darum die Gedichte ernst nehmen muss. Häufig wirkt es so, als wenn durch äußere Erlebnisbuntheit eine innere Erfahrungsarmut wettgemacht werden soll.

Laut Laotse ist es möglich, das Leben zu kennen, auch wenn man zuhause bleibt. Es ist hier nicht nötig, die eine Sicht gegen die andere zu stellen. Aber vielleicht ist es wichtig, sich noch einmal zu sagen, dass Erleben nicht reifer macht – daraus folgt genauso wenig, dass man im Alter weiser wird. Es geschieht nur, wenn wir uns darum bemühen.

Alles schon gesehen

»Been there, done that, got the T-shirt. Bin schon da gewesen, hab`s schon getan, hab das T-Shirt.« So heißt es bei uns, wenn man vom Leben überfüttert ist und nichts mehr spannend zu sein scheint. Diese Haltung geht von manchen Alten aus. So drücken sie ihren Altersvorsprung aus. Sie kennen schon alles, sind nicht mehr aus der Ruhe zu bringen. Sie haben ihre Begeisterung abgelegt und belächeln manchmal das Tun der Jungen. Es ist als hätten sie vergessen, dass sie einmal jung waren und das Leben mit Begeisterung angingen.

Tüchtigkeit

Es ist jetzt fast eine tägliche Überlegung, darüber nachzudenken, was ich unter Tüchtigkeit verstehe. Früher hatte Tüchtigkeit mit Expansion zu tun – der Tüchtige war am Wachsen und Entfalten der Welt beteiligt. Heute ist meine Definition differenzierter. Tüchtigkeit hat jetzt mehr mit Lebenstüchtigkeit zu tun – und das heißt nicht nur tüchtig weiter leben zu können, sondern mit der Tüchtigkeit eine tiefere Qualität des Lebens zu wahren. So kann ich die Tüchtigkeit eines kranken Menschen bewundern, auch wenn dieser sehr mit seiner Krankheit beschäftigt ist und nicht mehr zur üblichen Expansion beiträgt. Und einen erfolgreichen Tüchtigen, der das Bruttosozialprodukt vergrößert, mag ich als lebensuntüchtig sehen, weil er diese Expansion auf dem Rücken von Benachteiligten austrägt. Oder sehe ich das nur so, weil ich das, was ich jetzt tue, schwerer der Expansion zuordnen kann?

Alterstrauer

Ich beobachte bei manchen Älteren eine Art Depression, und frage mich, ob dahinter etwas nicht Losgelassenes steht – vielleicht eine Sicht vom Leben, die entweder nur für die Jugend galt oder die eine Illusion war. Ich denke da an einen Mann, der in seinem Leben fast immer und überall führend war. Ihm fiel vieles zu. Er musste sich nicht anstrengen. Daraus schlussfolgerte er, dass es mit seiner Begabung zu tun hatte. Als es schwieriger wurde und er nicht mehr alles im Griff hatte, als er ersetzbar wurde und andere seine Arbeit machten, da begann die Trauer, die manchmal zur Depression wurde. Es war die Enttäuschung vom Leben. Weil er ein Leben lang Lehrer gewesen war, fiel es ihm schwer zu lernen. Jetzt im Alter glaubt er nicht, dass er noch etwas von jemandem lernen kann. So bleiben ihm nur zwei Wege – beide trennen ihn von Menschen und von sich selbst: der Weg in die Arroganz oder der Weg in die Depression. Manchmal sind diese beiden Wege auch miteinander verbunden: Aus der Depression, die nicht angegangen wird, entwickelt sich die Überheblichkeit als eine Art Selbstschutz gegen die Härte des Lebens. Damit kann man seine Depression legitimieren, nach dem Motto: »Ich bin meiner Zeit voraus, niemand versteht mich und ich muss dafür leiden.« Zur Arroganz kommt dann noch Larmoyanz.

Zu diesem Bildermachen im Leben kommt noch etwas Anderes hinzu. Die meisten von uns kommen aus normalen Verhältnissen. Unsere Eltern waren nicht berühmt, nicht besonders begabt, nicht überdurchschnittlich. Ein Kind tritt nun aus diesem Rahmen hervor. (Das geschieht oft, wenn es einen großen Wechsel in der Kultur gibt, wie etwa der Wechsel am Ende des Zweiten Weltkrieges. Viele

Kinder überholten ihre Eltern in der neuen Welt, die dann entstand.) Durch eine besondere Begabung oder durch den Zusammenfall von Umständen, wird das Kind mit größeren Aufgaben und mehr Verantwortung betraut, trägt aber noch sein einfaches Bild vom Leben in sich und spürt nun den Druck, zu beweisen, dass es diesen außerordentlichen Anforderungen gewachsen ist. Der Mensch lebt psychologisch gesehen über seine Verhältnisse. Die spätere Depression wird dann manchmal wie eine Bestrafung für das Verlassen des einfachen Weges gesehen.

Ich erinnere mich noch gut, wie wichtig es meinen Eltern war, nicht hochmütig zu sein, sich »herunter zu halten« und sich nicht etwas einzubilden. Das ging so weit, dass man nicht einmal zu sich selbst stehen durfte. Das war schon zu viel, es war eine Frechheit. Wenn man aber trotzdem so weiter lebt, bricht man ein Tabu – dann begibt man sich aus dem akzeptablen Rahmen seiner Vergangenheit und Umgebung. »Wer denkt er denn, wer er ist? Er ist doch einer von uns.« Dieser Spruch wird dem, der ausgebrochen ist, vielleicht noch nicht einmal gesagt, aber er trägt ihn in sich. Es geht immer wieder um die Wahl: Seine Sicht vom Leben festzuhalten und tiefer und tiefer in eine Depression zu fallen, oder seine Sicht vom Leben zu revidieren und zu lernen. Das Problem wird vergrößert, wenn der alternde Mensch seine Depression nicht anerkennt und sich nicht bewusst ist, dass er Hilfe braucht.

Wir alle tragen eine Illusion vom Leben in uns. Das gilt im Positiven wie im Negativen. Der eine glaubt, dass das Leben wunderbar sei und sich ihm öffnen wird. Es ist eine Vorstellung, die das Leben meistens fördert – bis auf die Tage, an denen es schwer wird und er damit umgehen muss. Der andere glaubt, das Leben sei schwer und richtet sich damit ein. Aber auch er wird erleben, dass das Leben sehr schön sein kann und auch er muss lernen, sich darauf einzustellen. Beide leiden, wenn das Leben anders ist, als sie es sich vorgestellt haben. Das Leid entsteht an dem Bild, das wir haben und an der Herausforderung, dieses Bild zu revidieren.

Man kann auch mit weniger Projektionen und dafür mit mehr Unsicherheit leben. Ein Mensch mag nicht die feste Überzeugung von diesem oder jenem haben. Er ist sich unsicher. Darum kann er nicht mit der Festigkeit auftreten, die er sich wünscht. Er kämpft um Verständnis und muss immer wieder revidieren, wie er etwas sieht. Er verteilt die Arbeit am Leben über ein ganzes Leben und erlebt darum später die große Desillusionierung nicht.

So oder so ist es die Arbeit des Reifens, in der wir unsere Projektionen auf das Leben zurücknehmen und dem Leben erlauben, so zu sein, wie es ist und nicht, wie wir meinen, dass es sein wollte. Ich erlebe, wie stark ich mich über das definiere, was ich tue. Während ich dies schreibe, habe ich neunundzwanzig Jahre von der

Schriftstellerei gelebt. Ich habe etwas aufgebaut. Kann ich so weitermachen? Ich habe einen Teil meines Selbstwertes von dem gezogen, was ich geschaffen habe. Gerade weil ich mich tief mit dem, was ich schreibe, identifiziere, bin ich sozusagen mein Werk. Andererseits weiß ich, dass es nicht so ist. Ich wäre weiter ich selbst, wenn ich nicht mehr schreiben und fotografieren würde. Aber wieviel Wert hätte ich noch vor mir selbst? Ich weiß es nicht. Ich übe nun, meinen Wert getrennt von dem zu sehen, was mir mein Publizieren und das Halten von Lesungen und Vorträgen gebracht hat. Ich hoffe darum auch, die Depression, die für viele mit dem Ruhestand kommt, nicht erleben zu müssen.

Besonders das Schreiben (nicht unbedingt das Veröffentlichen) war mein Weg, mich selbst kennen zu lernen. Ich kann den Weg weitergehen, auch ohne damit an die Öffentlichkeit zu treten. Wenn mir der Weg genommen werden sollte, würde ich einen der wichtigen Zugänge zu mir selbst verlieren. Darum werde ich wahrscheinlich weiterschreiben, so lange ich noch Gedanken formulieren kann. Aber vielleicht werde ich nicht weiter veröffentlichen. Es kann sein, dass meine Bücher nicht mehr gefragt sein werden – dann sagt es etwas über die Strömungen der Zeit aus, nicht aber über meinen Wert als Mensch.

Den Schluss, den ich daraus ziehe ist: Das Bewusstsein des eigenen Wertes muss noch tiefer in uns angesiedelt sein. Von früher kenne ich Aussagen wie: »Mein Wert liegt darin, dass Gott mich liebt.« Das mag für manche genug sein, ich aber möchte noch mehr nur in mir ruhen. Es mag mir als Überheblichkeit ausgelegt werden, ist es aber für mich nicht. Ich konzentriere mich auf einen Kern in mir, dem ich eine Bedeutung zuschreibe. Ich setze ihn als einen Wert. Diesen Kern zu entfalten, ihm eine Gestalt zu geben und diese Gestalt in das große Mosaik des Lebens einzufügen, ist der Sinn meines Lebens. Je fester ich damit lebe, je definierter ich das sehe, desto gefeiter bin ich gegen die Altersttrauer. Ich hoffe, dass es reichen wird, aber ich weiß es nicht.

Es ist mein Weg, mich aus der Abhängigkeit von dem zu befreien, was ich getan habe, und auf die Reaktion der Umwelt darauf. Mein Beitrag zur Welt liegt darin, dass es mich gibt und nicht in dem, was ich geleistet habe. Dabei definiere ich das »Mich-Geben« zugespitzt: Es geht um den Ausdruck der eigenen Einmaligkeit. Es ist nicht mein Beitrag, eine Nummer zu sein, auswechselbar, grau, nicht von dem Leben anderer Menschen zu unterscheiden, auch wenn das Leben uns manchmal zu dem zu machen scheint. An dieser Stelle wird das Leben Widerstand. Widerstand heißt, gegen diese Leblosigkeit anzukämpfen. Widerstand wirkt gegen Depression.

In meinem Leben bin ich Schriftsteller, Fotograf, Partner, Vater, Freund, Hoffender, Zweifler, Spielender,

Beitragender zur Lage der Welt, Meditierender (Betender), Käufer, Denker und in jeder dieser Aufgaben habe ich die Möglichkeit meinen Beitrag zu leisten. Es ist nicht mein Beitrag, den Beitrag eines anderen Menschen zu kopieren.

Der trauernde Mensch läuft Gefahr, den Wert seines Beitrages und damit den Wert seines Seins zu vergessen. So kann er eingeholt werden von einer Bedeutungslosigkeit, die immer an der Peripherie unseres Lebens wartet. Ganz sicher sind wir vor ihr nie, wenn wir ehrlich sind und nicht ein Spiel mit uns selbst spielen. Wachsamkeit ist darum angesagt.

Zwei Möglichkeiten

Die Möglichkeit, die Heftigkeit des Alterns abzumildern, indem man das Alter mit jemandem teilt. Die Möglichkeit, die Heftigkeit des Alterns zu verdoppeln, indem man sich gegenseitig das Leben schwermacht. Auch das ist eine Wahl.

Was mich einmal faszinierte

Was mich einmal faszinierte,
ist jetzt wie abgelegtes Spielzeug.
Was mich anfeuerte,
ist jetzt nur ein zahmer Ruf von der Seitenlinie.
Was mich begeisterte,
hat sich entleert und langweilt mich.
Was ich kaum erwarten konnte,
liegt jetzt vergessen hinter mir.
Was unüberbrückbar schien,
ist eine geebnete Straße,
auf der ich Fußspuren hinterlasse.

Ich habe alles geliebt,
was ich überwunden habe.
Nur was ich geliebt habe,
konnte ich überwinden.
Es waren sogar die Liebe und
das Feuer in den Situationen,
die mir halfen, sie zu überwinden.

Nur weil ich etwas wusste,
weiß ich jetzt umso mehr nicht.
Nichts ist so meine Chance wie meine Unwissenheit.
Sie öffnet mir Türen, die ich nicht kannte.

Nicht der Einäugige, sondern der Blinde
ist König im Reich der Fantasie,
weil er sieht, was sein könnte.

Aufgabe

Es ist meine Aufgabe als Älterer so zu leben, dass durch mein Leben deutlich wird, dass die Welt mit allem was auf ihr ist, ein geistiger Ort ist. Dass die Welt ein Ort des Kommerzes, der Leistung, des Bruttosozialproduktes, der Konkurrenz, des Krieges ist, ist uns allen klar. Diese Welt steht uns jeden Tag vor Augen. Jeden Tag laufen wir Gefahr, in dieser Welt unterzugehen. Aber dass die Welt ein geistiger Ort ist, ein Ort, an dem wir fliegen können, an der die Liebe eine Kraft ist, der nichts gewachsen ist, an dem zwei und zwei vier, aber ebenso auch fünf oder hundert sein können, ein Ort an dem von der Hoffnung eines Menschen Energiewellen ausgehen können, die eine Atombombe entkräften können, ein Ort, an dem jeder Gedanke eine Wirklichkeit ist, die Wirkung hat, daran müssen wir uns immer neu erinnern.

Mein Beitrag als Älterer ist es nicht, die fassbare Welt noch fassbarer zu machen. Mein Beitrag ist es, die fassbare Welt so zu sehen und so zu beschreiben, dass die unfassbare Welt spürbar wird. Dabei will ich die unfassbare Welt nicht in die fassbare Welt herüberzerren und sie ihrer Transzendenz berauben, sondern als Älterer will ich so leben, dass mein ganzes Leben ein Ausdruck dieser Transzendenz ist. Mein Beitrag ist es, der Welt ihre Weite und Unendlichkeit wiederzugeben, die sie in der Welt der Leistung verloren hat. Es soll an mir abzulesen sein, dass ich nicht so sehr ein menschlichirdisches FleischundBlut Wesen bin, das spirituelle Erlebnisse hat, sondern dass ich ein spirituelles Wesen bin, das menschlich-irdische Fleisch und Blut Erfahrungen macht.

Grab oder Wolke

Sie anästhesierte sich mit ihrem vielen Reden. Durch die Menge der Worte glaubte sie der Leere entgehen zu können. Da wurde ihr Alter ein Grab, anstatt eine Wolke.

Tinnitus

Vor zwei Jahren machten sich die ersten Anzeichen von Tinnitus bei mir bemerkbar. Es überraschte mich, weil ich in einer gewissen Überheblichkeit gedacht hatte, dass ich diese Krankheit nie bekommen würde – ich lebe nicht gestresst. Als ich den Arzt fragte, woher es bei mir wohl kommen möge, sagte er nur: Das kommt mit dem Alter. Ich fand die Antwort etwas zu einfach, akzeptierte sie aber und fand mich damit ab. Aber ab und zu frage ich mich doch, was wohl mein Beitrag gewesen für den Beginn war. Ich frage mich grundsätzlich bei allen körperlichen Gebrechen und Problemen, was mein Anteil an ihrer Entstehung gewesen ist. Ich versuche, über diese Frage die Selbstbestimmung in meinem Leben zu behalten, oder mir zumindest einzubilden, dass ich sie ein Stück behalte. Ob das möglich ist? Ich will nicht jemand sein, mit dem das Alter einfach macht, was es will. Ich möchte noch mitreden können – und wenn ich »nur« die Haltung wähle, mit der ich das Unabänderliche hinnehme.

Abschreckend waren für mich immer einige Beispiele in der Generation vor mir, in ihrem mehr oder minder geduldigen Warten auf das, was ihnen ihr Körper bescherte, inklusive den Tod am Ende. Ich spürte, dass es kein bejahendes, ergebenes, sondern ein hilfloses Warten war. Ich, der ich eine Generation jünger war, erwartete zumindest ein Aufbegehren, was aber meistens nicht erfolgte. War das Ausdruck einer inneren Weisheit und der Fähigkeit, wirklich loszulassen, oder war es eine empfindungslose Dumpfheit?

Ich versuche nun zu üben, dass ich Tinnitus habe, der Tinnitus aber mich nicht hat. Dabei bin ich offen für Veränderungen. Vielleicht gibt es Fragen zum Lebensstil, die ich noch genauer untersuchen kann. Ich versuche weniger zu tun, mich weniger zu stressen, um der Verschlimmerung dieser Krankheit vorzubeugen. Ich bin nicht ihr Opfer.

Ich bin jetzt mehr ich, als je

In den letzten Jahrzehnten ging es in der Welt oft um »sich selbst finden«. Vielleicht war es besser möglich, nach uns selbst zu suchen und uns zu finden, als sonst in einer Epoche unserer Vergangenheit. Es war Thema und ist es immer noch. Ich hatte dabei nie das Empfinden, dass ich mich verloren hatte und doch war es auch für mich wichtig, das Unbekannte an mir zu entdecken.

Jetzt im Älterwerden habe ich das Empfinden, mehr ich zu sein als je in meinem Leben. Ich sehe darin ein Angebot des Alters. Es ist nicht von selbst geschehen. Bei mir war das Schreiben, besonders das Schreiben von Gedichten, instrumental in dieser Entwicklung. Ich gehe oft morgens - noch im Schlafanzug - an den Schreibtisch, wecke meinen Computer aus seinem Schlaf oder nehme mir ein Blatt Papier und einen Bleistift und warte. Ich warte auf mich, auf mein verborgenes Ich. Ich bin dabei Beobachter und Tätiger. Ich weiß, dass ich irgendwann auf dem leeren Bildschirm oder auf dem weißen Blatt Papier erscheinen werde. Es ist eine Frage der Zeit.

Ein Wort oder Wortbild erscheint, manchmal wie aus dem Nebel. Ich schreibe es auf und begebe mich in seine Assoziationen. Dann ziehe ich an diesem Wort, in der Hoffnung, dass noch ein weiteres Wort oder Wortbild sichtbar wird. So kommt es zu ganzen Sätzen. Oft sind sie unzusammenhängend und nicht verständlich – das ist dann besonders spannend. Zwischendrin muss ich warten. Ich warte weiter und langsam – manchmal auch blitzschnell – kommt meine innere Welt zum Vorschein. Ich treffe auf mein zukünftiges Ich, auf den, der ich sein werde, wenn ich mir die Chance gebe. Für mich ist nichts im Leben so spannend wie dieser Vorgang. Es ist wie das Auftauchen einer Insel im Meer, die es vorher nicht gab. Und irgendwann fühle ich das feste Land unter mir. Etwas ist geworden.

Diese Art zu entdecken hat im Älterwerden zugenommen und ich segne das Alter, das mir erlaubt, so zu leben. Ich brauche mich nicht mehr zu schützen. Ich habe nicht mehr viel zu verlieren. Meine »Pflegeleichtheit« in den Augen mancher hatte, habe ich bereits verloren.

Meinen Status als Christ, mit allem, was das heißt, habe ich für einige wegen mancher meiner Gedanken, die ich in meinen Büchern festgehalten habe, verloren – ich brauche nicht mehr die Erwartungen zu erfüllen, die früher an mich herangetragen wurden und die ich zu erfüllen versucht habe. Ich habe kein Image mehr aufrechtzuerhalten. Ich habe die Freiheit des Alters, weil ich nicht mehr expandieren will.

Mich interessiert Vertiefung und dabei kann mir kaum jemand helfen, weil ich in meine eigene Tiefe gehe, ob sie für andere akzeptabel ist oder nicht. Ich habe durch meinen Beruf das Privileg, mir nachgehen zu können. Meine Liebe zur Sprache hilft mir dabei, aber gleichzeitig birgt diese auch die Gefahr in sich, zu sehr an den Worten hängen zu bleiben. Ich muss mich dann manchmal daran erinnern, dass es nicht um die Worte geht, sondern um die Einsichten, die mir diese Worte schenken. In diesem Vorgang geht es gerade auch um die Dinge, die ich nicht verstehe. Das Bekannte kenne ich ja schon, es ist nicht so wichtig. Das Unverständliche ist meine Chance. Ich freunde mich mit dem Unbekannten an und es offenbart sich mir und beschenkt mich. Dieses ganze Unternehmen ist eine Frage des Mutes. Ich kenne die Schere im Kopf. Sie ist schon bereit, zu schneiden, ehe sich eine Einsicht in ihrer vollen Schönheit gezeigt hat. Die Schere spricht: »So kann man nicht denken!« Manchmal wird die Schere von meinen Bekannten betätigt. Manchmal von meinen Lektoren, manchmal von mir, wie ich war und wie ich meine, bleiben zu müssen. Ich muss mich dieser Schere mutig widersetzen und aufschreiben, welche Gedanken sich in mir ihren Weg formen.

Ich glaube, dass die meisten von uns ein Empfinden für das eigene Echtsein haben. Bei gewissen Gedanken und Handlungen fühlen wir uns nicht wohl, während wir uns bei anderen mit uns selbst identisch fühlen. Diesem Empfinden möchte ich immer mehr nachgehen. Diese Art von Selbstfindung ist daher zunächst kein großes mystisches

Unternehmen, sondern einfach der Mut, angesichts der Widerstände, die manchmal durch Menschen und Umstände auf uns zukommen, diesem Gespür in sich zu folgen.

Flecken auf dem Handrücken

Flecken auf dem Handrücken,
als wolle meine Haut
eine Landkarte werden,
die mir den Weg nach Hause weist.

Wie Kieselsteine

Momente lang wird mein Leben dünn,
als wolle es durchsichtig werden
für eine Botschaft von innen,
die noch verdeckt ist von Knochen, Sehnen und Haut.
Ich versuche, dem Leuchten Platz zu machen.
Ein jedes meiner Worte ist eine Tür,
danach der Durst nach dem Wasser,
das alles heilt.

Erst wenn ich nicht mehr weiß,
was ich sage, bin ich zufrieden –
vor meinen Füssen die kleinen Dinge des Himmels,
wie Kieselsteine.

Andere wissen mehr als ich

Irgendwie bin ich immer noch zweiundzwanzig oder dreiunddreißig – ich bin noch der, der von den Alten zu lernen hat, auch wenn ich das so nie besonders intensiv erlebt habe. Es ist eine Grundeinstellung, die ich ein Leben lang an mir beobachtet habe. Aber jetzt wird es mir manchmal fast überraschend klar, dass ich nun zu denen gehöre, von denen man ein Wissen erwartet. Ich beginne zu den Alten zu gehören, die schon lange Zeit hatten, sich über vieles Gedanken zu machen. Ich muss nun aus der zweiten in die erste Reihe treten. Weil ich in mir gelebt habe und eigentlich immer noch der bin, der ich einmal war, fällt mir diese Veränderung schwer.

Mir wurde das vor Jahren schon bewusst – als ich älter wurde, als Rilke es je gewesen ist. Ich habe ihn immer als einen alten Dichter gesehen, der besonders in seinen Briefen Tiefe und Reife zeigt, die ich mit dem Alter verbunden habe. Und plötzlich war ich älter, als er je geworden ist. Gerade heute habe ich eine Biografie von Hesse zur Hand genommen und nachgeschlagen, was Hesse in meinem Alter gemacht hat, vielleicht auch, um mich mit ihm zu vergleichen und abschätzen zu können, ob ich zu den »Wissenden« gehöre.

Es ist eine Funktion des Alterns, zu realisieren, dass ich »dran« bin. Es liegt nun mehr bei mir, als je. Was das »es« ist, weiß ich nicht genau, aber ich bin »dran«. Ich kenne das Gefühl von früher. Als ich mit siebenundzwanzig als Dozent meine ersten Vorlesungen hielt, hatte ich oft das Empfinden ein Scharlatan zu sein. Bald würde herauskommen, dass ich mich in diese Position der Verantwortung eingeschlichen hatte. Auch heute geht es mir noch so. Das Alter bringt etwas mit sich, dass ich oft noch nicht zu füllen imstande bin. Ich stehe dann neben mir und beobachte, wie ich etwas tue, wie ich versuche die Schuhe zu füllen, die mir rein intuitiv noch zu groß erscheinen. Ich höre dasselbe von anderen und vermute, dass es ein universelles Gefühl ist. Wir sind in unserer eigenen Einschätzung immer jünger, als wir eigentlich sind und dadurch fühlen wir uns auch unerfahrener, unbedarfter. Die Kunst ist es dann, an den Aufgaben zu wachsen, gelegentlich vielleicht sogar über sich selbst hinauszuwachsen und langsam fähig zu werden, sich selbst zu vertrauen. Vielleicht steht hinter diesem Phänomen noch eine alte Schau von der Welt, in der es immer Menschen gab, die wussten wo es lang ging, oder zumindest so taten.

Ganz wichtig ist mir in dieser Entwicklung, dass ich nicht in der ersten Reihe stehen möchte, wenn das heißt, so zu tun, als wüsste man, auch wenn man es nicht weiß. Die Generationen vor uns verbanden mit dem Alter eine Form von Wissen und Weisheit, die aber oft nicht da war. Darum musste sie gespielt werden und das wiederum schaffte ein Aufbegehren unter den Jüngeren. Für mich gehört zum reifen Altern die Fähigkeit, seine eigenen Grenzen anzuerkennen, gedanklich und emotional. Nicht jeder kann alles und die Kriterien des einen sind nicht die Kriterien des anderen. Wieder ist es eine Form von Mut, die Reife möglich macht.

Immer mehr

Ich gehe jetzt oft online, um zu sehen, ob dieser oder jener Schriftsteller, Schauspieler, Maler, Musiker, Sportler schon gestorben ist. Es werden immer mehr. Ich sehe mich in fast jedem, besonders in denen, die mir im Alter nahe sind.

Kunstform

Wie Malen, Bildhauern, Tanzen ist Altern eine Kunstform.

Gehirntumor

Ich erinnere mich, wie ich vor einigen Jahren zum ersten Mal ein Flimmern in den Augen bekam und die Hälfte meines Gesichtskreises verschwand, und das ohne auch nur die geringsten Kopfschmerzen. Ich tippte auf einen Gehirntumor, ohne ein Hypochonder zu sein. Mein Arzt lächelte und sagte, es wäre Migräne. Immer wenn es jetzt passiert, denke ich an die Erleichterung von damals.

Überall geht es nach Hause

Manchmal staune ich, es so lange geschafft zu haben.
Ich habe Leib, Seele und Geist zusammen gehalten,
ich habe nicht nachgegeben und mich in allen dreien
immer wieder gesund gehofft.
Jede der drei Welten hat den anderen beiden Heimat gegeben.
Ich hätte leicht verloren gehen können, wenn ich an die Tage
denke, die ich zwischen den bekannten Kontinenten
und den unbekannten des Herzens verbracht habe.
Ich hätte den Glauben verlieren können,
diesen verrückten Bruder, der auf Unsichtbarkeit besteht.
Weil ich das Größere denken kann,
muss es auf mich warten, war meine These.
Das war genug Futter für Gott in mir.
Und fast nebenbei war ich immer wieder jung,
gegen die Falten, gegen die klickenden Gelenke
und werde es auch bleiben.
Ich lasse die Bakterien nicht an meinen Geist
und die Visionen werden meinen Körper
nicht in Feuer oder Wasser stürzen.
Vielleicht werde ich vierzig sein, wenn ich
mit achtzig sterbe, oder ich halte mich
nicht an die Statistik, – sterbe jünger oder älter
und tue so meinen Teil, dass nichts vorhersagbar ist.
Begleitet hat mich immer wieder die Sicherheit,
dass man in jeder Richtung nach Hause finden kann.

Die Welt braucht ein Netzwerk von reifen, erwachsenen Menschen. Ich glaube an das Netzwerk der Hoffnung, der Liebe und der Stellvertretung. Manchmal ist es nötig, dieses Netzwerk spürbarer zu erleben. Es gibt Millionen von Alten, die vereinsamen. Ihre Freunde sterben. Sie warten darauf, dass ihre Kinder sie besuchen. Sie würden gern etwas empfangen und hätten auch etwas zu geben, aber sie sitzen in ihren Wohnungen oder Zimmern und finden keinen Kontakt mehr. Sie sind umgeben von Millionen, die diesen Kontakt auch wünschen.

E-Mail macht es möglich. Elektronische Briefe. Unsere Vorfahren waren zum Teil wunderbare Briefschreiber. Meine Frau und ich haben uns illustrierte Briefe geschrieben, die wir noch haben. Einer von meinen war fünfzig Seiten lang, weil ich ihn mit einem Pinsel geschrieben und durchgehend illustriert hatte. Ich erinnere mich, dass ich einmal einem Brief eine abstrakte, farbige Zeichnung – mit Spachtelmesser gemacht – beigelegt habe. Ein paar Wochen später kam von meiner Verlobten, Waltraud, ein Brief mit Stoffen in den gleichen Farben. Sie hatte die kleinen Stoffschnipsel in Form eines Kleides auf den Brief aufgeklebt, weil sie sich in diesen Farben etwas genäht hatte. Wir haben eine Briefkultur gepflegt.

Eines der schönsten Dokumente der Literatur des 20.

Jahrhunderts, sind die Briefe Rilkes. Man sagt, er habe im Lauf seines Lebens 18.000 Briefe geschrieben. Das wären seit seinem sechzehnten Lebensjahr im Durchschnitt eineinhalb Briefe pro Tag. Es gibt unter den vielen Sammlungen seiner Briefe zwei, die Meisterwerke der Zuwendung sind: »Briefe an einen jungen Dichter« und »Briefe an eine junge Frau«. Es scheint, als wenn Rilke unter einem besonderen Segen stand, als er sie schrieb.

Manche klagen, dass man heute keine Briefe mehr schreibe. Es gibt auch die, die sich über E-Mails beschweren, weil sie schnell geschrieben und unverbindlich seien. Wäre es aber nicht ein Möglichkeit, dieses Medium für sich zu entdecken? Gerade im Alter können uns oft Kleinigkeiten abhalten, das zu tun, was uns sehr am Herzen liegt. Da mag es sein, dass wir nicht die Ruhe haben, uns eine Stunde hinzusetzen, um einen Brief zu komponieren, das Kuvert zu adressieren und den Brief zum Kasten zu tragen. Oder die Handschrift ist nicht mehr recht leserlich. Auch ist ein Brief heute für viele etwas, was sie nicht mehr ganz einordnen können: Er scheint schnell wichtiger zu wirken, als dem Absender lieb ist. Und wenn der Absender keine E-Mail-Adresse hat, dann bekommt er in der Regel keine Antwort.

E-Mail. Ein gebrauchter Computer ist oft günstig zu haben und in zehn Minuten kann man lernen, Mails zu schreiben – und sie von Herzen zu schreiben. Dic cigenen

Kinder oder Enkel werden es begrüßen, weil sie nun eine Art der Kommunikation nutzen können, die sie gewohnt sind. EMails bieten besondere Möglichkeiten. Es ist ein sehr direktes Medium. Eine E-Mail ist in Sekunden beim Empfänger. Vielleicht holt er sich diesen Brief nicht gleich vom Server ab, aber das macht nichts. Wir haben ihn geschickt und sind damit in Verbindung getreten. Und der ältere Mensch kann mehrmals am Tag zu seinem »Postkasten« gehen und sehen, wer sich gemeldet hat. So können wir mit vielen in Verbindung bleiben, die wir aus den Augen verloren haben. Durch EMail gewinnen Alte wieder einen neuen Zugang zum Leben. Die Welt tut sich auf.

Im Stillen träume ich von den Mails, in denen eine Art Weisheit und Nähe um die Welt geschickt wird, die sonst verlorengehen würde. Durch E-Mails werden wir im Leben anderer gegenwärtig. Mailen kann das moderne »Begleiten« sein. Begleitung ist für mich sehr wichtig. Wir brauchen manchmal weniger Lehrer im Bereich der Lebensweisheit, weniger Führer, die für uns wissen, wo es lang geht, weniger Gurus, an deren Lippen wir hängen, aber fast alle brauchen wir einen Begleiter – jemand geht mit, steht uns zur Seite, oft sprachlos und nur anwesend. Es ist leicht, jemandem jeden Tag eine Mail zu schicken, als Begleitung in einer schweren Zeit. Hier könnte auch im Alter nochmal eine ganze neue Zeit des Miteinanders aufblühen.

Teppich, der wir sind

Wir sterben nicht,
weil wir gegen den Tod verlieren.
Es ist kein Wettkampf.
Wir müssen uns nicht schämen,
wenn wir das statistisch
richtige Alter nicht erreichen.
Das Bild ist viel größer,
bunter und hintergründiger.
Es kommen darin uralte Zyklen vor,
Gewohnheiten, die im Lauf des Lebens
wie eingefahrene Straßen werden,
Haltungen, mit denen wir Freude und Angst,
Wahrheit und Illusion verarbeitet haben,
und unendlich viele Erfahrungen,
mit denen uns das Leben
immer wieder beschenkt und herausfordert.
Bei unserer Zeugung
ist genetisches Material entstanden,
das ein eigenes Leben hat,
Grenzen kennt und Ansprüche stellt.
Füge dem noch Sterne und Planeten,
Ebbe und Flut hinzu,
die Landschaft der Kindheit und Jugend,
den Eindruck der Freunde,

die Momente des Verlassens und Verlassenwerdens
und ein Bild entsteht, dass unverwechselbar ist.
Aus allem haben wir einen Teppich geknüpft,
der Ränder hat, ein Ende,
über das hinaus unsere Ahnung
schon lange gereicht hat.
In uns weiß eine Weisheit den Tag.
Es ist keine Niederlage.
Wichtig ist, gelebt zu haben,
die hellen, die goldenen und die dunklen Tage
wie kostbare Früchte wahrgenommen zu haben,
wirklich hier gewesen zu sein.

Nierensteine

Vor sieben Jahren bekam ich plötzlich ganz überraschend Nierenschmerzen und wurde mit Nierensteinen diagnostiziert. Die Diagnose kam Tage vor einer langen Fotoreise nach Island. Ich konnte kurzfristig einen Behandlungstermin vereinbaren, bei dem die Steine in der Niere mit Schall zertrümmert wurden, Lithotripsie genannt. Ich hatte dem Arzt erklärt, dass ich mich nicht irgendwo auf dem Hochland von Island, das nur mit einem Geländewagen zu überqueren ist, vor Schmerzen winden und eine weite Strecke nach Reykjavik zurückfahren wollte.

Drei Jahre später hatte ich wieder Nierensteine. Diesmal war es eine kompliziertere Operation unter Vollnarkose, weil die Steine anders lagen. Nach der Operation, als Waltraud darauf wartete, dass ich erwachte, sagte ihr der Chirurg, dass die Schmerzen nach der Operation größer sein würden als vorher. So war es auch. Das traf genau auf die lange geplante große Feier von Waltrauds siebzigsten Geburtstag. Am Abend, ehe über dreißig Gäste kommen würden und von denen sechzehn bei uns übernachten sollten, lag ich im Bett und krümmte mich vor Schmerzen, während mir die Tränen die Wangen hinunterliefen. Am nächsten Tag war ich fit und noch um zwei Uhr nachts in intensive Gespräche verwickelt. Ich wundere mich, wie die Seele gelegentlich bestimmen kann, wie der Körper sich zu verhalten hat.

Jetzt sind wieder drei Jahre vergangen und ich erwarte im Stillen, dass sich wieder Nierensteine gebildet haben. Dabei kommt mir dann der Gedanke, wie oft ich wohl noch welche bekommen werde – vielleicht vier Mal, bis ich rein statistisch gesehen meine Lebenserwartung erreicht habe. Es ist eine andere Art zu denken – ich erlebe sie jetzt öfter: Ich beginne, mich mehr und mehr vom Ende meines Lebens her zu verstehen. Bei manchen Handlungen wird mir bewusst, dass ich sie vielleicht zum letzten Mal im Leben tun werde. Das begann, als wir vor vierzehn Jahren unser drittes und wahrscheinlich letztes Haus gebaut haben.

Vorbild sein

Weil ich zu gewissen Zeiten ein öffentlicher Mensch bin (auf Lesereisen) und das ganze Jahr über meine Bücher gelesen werden können, weiß ich, dass meine Gedanken für manche richtungsweisend sind. Ich bin gerade von einer Lesereise zurückgekehrt und habe dort oft gehört, dass ich Menschen schon zwanzig oder gar dreißig Jahre mit meinen Büchern begleitet habe. Mein Glaube an den Menschen und seine Fähigkeiten, das eigene Leben verwalten zu können, macht es mir leicht, mit dieser Rolle umzugehen. Ich lebe mein Leben, ich lebe es in der Verantwortung, die ich für mich trage und in der Beziehung zu den Menschen, die mir das Schicksal in den Weg gestellt hat: meine Familie, meine Freunde, meine Leser. Für mich lehne ich generell den Gedanken des Vorbildes ab. Ich habe nie wirklich Vorbilder in meinem Leben gehabt. Und je älter ich werde, desto weniger suche ich nach Vorbildern. Ich bin mein eigener Mensch. Ich habe von so manchen Menschen gelernt, besonders von Denkern wie C.G. Jung, Martin Buber, von Dichtern wie Franz Kafka, Dürrenmatt, Mary Oliver und Walt Whitman. Türen sind mir in meinem Leben von Menschen wie Paramahansa Yogananda und Kierkegaard aufgestoßen worden, aber das hat sie mir nicht zu Vorbildern gemacht. Und so wie ich keine Vorbilder gehabt habe, so will ich auch kein Vorbild sein. Zu eigenwillig und einmalig ist ein jedes Leben, als dass es auf Dauer ein Vorbild braucht oder vertragen kann.

Misplaced seriousness: unangebrachte Ernsthaftigkeit

Manche Alternden bauschen Kleinigkeiten auf. Sie betonen etwas stärker, weil sie meinen, die anderen unterschätzten etwas. Sie vergewissern sich, dass man sie hört. In dem Maße wie sie sich ereifern, hört man ihnen immer weniger zu. Ich will im Alter den Dingen nicht mehr Gewicht zuschreiben, als ihnen gebührt, nur weil sonst nichts in meinem Leben passiert. Das Alter gibt mir keine Sonderrechte.

Freundschaften

Freundschaft ist etwas vom Schönsten, was wir erleben können. In meinem Leben waren Freundschaften immer wichtig. Mit ihrer Hilfe verstehe ich mich besser und lerne die Welt kennen. Ich habe nie den perfekten Freund gesucht – das, was man früher einen Busenfreund nannte. Aber ich habe immer gute Freunde gehabt - außer in den ersten Jahren in Kanada, wo ich es schwer fand, Freundschaften zu schließen.

Wenn ich mein Leben überfliege, merke ich, wie wichtig es ist, mit sich selber gut Freund zu sein. Es ist die Basis für jede anhaltende Freundschaft. Ich verschenke mich, gebe mich weg, teile mich mit, opfere etwas von mir, und komme am Ende wieder zu mir zurück. Ich versuche, nie von mir weg zu Freunden zu fliehen. Das bestimmt, auch jetzt im Älterwerden, wie ich mit Freunden umgehe.

Dabei erlebe ich, wie Freundschaft in gewisser Weise schwerer wird, weil die Offenheit bei vielen Älteren nachlässt. Feste Standpunkte werden bezogen, Einstellungen und Haltungen bleiben nicht mehr flexibel und es wird schwieriger in einem lebendigen Austausch zu stehen. Ich spüre die Dogmatik bei Männern meines Alters. Die Entscheidungen sind gefällt – nicht nur im religiösen Bereich, sondern auch im zwischenmenschlichen. Eine Position ist bezogen und daran scheint nicht mehr viel veränderbar zu sein. Und wenn bei meinem Gegenüber durch die

Festigkeit der Position wenig Interesse an meinen Gedanken da ist, dann muss ich aufpassen, nicht ebenso in eine feste Position zu verfallen. Dann gibt es nur noch den Austausch der Ansichten.

Das ist mir zu wenig. Ich habe eine tiefe Sehnsucht nach dem gemeinsamen Erarbeiten von etwas ganz Neuem. Die Welt muss immer neu entstehen, in mir und zwischen mir und meinem Gegenüber, sonst langweilen wir uns in Wiederholungen. Das ist für mich das Gespenst des Alters: Die Unfähigkeit, sich neu zu besinnen, sich zu erneuern und gemeinsam das bisher Ungedachte zu denken und dann auch zu leben. Mit Frauen in meinem Alter finde ich diese Form der Freundschaft leichter, weil sie in den meisten Fällen existenzieller leben und darum weniger dogmatisch sind. Die Positionen sind nicht so fest, nicht so spezifisch, dass sie nicht um des Lebens willen verändert werden könnten. Darum geht es mir. Ich möchte immer fähig bleiben, meine Position zu verändern – auch wenn sie über ein ganzes Leben hin geformt wurde – und mich umzubesinnen, wenn es dem Leben dient. Am Ende geht es doch ums Leben und dem untersteht alles.

Zu meiner Freude sind in den letzten Jahren einige Freundschaften zu Jüngeren, besonders zu jüngeren Männern, gewachsen. Ich merke, wie mir das eine andere Perspektive für mein Alter gibt. Nicht, dass ich mir dadurch einbilden kann, noch so jung zu sein wie sie, das nicht.

Aber ich erlebe, dass meine Zeit nicht die einzige ist, und gewinne dadurch ein anderes Empfinden für die Welt.

Ich wuchs in den Fünfzigern auf, studierte in den Sechzigern, während diese jungen Männer dies zwei bis drei Jahrzehnte nach mit getan haben und damit auch eine andere Welt erlebt haben. In meiner Beziehung zu ihnen kann ich sehen und spüren, ob das, was ich in den zwanzig Jahren vor ihnen gedacht und gelernt habe, im Leben standhält, ob es brauchbar ist, ob es sich lohnt, darüber zu reden und es anzuwenden. Ich fühle mich nicht in der Rolle des Lehrers, aber es ist mir deutlich bewusst, dass ich bei so manchen Überlegungen zwanzig Jahre älter bin und ich will auch nicht so tun, als wäre es nicht so.

C. kenne ich schon mehr als sechzehn Jahre. Wir sind uns zuerst in der Wüste von Utah begegnet als ich fünfzig und er achtundzwanzig war. Ich war mit meinen VW Westfalia Campingbus unterwegs, er mit einem alten Kombi. Auf dem Dach hatte er ein Kajak, hinten Skier und ein Mountainbike. »Eins davon geht immer« sagte er damals. Er arbeitete gerade an seiner Doktorarbeit in Geographie. Wir sind damals gewandert, und später hat er uns besucht und wir haben über viele Themen und Gedanken gesprochen. Vor zwölf Jahren sind wir eine Woche lang einen wilden Fluss in der hohen Wüste hinabgefahren. Ich versuche, zu verstehen, was uns verbindet. Ich bin ihm kein Gegenüber, wenn es die körperlichen

Leistungen betrifft, manchmal denke ich sogar, dass ich ihm ein Klotz am Bein bin. Und doch sind wir gemeinsam unterwegs. Wenn er mir von seinen Reisen in die Antarktis, nach Spitzbergen oder nach sonst wo erzählt, dann ist es fast so, als wäre ich mitgefahren. Einen Sommer lang war er auf Ellesmere Island, die nördlichste Insel Kanadas – sie reicht fast bis zum Nordpol. Auf einer Wanderung allein war er plötzlich von Wölfen umzingelt. Als sie ihm zu nahe kamen, sicherlich um festzustellen, was dieses seltsame Wesen sei – an großen Tieren gibt es dort nur Moschusochsen und Wölfe – legte C. sich auf den Boden und heulte wie die Wölfe. Diese gaben sich zufrieden und trollten sich. Es ist eines der schönsten Erlebnisse, das ich selbst nicht erlebt habe.

Mit J. kann ich über mein Schreiben reden. Er kennt meine Gedichte fast so gut wie ich, ohne dass er ein Fan ist, der meine Texte unkritisch sieht. Mit ihm kann ich über theologische Fragen reden, über die Verlage in Deutschland, über die Welt der Bücher. J. setzt meine Bücher im Schulunterricht ein, und ab und zu gibt es bei ihm im Unterricht in Bensheim Fragen über Schaffer im Abitur. Wir tauschen uns seit mindestens zehn Jahren aus. Zwei Jahrzehnte Altersunterschied trennen uns nicht. Gerade habe ich ihm zwei neue Manuskripte zugeschickt, zu denen er mir seine Gedanken sagen oder schreiben wird.

K. kenne ich auch schon zehn Jahre. Getroffen haben

wir uns durch »Zufall« auf einer Hochzeit in Kanada, mit nur acht Gästen. Wir begannen, uns über das Software-Programm QuarkXPress zu unterhalten, mit dem ich früher meine Bücher entworfen und gestaltet habe. K. unterrichtete Quark überall auf der Welt – ein unglaublicher »Zufall«, der uns zusammenbrachte. Er ist über zwanzig Jahre jünger als ich. Bei ihm finde ich Hilfe für meine technischen Fragen, was Computer, Software Programme und anderes betrifft. Er betreut meine Homepage und wir sehen uns ab und zu, mailen aber häufig miteinander.

Mit M. gehe ich fotografieren. Wir kennen uns seit zehn Jahren, waren inzwischen schon zwei Wochen in einem kleinen Camper auf engsten Raum zusammen in Island und Neuseeland, dann wochenlang in der Wüste der USA und in den Bergen von Utah und Colorado. Wir haben viel Fotografisches auszutauschen, aber das ist nicht alles, was uns verbindet. Auch wenn wir theologisch wahrscheinlich recht weit auseinander liegen, muss uns das nicht trennen. Es gibt andere Dinge, die uns zusammenfinden lassen.

Gerade war ich über vier Stunden am Telefon mit V. in Deutschland. Wir kennen uns seit dreißig Jahren. Als sie fünfzehn war, hatte sie auf ihre Verantwortung eine Lesung mit mir veranstaltet. Ich war achtunddreißig. In den Folgejahren haben wir uns immer wieder mal getroffen, aber erst in den letzten Jahren ist es zu einer

Freundschaft geworden, die mich tief berührt. Wir unterhalten uns über alles, was uns wichtig ist. Dabei entdecke ich immer wieder mit Überraschung, dass das Alter aufgehoben ist. Wir erleben spannende Ähnlichkeiten und Unterschiede, getragen von einer Leidenschaft für die tiefen Dinge des Lebens. Auch wenn wir uns nicht oft sprechen, gibt es eine Festigkeit in unserer Beziehung, die ein großes Geschenk in einer schnelllebigen Zeit ist. In letzter Zeit gebe ich V. die Manuskripte meiner Bücher und freue mich über ihre Rückmeldungen, die voller Einsichten und Erkenntnissen sind, von denen ich profitieren kann und die dem Buch zugutekommen. So hat sie auch dieses Manuskript gelesen und mich ermuntert, es zu veröffentlichen.

Alle diese Freunde wohnen in Deutschland, also weit weg von mir, aber durch Mails und Telefonate sind wir verbunden. Ich habe diese fünf nicht wegen ihrer Jugend gewählt und sie haben mich auch sicherlich nicht wegen meines Alters gewählt. Wir haben uns kennengelernt und gemerkt, dass es bereichernd ist, unser Leben miteinander zu teilen. Wir waren offen für die Möglichkeiten. Ich spüre in der Zuwendung und Herzlichkeit dieser Freunde eine tragende Kraft in meinem Leben. Manchmal sprechen wir uns wochenlang nicht, aber das tut dem vorhandenen Getragen sein keinen Abbruch. Ich habe nicht den Anspruch – weder an mich, noch an diese Freunde

– dass diese Freundschaften den Rest meines Lebens halten müssen, aber ich freue mich über jedes Jahr, das sie fortdauern.

Von der Generation meiner Eltern habe ich gelernt, dass man im Alter altersmäßig unter seinesgleichen ist, ohne dass das je gesagt wurde. Auch hatte ich intuitiv das Empfinden, dass man im Alter erstens mit seinen Freunden und Familienmitgliedern viel zurückschaut, zweitens über die »guten alten Zeiten« spricht und drittens, dass Blut dicker ist als Wasser.

Vielleicht hat das meinen Widerspruch herausgefordert. Ich merke, dass es möglich ist, anders zu altern:

1. Ich bin viel mit Menschen unterschiedlichen Alters zusammen.

2. Uns verbindet, dass wir nach vorne schauen und gespannt sind, welchen Weg die Welt nehmen wird.

3. Ich bin mehr mit Freunden als mit Familienmitgliedern zusammen, weil ich häufiger auf gemeinsame Interessen stoße. Freundschaften sind nicht an das Alter gebunden. Sie passieren im Mut zur Echtheit und Nähe und zum Austausch. Ich bin nicht meinem Alter ausgeliefert, sondern ich entscheide auch im fortgeschrittenen Alter, wie ich mit wem bin und was unsere Freundschaft trägt. Ich weiß, dass meine Freundschaften spiegeln, was ich in sie investiere.

Fritz Walter, Helmut Rahn, Toni Turek und das Wunder von Bern. Ich war damals elf Jahre alt. Neulich habe ich die ganze Mannschaft gegoogelt – ich wollte wissen, was aus ihnen geworden ist. In gewisser Weise werden sie in meinem Kopf immer prominenter sein als Beckenbauer, Vogts oder Müller 1974, oder als Klinsmann, Völler und Brehme 1990.

Die jüngere Seele ist beeindruckbarer und die frühen Eindrücke sinken tiefer, weil sie die ersten in ihrer Art sind. Beim Älterwerden will ich mir bewusst machen, was ich jetzt zum ersten Mal erlebe, oder was sich durch meine gewachsene Sensibilität so anfühlt, als würde ich es zum ersten Mal erleben. Vielleicht liegt die persönliche Erneuerung im eigenen Leben darin, dass wir in unserer Empfindsamkeit wachsen und wir dadurch die Welt immer wieder neu und anders erleben und nicht, weil sich Entscheidendes in der Welt verändert hat.

Du hast die Erde gestreift

*Die Gedanken, die du gedacht hast,
wird irgendwann ein anderer denken,
und wenn du könntest, würdest du rufen:
Nicht so, nicht so!
Das Fallobst wird liegenbleiben,
achtlos werden die anderen an dem vorbeigehen,
was dir Glück bedeutete.
Vielleicht wird niemand das Licht wahrnehmen,
das vom Bücherbrett über das Bett
und den Tisch wandert.
Zeit der Ablösung, Zeit der Auflösung.
Dein Bild wird blasser werden –
aquarellen und leicht wie eine Tuschzeichnung –
und dann wird der Moment kommen,
wo es sich von diesem Planeten lösen wird,
um einzumünden in eine Geheimzahl
von Schwingungen.
Dann wirst du nur noch ein Name sein
und dann wird auch der verschwinden.
Du hast die Erde gestreift, hast dich auf ihr heimisch gemacht
und sie mit der ganzen Stärke deiner Sinne geliebt –
was für ein Glück, was für ein Schrecken.
Komm, trinken wir noch einen Tee
und essen wir noch ein Stück unserer liebsten Torte,
alles wird leichter, alles wird reiner, schon jetzt.*

Ein Ereignis in der Kindheit

In meinem Gedichtband »Lichtlinien« und auf meiner Website existiert ein Gedicht mit dem Titel »Zum Erschießen aufgestellt«, das ein Ereignis beschreibt, das ich mit zweieinhalb Jahren erlebt habe. Meine Mutter, meine zwei Geschwister und ich wurden 1945, noch im Krieg, von russischen Soldaten zum Erschießen aufgestellt. Das Erschießungskommando wurde erst im letzten Augenblick abgesagt. Auch jetzt noch werde ich durch meinen steifen Rücken mit dem Ereignis, das vor siebenundsechzig Jahren stattgefunden hat, konfrontiert.

Als ein Chiropraktiker mich vor Jahren untersuchte und Muskeltests mit mir machte, war seine Diagnose, dass ich in der frühen Kindheit, mit etwa zwei Jahren meinte er, ein schweres Trauma erlebt hätte. Ich erzählte ihm diese Episode aus meiner Kindheit und er war der Ansicht, das würde passen. Wenn wir mit etwas konfrontiert werden, das uns Angst macht, gibt es drei mögliche Reaktionen: fight, flee, freeze. Kämpfen, fliehen, erstarren. Ich war zu klein, um die ersten beiden Reaktionen zu versuchen. Ich erstarrte.

Ein wenig später bat ich einen Freund, der ein namhafter Graphologe ist, meine Handschrift zu analysieren. Auch er kam – ohne diesen Aspekt meiner Kindheit zu kennen – zu dem Schluss, dass ich als Kind ein Trauma erlitten hatte – mit etwa zwei Jahren, meine Schrift deutete darauf hin.

Ich habe so manches versucht, um diese Steifheit im Rücken aufzuweichen, aber es ist mir nicht geglückt. Sie begleitet mich schon lange. Auf interessante Weise schließt sich der Kreis: Eine Weiche wurde zu Beginn meines Lebens gestellt und jetzt zum Ende hin, spüre ich den Anfang wieder ganz deutlich.

Obwohl ich viel in meinen Gedanken und Vorstellungen gelebt habe und noch lebe, hat mein Körper sich behauptet und mich dieses Ereignis aus meiner Kindheit nicht vergessen lassen. Manchmal empfinde es wie eine Klammer, die den Anfang und das Ende meines Lebens zusammenhält.

Bin ich alt?

Ich weiß nicht genau, warum ich mich so schwertue, zu sagen: Ich bin alt! Ich habe keine Angst vor den Worten. Ich glaube nicht, dass ich Angst habe, alt zu sein. Ich kenne ab und zu sogar einen gewissen Stolz, es soweit geschafft zu haben. Warum will ich es dann nicht sagen? Weil es auf eine undefinierbare Weise nicht stimmt! Was stimmt denn nicht? Dass ich alt bin.

Ich verbinde mit dem Wort »alt« eine gewisse Haltung dem Leben gegenüber: Vielleicht dieses Warten auf den

Tod ab eines gewissen Zeitpunktes, wie es die Generationen vor uns getan haben. Alt zu sein heißt, das Leben hinter sich zu lassen und nichts mehr vor sich zu sehen. Alt zu sein heißt, nicht mehr die Leidenschaft zu fühlen, dass ich durch meine Existenz etwas in der Welt bewirken kann.

Alt zu sein heißt, ein fertiges Bild von der Welt zu haben, in dem sich so gut wie nichts mehr verschiebt. Alt zu sein heißt, eine kleine Regung, einen vorsichtigen Blick, ein erstaunliches Wort nicht mehr wahrzunehmen, oder zumindest nicht so, dass man darauf mit einem spontanen Glücksgefühl reagiert. Alt zu sein heißt, unterzugehen in dem Einerlei dessen, das nicht wichtig ist und das Wichtige nicht mehr vom Unwichtigen trennen zu können. Darum bin ich nicht alt und ich habe nicht vor, in dieser Art je alt zu sein.

Wenn aber das Gegenteil von den obigen Beschreibungen mit dem Altsein koexistieren kann, dann bekenne ich mich zum Altsein. Dann könnte alt zu sein bedeuten, nicht mehr zurückzuschauen, sondern nach vorne ausgerichtet sein, selbst wenn es nur noch einen Tag zu leben gäbe. Alt zu sein hieße dann, noch leise erschüttert werden zu können von der Möglichkeit, mit einem Gedanken, mit einem Wort, mit einem gefüllten Blick in das Leben eines anderen Menschen hineinzureichen – vorsichtig und voller Zurückhaltung. Alt zu sein würde dann heißen, jeden

Morgen an einer anderen Stelle des Prozesses »Leben« aufzuwachen und noch immer fähig zu sein, gespannt zu fragen, wo es weitergeht. Alt sein wäre dann die verkörperte Aufmerksamkeit, die sich im Sehen, Hören und Fühlen manifestiert – sodass durch den Aufmerksamen eine lebendige Verbindung zur Welt geknüpft wird, die auf unfassbare Weise das kleine Glück auslöst. Alt zu sein würde dann heißen, dem Einerlei und der Gleichgültigkeit etwas entgegenzusetzen und durch diese Handlung Bedeutung zu schaffen. Es würde heißen, das Wichtige wie einen Ruf in sich zu spüren, und das Unwichtige links liegen zu lassen. So will ich alt sein. Und vielleicht können dies nur die Alten, die Lebenserfahrenen, die Beneidenswerten. Ich will dazugehören. Ich gehöre dazu. Mein Pass bestätigt es mir.

Vor zwei Jahren bestand Verdacht auf Krebs. Ich musste auf das Resultat warten. Zur gleichen Zeit brauchte ich dringend einen neuen Schreibtischstuhl. Als ich ihn bestellen wollte, fiel mich plötzlich der Gedanke an: Warum jetzt einen neuen Stuhl bestellen, vielleicht brauche ich ihn in ein paar Monaten nicht mehr. Dann erinnerte ich mich an den Gedanken von Martin Luther, der gesagt haben soll, dass wenn er morgen sterben würde, er heute noch einen Apfelbaum pflanzen würde. Ich habe den Stuhl bestellt und erfreue mich schon zwei Jahre lang an ihm. Die Biopsie zeigte, dass ich keinen Krebs hatte.

Eine Zukunft haben

Auch wenn man nichts Spezifisches mit der Zukunft vorhat, ist sie ein vielversprechendes Gut. Das Schwere an ernsthaften Krankheiten ist, dass sie die Zukunft des Kranken gefährden. Es scheint zu unserer Definition zu gehören, eine Zukunft zu haben. Jeder denkende Mensch hat eine Vergangenheit, eine Gegenwart und eine Zukunft. Diese drei halten uns in der Balance, so wie wir sie in der Balance halten. Das gibt uns unser Wohlbefinden, unsere Ausgeglichenheit. Der Sterbende hat keine Zukunft mehr – im Moment seines Todes wird alles Vergangenheit. Oder wird alles Zukunft?

Das Anpassungssyndrom

Die meisten Menschen passen sich an, wenn sie älter werden. Es mag eine Frage der Energie sein: Dem Älteren fehlt die Kraft, sich gegen die Gewalt der Klischees und des Status quo in der Welt zu wehren. Revolution ist eine Sache der Jungen. Aber ganz so schnell möchte ich nicht aufgeben. Am Ende ist es eine Frage des Seins und Nichtseins. Unecht zu leben, ist für mich gleichbedeutend mit dem Tod – nur, dass wir trotzdem noch leben müssen.

Sich anzupassen ist, nicht mehr von innen zu leben. Sich anzupassen ist, sich nach dem zu richten, was um einen herum angesagt ist. Es mögen die Regeln der Gesellschaft sein, oder die der Familie oder der Glaubensgemeinschaft, in denen wir uns bewegen. Der Druck ist nicht in erster Linie gegen den gerichtet, der anders leben will, sondern er ist allgegenwärtig. Er ist sozusagen im Trinkwasser und im täglichen Brot: »Man ist hier bei uns so!« Man kann ihm nicht entkommen.

Es gibt eine wunderbare »Rache«: Manchmal gelingt es mir, meine Energie aus dem Widerstand, den das System mir bietet, zu ziehen. Man muss den Status quo die Revolution bezahlen lassen. Je mehr sich das System aufplustert und mir vermitteln will, wie ich zu leben habe, desto mehr generiert es in mir Kraft, ihm zu widerstehen. Es geht mir dabei nicht um eine kämpferische Haltung, wohl aber um eine Haltung der Selbsttreue. Der Widerstand von außen mobilisiert meine innere Kraft und Treue zu mir. Die Frage ist nicht, wer Recht hat – die Gesellschaft oder ich –, sondern: Wie will ich leben?

Mit zunehmendem Alter merke ich eine neue Entwicklung: Ich lebe mehr und mehr außerhalb von den Ereignissen der Welt um mich. Ich lebe nicht abgeschnitten von ihnen und verfolge sie mit großem Interesse – die erneute Wahl von Barack Obama, die Entwicklung in Afghanistan, die Ölkatastrophe im Golf von Mexiko, die Rolle des Islam in der Welt, die globale Erwärmung, das Älterwerden der Menschheit. Aber in dem Maße, wie ich von innen her lebe, haben diese Ereignisse eine Bedeutung, die auf größere, umfassendere Zustände hindeutet.

Mein Schreiben ist nicht nur das Reagieren auf äußere Umstände, sondern es schließt eine andere Wirklichkeit mit ein, von der ich denke, dass sie zeitlos ist und den Menschen immer beschäftigt hat und ihn immer beschäftigen wird. Wenn wir glauben – wie ich es tue – dass die Ereignisse, auch die großen, weltbewegenden Ereignisse, nicht nur sie selbst sind, sondern gleichzeitig auch Ausdruck einer tieferen, umfassenden Entwicklung, dann bietet es sich an, dieser Entwicklung nachzuspüren. Damit stellen wir einen Bezug zur Welt her, der weiter über das hinausgeht, was wir erleben, wenn wir die Nachrichten hören oder sehen, oder die Zeitung lesen. Wir können dann spüren, wie alles mit allem auf geheimnisvolle Weise verbunden ist und wie wir selbst ein wichtiger Bestandteil dieser Zusammenhänge sind.

Geheimnisvolle Kraft

Der französische Philosoph Henri-Louis Bergson gebrauchte den Begriff »élan vital« für eine geistige, elementare Kraft, die alle Entwicklung vorantreibt. Sie ist vom Menschen nur intuitiv wahrzunehmen. Ich glaube, dass ich diese Kraft in mir trage, trotz meines Alters. Ich frage mich immer wieder einmal, was der spezifische

»élan vital« für mein Alter ist und wie er sich ausdrücken könnte? Ich merke, wie er sich von Jahr zu Jahr verschiebt. Meine Stärken verlagern sich. Es ist spannend, dem nachzugehen.

Fehlschluss

Vom Alter automatisch Weisheit zu erwarten, ist eine Art Verzweiflungsakt. Die beiden finden nicht von selbst zueinander. Man möchte sie gern zueinander bringen oder gar zwingen, aber wer nicht vorher etwas für die Weisheit getan hat, wird im Alter nicht von selbst weise. Weisheit scheint nicht durch viel schlaues Denken zu entstehen, sondern durch einen gewissen integrierenden Umgang mit dem, was einem widerfahren ist.

Die kleine Hand des Todes

Die kleine Hand des Todes
berührt den kreisenden Adler,
den Mammutbaum, die Wolke,
das Brunnenwasser, den Strand.
Sie geht zum Wal, zur Eiche,
zum Maulesel, zum Präsidenten.
Sie verfolgt nicht, sie unterscheidet nicht.

Sie ist heute an mir vorbeigezogen,
mehr muss ich nicht wissen.

Wenn sie mich eines Tages berührt,
will ich nicht gegen sie wüten,
als wäre sie mein Feind.
In den kurzen Jahren habe ich ewig gelebt,
ich habe gewartet und gehofft,
ich habe Brot gebrochen,
ich habe die Buchstaben des Alphabets gesegnet,
ich habe meinen Namen gelernt,
und gelernt, ihn zu vergessen.

Ich hoffe, dass ich bereit bin,
wenn die Hand mich berührt.

Reifen können wir nur, wenn wir die Verwöhnung überwinden. Es wird immer wieder von unserem Narzissmus gesprochen, von der Konzentration auf sich selbst oder eines Bildes von sich selbst. Einfach gesagt: Der Jüngling Narziss ist in sich selbst verliebt und starrt dabei auf sein Bild in einem Teich, bis er hineinfällt und ertrinkt. Um zu reifen, müssen wir unseren Narzissmus überwinden, von uns selbst absehen. Im Narzissmus expandieren wir, in der Reife nehmen wir uns selbst und unsere Projektionen auf die Welt zurück und gehen in die Tiefe.

In gewisser Weise ist dies, glaube ich, ein natürlicher Prozess. Aber weil wir in einer jugendbesessenen Kultur leben, ist dieser »natürliche« Vorgang unnatürlich geworden. Wir sind eine Festhaltekultur, eine Kultur der permanenten Expansion. Auch in der Wirtschaft sehen wir das. Es geht immer um Wachstum, um Steigerung, um das Schlucken des Kleineren. So hat sich in jeden kleinen Ablauf unseres Lebens die Grundannahme eingeschlichen, dass es immer um Expansion geht, die oft auf Kosten anderer geht.

Im wirtschaftlichen Wettbewerb gibt es die Verdrängung, das Ausstechen, das Zerstören. Auf dem Weg in die Tiefe gibt es das nicht. Da ist der einzelne mit sich selbst und seinen Stimmen allein. Da gibt es keinen Vergleich.

Wir begeben uns damit in eine schwierige Situation, weil wir deutlich merken, wie unser Körper seine Jugendlichkeit verliert. Mit Liften und Botox, mit Bowflex und anderen Sportgeräten versuchen wir den Verfall des Körpers aufzuhalten, aber es gelingt immer nur auf Zeit. Der Schauspieler Anthony Quinn zeugte noch mit über achtzig ein Kind. Die Potenz ist noch da, dann muss auch die Jugend noch irgendwie da sein!

Aber das Alter holt uns ein. Doch in der Zeit, in der wir uns gegen das Alter wehren und ihm keine Bedeutung zusprechen, lernen wir nicht, alt zu werden. So können wir es dann nicht, wenn es unumgänglich geworden ist. Das Alter zwingt uns dann unrühmlich in die Knie. Wir sehen es manchmal bei berühmten, »öffentlichen« Menschen, wie schwer es ihnen fällt, zu altern, weil die ganze Welt sie jung kennt und liebt. Macht der durchschnittliche Mensch es besser, oder haben wir die Verneinung des Alters unbewusst schon übernommen?

Eine These: Reifen ist, zu sich zu kommen, zu seinem eigentlichen Charakter, zu seiner eigenen Gestalt, der man vorher im Leben nie so richtig zugewandt war. Wir sind ein Leben lang eingespannt in Strukturen, die unseren individuellen Charakter nicht fördern. Es geht hier nicht um einen Individualismus, der über Leichen geht und sich nur produzieren will, wie der narzisstische Mensch, aber um das Einmalige in einem jeden von uns.

Überall werden uns Begrenzungen auferlegt. Die Einmaligkeit des einzelnen herauszulocken, hervorzuwerben ist nicht das Anliegen in unserer Kultur. Im besten Fall ist es eine Randerscheinung.

Wenn es so etwas wie einen Kern in einem Menschen gibt, einen Kern, der sich im Laufe des Lebens entwickelt und wandelt, aber immerhin einen Kern, der einen Menschen ausmacht und ihn definiert, dann würde es sich anbieten, diesen Kern freizusetzen und ihm wirkliches Leben zuzugestehen. Das ist die Arbeit des Älterwerdens. Das wirklich zu tun, ist eine Frage der Spannung zwischen Herausforderung und Zuwendung. Da, wo wir diesen Kern in uns nur mit Zuwendung entdecken wollen, werden wir Gefahrlaufen, uns zu verwöhnen. Wir brauchen die Herausforderung. Wie ein Muskel sich am Widerstand bildet, so braucht auch unser Kern den Widerstand, um gesund zu reifen. Vielleicht ist es darum so schwer, den eigenen Kern zu finden und ihn zu fördern – wir müssen uns selbst widerstehen, um uns zu entdecken.

Im Alter scheint dies noch schwerer zu sein, als in der Jugend, weil wir meinen, im Alter ein Recht zu haben, bei dem zu bleiben, was wir entdeckt und begriffen haben – ich kenne mich, ich habe Erfahrung, ich weiß, wer ich bin, ich lasse mir nichts sagen. Damit haben wir aber nicht mehr die Leere, die gefüllt werden kann. Wir meinen unseren Kern schon zu kennen und verändern uns darum nicht mehr. Wir sind nicht für unser zukünftiges Selbst offen, sondern nur für unser Vergangenes. Der echte Kern ist immer im Werden begriffen. Man reift nicht endgültig. Es ist ein Prozess.

Die Angst vor dem Tod

Je älter ich werde, desto näher rücken die Gedanken über den Tod. Ich habe mein Leben lang versucht, nichts zu verdrängen, jedenfalls nicht bewusst, und will auch nicht meinen Tod verdrängen. In unserer Gesellschaft ist der Tod noch immer ein Tabu. Wir sind so auf Jugend fixiert, dass wir den Tod in all seinen Formen und Vorformen, also dem Loslassen, den Verlusten, aus unseren Gedanken verbannen.

Ich mute es mir darum manchmal zu, an meinen Tod zu denken. Schon mit achtzehn und neunzehn habe ich viele Gedichte geschrieben, die den Tod in sich trugen, aber damals war der Tod weit weg, weil es zuerst eine gedankliche Beschäftigung mit einem Thema war, auch wenn ich dabei viel gefühlt habe. Aber es war auch schon mehr als das. Ich spürte, dass der Tod ein integraler Bestandteil des Lebens war und dass ich mich mit ihm beschäftigen musste, um das Leben besser zu verstehen. Es gibt drei Zeilen in einem Gedicht von Rilke, die die zentrale Stellung des Todes ausdrücken. Er hat es mit achtundzwanzig veröffentlicht.

Denn wir sind nur die Schale und das Blatt.
Der große Tod, den jeder in sich hat,
das ist die Frucht, um die sich alles dreht.

In einem kleinen Ort etwas südlich der Südspitze Alaskas, wo ich als Jugendlicher aufwuchs, träumte ich davon, Schriftsteller zu werden. Ich las Zeitschriften und begann selbst zu schreiben. Um den Anschluss an die zeitgenössische deutsche Literatur zu gewinnen, las ich auch literarische Zeitschriften wie Akzente. In einer Zeitschrift wurde ein Buch angepriesen – die Gedichte eines jungen Dichters, die sich vielversprechend anhörten. Ich bestellte mir das Buch aus Deutschland. Ich hatte damals das Empfinden, dass ich mit sechsundzwanzig sterben würde. Es machte mir keine Angst, es schien mir schicksalhaft. Vielleicht hatte ich mich zu intensiv mit vielen deutschen Dichtern beschäftigt, die jung gestorben waren: Novalis neunundzwanzig, Büchner dreiundzwanzig, Wackenroder dreiundzwanzig, Borchert sechsundzwanzig. Als das Buch kam, war ich überrascht, dass der Dichter mit sechsundzwanzig im Zweiten Weltkrieg gefallen war. Er wurde genau an dem Tag meiner Geburt beerdigt, und ich hatte das Empfinden, seine Stelle eingenommen zu haben.

Der Glaube, dass ich sterben würde, verflog langsam, und als ich mein sechsundzwanzigstes Lebensjahr beendet hatte, war es keine besondere Erleichterung.

Seit der Zeit habe ich mich immer wieder mit dem Tod beschäftigt, ohne in irgendeiner Weise morbide zu werden. Im mittleren Alter war der Gedanke an den Tod weniger zentral, aber jetzt beim Älterwerden rückt er wieder mehr in die Mitte. Die Beschäftigung ist jetzt nicht mehr nur eine gedankliche, sondern eine gefühlsmäßige.

Ich denke nicht an den Tod als Phänomen, als philosophischen Brocken, als etwas Theoretisches, sondern ich denke an meinen Tod. Wie denkt man an seinen Tod – und haben wir das geistige, emotionale Handwerkszeug dazu? Es ist schwer, sich selbst als ausgelöscht zu denken. Die Welt existiert für mich durch meine Wahrnehmung und das soll irgendwann zu Ende gehen! Es ist verständlich, dass fast alle Religionen und Weltanschauungen an ein Leben nach dem Tod glauben. Einmal ist es leichter, die Schwere des Lebens hier durchzustehen, und zum anderen hat das Leben hier einen Bezug zu etwas, was darüber hinausgeht.

Den Tod, vielleicht schon das Sterben und vielleicht sogar schon das Zugehen auf das Sterben als ein Kunstwerk zu sehen, interessiert mich. Kunstwerk hat für mich immer mit dem bewussten Gestalten zu tun. Ich möchte meinem Tod nicht nur mit Zittern entgegensehen. Dass ich zeitweilig vor ihm zittere, besonders wenn ich an mögliche Krankheiten denke, ist unausweichlich. Aber ich will ihn nicht nur erleiden, sondern ich will ihn gestalten. Der Dichter im Alten Testament beschreibt es: »Herr, lehre uns bedenken, dass wir sterben müssen, auf dass wir klug werden.« Brahms hat sich davon in seinem »Deutschen Requiem« inspirieren lassen.

Es ist ein seltsam tröstlicher Gedanke, dass alle vor mir es geschafft haben, zu sterben. Die einen schwerer, die anderen leichter, aber alle sind den Weg gegangen und alle, die jetzt mit mir leben – die Lebenslustigen, die Quicklebendigen, die Versonnenen, die Intelligenten, die Armen, die Reichen, die Mutigen, die Ängstlichen – sie werden alle durch die Enge des Sterbens gehen. Auch wenn es eng ist, ist es uns zumutbar. Trotz allem Zerstörerischen, das wir in unserer Geschichte haben, sind wir eine großartige Spezies, die sich immer wieder durch das Erlebnis »Tod« verwandeln lässt.

Dem Tod eine Gestalt zu geben, beginnt schon lange vor dem Tod. Wir sterben jeden Tag. Das ist nicht nur physiologisch so, aber auch innerlich, emotional. Das sinnvolle Gestalten des Alterns ist das Gestalten des Todes. Sie gehören zusammen und gehen nahtlos ineinander über. Wir ahnen, dass wir in unserem Tod gefährlich nah an die Bedeutungslosigkeit heran geraten. Der Tod selbst ist der Motor, mit dessen Hilfe wir versuchen, die Bedeutungslosigkeit zu überwinden. Gegen das Nichts schleudern wir unsere Kunst, unsere Philosophie, unsere Theologie und sämtliche Ausdrücke unserer Kultur. Gegen das Nichts lieben wir einander und heben so die Gefährdung vorübergehend auf.

Darum kann der Tod – vielleicht mehr als alles andere – unser Verbündeter sein. Angespornt durch seine Unerbittlichkeit, erfinden wir uns immer wieder neu – wir schaffen uns eine Welt in der Welt, auch wenn sie für einen jeden von uns zeitlich begrenzt ist. Wir schaffen uns ein Heim auf diesem Planeten, der durch die Ungeheuerlichkeit des Universums fliegt. Während ich diese Zeile schreibe, höre ich immer wieder die eine Arie aus dem »Deutschen Requiem«, von Brahms.

Lehre mich zu bedenken,
dass ein Ende mit mir habe
und ich davon muss.

Der Tod ist unsere Chance klug zu werden. In gewisser Weise gelangen wir durch dieses Selbstverständnis über den Tod hinaus, auch wenn ein jeder von uns ihn am Ende erleiden wird. Der Sieg über den Tod ist nicht seine Aufhebung, aber seine Gestaltung und damit seine Instrumentalisierung für unser Leben.

Jisei

Es gibt eine Gedichtform der Japaner, »jisei« genannt. Da wird ein Gedicht direkt auf dem Totenbett geschrieben. Es ist der Versuch, unmittelbar vor dem eigenen Tod, in den letzten Momenten des Lebens, noch etwas zu gestalten und eine Aussage zu hinterlassen. So wird von Goku Kyonen, der 1271 mit sechsundfünfzig starb, folgendes berichtet. Als er den Tod kommen spürte, sammelte er seine Schüler (Mönche) um sich, klopfte einmal mit seinem Stock auf den Boden, sagte dann folgendes Gedicht:

Die Wahrheit
ist in den Buddhas der Zukunft,
Gegenwart und Vergangenheit verkörpert;
die Lehren,
die wir von den Vätern unseres Glaubens
erhalten haben,
können alle an der Spitze
meines Stockes gefunden werden.

Dann hob er seinen wieder Stock hoch, klopfte auf den Boden und sagte: »Seht, seht«, dann setzte er sich aufrecht hin und starb. Im letzten Moment seines Lebens sprach der große Dichter und Mönch Ryokan zu der ihn pflegenden Nonne folgendes Gedicht (es ist ein Haiku):

Mal zeigt es die Rückseite,
mal die Vorderseite,
ein Ahornblatt im Fallen.

Was mich an diesem Vorgang interessiert, ist das gestalterische Element. Der Tod wird hier nicht ausgeblendet, nicht verteufelt, nicht bekämpft, nicht verklärt, sondern er wird sogar in diesem letzten Moment noch verwandelt, indem er gestaltet wird. Der ganze Vorgang ist Ausdruck des hohen Standes des Menschen. Ein gewisser Abstand erlaubt diese Abgeklärtheit.

Seitdem ich von diesen Gedichten gehört habe, bin ich noch fester entschlossen, immer wieder neu die Form meines Lebens zu bestimmen, wo ich kann. Wenn es möglich ist im Moment des eigenen Todes, diesem existenziellsten aller Momente, noch etwas zu gestalten, sei es auch nur so klein wie ein Gedicht, dann muss es möglich sein, das Leben vorher gestalterisch zu leben und keine Ausreden mehr für ein unechtes Leben zu suchen.

Du darfst nicht sterben

Vor dir liegt ein neues Land.
Das Licht auf seinen Ufern wartet auf dich.
Du lässt das Gewesene versinken
und gehst dem Feuer und der Weite in dir nach.

Du lässt dich in deiner Sehnsucht nicht beirren
und nicht aufhalten auf deinem Weg.
Kostbar sind die Regungen,
die dich zum Leben tragen.

Ich sehe dich das Paddel ergreifen.
Mit kräftigen Schlägen ziehst du
das Himmels und Wasserblau zu dir heran,
dein Blick auf das ferne Ufer.
Du lässt die Musik in dir nicht sterben.
Du wirst ein singendes Feld
und die erfüllte Stille des Himmels.
Die Saiten deines Lebens klingen.

Du darfst nicht sterben
mit deiner einmaligen Melodie,
noch ungespielt in dir.

Das neue Land

Ich glaube, dass es möglich ist, auch im Alter noch in Aufbruchsstimmung zu sein. Im Alter gehen wir mit dem Sterben in eine andere Welt. Wie diese aussieht, weiß niemand, aber wir können mit einiger Sicherheit sagen, dass sie anders sein wird als dieses Leben, wenn es denn ein Leben nach dem Tod gibt. Ich möchte die Energie, die in dieser Andersartigkeit steckt, in dieses Leben ziehen und sie in mein Leben hineinwirken lassen.

Es geht um Unfassbares und gerade das betont den Aufbruch. Es ist, als würde man in ein neues Land auswandern. Ich erinnere mich noch, wie ich im Alter von zehn Jahren nach Kanada auswanderte. Alles war Spannung und Erwartung. Die Welt tat sich auf – mal beängstigend, mal beglückend. Wie anders wäre das Leben der meisten Alten, wenn es von Spannung und Erwartung charakterisiert wäre. Dabei will ich nichts in die Zukunft verlegen, will nicht im Sinne eines alten, frommen Buchtitels sagen, dass das Schönste noch kommt und nicht schon mit einem Fuß in einer anderen Welt stehen. Ich bleibe innerlich ganz hier, öffne mich aber für das Ungeahnte. Ich möchte das Mysterium des Größeren, Unfassbaren auf mich wirken lassen.

Wenn wir jung sind, nisten wir uns hier ein. Wir schaffen uns ein Zuhause. Wenn wir uns beim Altern vorbereiten, das Leben zu verlassen, dann lernen wir loszulassen. Wir öffnen uns für das, was wir nicht kennen. Jeder Tag kann ein neues Land sein, jede Begegnung bietet die Möglichkeit, das Geheimnisvolle manifest werden lassen.

Einen Knacks

Vor ein paar Jahren hat mein Leben einen Knacks bekommen. Ich habe einen Knacks bekommen. Recht plötzlich merkte ich, dass ich für alles anfällig war. Meine gesamte Immunität schien sich aufzulösen. Ich meine dies nicht im körperlichen, gesundheitlichen Sinne, sondern das ganze Leben betreffend. Ich war nicht mehr sicher. Irgendetwas könnte mir passieren. Es war für mich erstaunlich, darin meine Wirklichkeit zu entdecken.

The big picture

»The picture is always getting bigger«. Ich glaube, wenn bei mir alles gut läuft, dann werden das Bild und der Rahmen immer größer. Die Welt wird immer größer. Die Tiefe meiner Seele wird größer. Meine Fähigkeit, zu Freundschaft und Beziehung wird immer größer. Meine Liebe wird größer. Mein Mitgefühl und meine Anteilnahme werden immer größer. Mein Verständnis wird immer größer. Wenn es gut läuft! Wenn es schlecht läuft, wird das Bild immer kleiner. Ob es gut oder schlecht läuft, bestimme am Ende ich. Das Altern bietet mir immer beides an: Ich kann enger werden, weil es so viele Enttäuschungen und Fehlschläge gegeben hat, oder ich kann immer weiter und offener werden, weil ich besser denn je zuvor verstehe, wie alles zusammenhängt. Ich wähle.

The big picture ist ein schönes Bild. Ich sehe mich am Strand vor unserem Haus auf dem Bauch liegen, meine Augen nur Zentimeter von dem Sand und den Kieseln entfernt. Ich nehme einzelne Sandkörner wahr, kleine Steine, Muschelreste zwischen ihnen, etwas grünen Seetang, der sich von der großen Mutterpflanze losgerissen hat. Ich glaube an den Gott der kleinen Dinge. Mein Kopf wirkt riesig, auch wenn ich ihn nicht sehen kann. Wenn ich ihn etwas bewege, kann ich die ganze Miniaturlandschaft mit Schatten belegen. Ich gehöre zweifellos zu den Riesen. Auch bin ich allein – der Riese Ulrich am Strand.

Dann richte ich mich auf, zunächst nur etwas, und stelle dabei fest, dass neben der kleinen Landschaft ein Felsen aufragt. Es ist fast, als beschützte er das, was ich vorher gesehen habe. Auch sehe ich Füße, nur Füße. Weil ich mich schlau wähne, ahne ich, dass an den Füßen ein Körper hängt – da scheint noch einiges auf mich zuzukommen. Ab und zu sehe ich den weißen Rand einer Welle, die fast an mein Badetuch reicht. Dann verschwindet sie wieder.

Mittlerweile bin ich aufgestanden und sehe mich um. Ich bin nicht allein, noch drei andere Menschen und zwei Hunde liegen und spielen an diesem Strand. Sie sehen nicht, was ich gerade angesehen habe, sie sind zu weit weg. Das kleine Bild, das mich so gefangen genommen hatte, interessiert sie nicht. Ich bin jetzt nicht mehr ein Riese, ich bin kleiner geworden und fülle meinen Platz in der großen Ordnung der Dinge.

Jetzt richte ich mich ganz auf und sehe mich um. Plötzlich geht mein Blick über das Meer zu den fernen Inseln. Im Bruchteil einer Sekunde überwinde ich viele Kilometer mit meinem Blick. Erstaunlicherweise sehe ich mit einer kleinen Kopfbewegung den Sand des Strandes vor mir und die Inseln vierzig Kilometer entfernt. Beide gehören zu meiner Wirklichkeit. Ich bin noch ein wenig geschrumpft – mit dem Blick auf das Meer, wird der Mensch klein.

Ich habe immer einen kleinen Heißluftballon in der Garage – groß genug, um mich in die Höhe zu heben. Den hole ich jetzt hervor, zünde das Gas an und steige auf. Schnell werden die Menschen Spielfiguren, die Handtücher Briefmarken. Es dauert nicht mehr als zwei Minuten, bis ich nicht mehr genau sehen kann, wo ich gestartet bin. Sogar der Felsen neben den Steinen und dem Sand ist nicht aufzufinden. Er ist jetzt Teil des Strandes, der nur ein ganz kurzer, heller Streifen ist. Dafür kann ich jetzt über die Inseln hinweg die vergletscherten Berge in Washington, USA, einhundertsiebzig Kilometer entfernt, sehen. Auch sehe ich schon die Krümmung der Erde. Dann blicke ich nach oben zur Sonne und mein Blick überbrückt in einem Augenblick einhundertfünfzig Millionen Kilometer. Der Sand, die Nachbarn am Strand, die Wellen im Meer, die Inseln, die Sonne – sie alle existieren in meinem Blickfeld, auch wenn ich die kleinen Dinge nicht mehr erkennen kann. Ich bin zu hoch aufgestiegen. Ich sehe mehr und mehr von dem Ganzen. The big picture. Ich muss jetzt aufpassen, dass ich nicht ganz verschwinde und mich in der Weite auflöse.

Weil ich die Weltkarte kenne, weiß ich, wenn ich von meinem Strand in eine südliche Richtung losschwimmen würde, mich nach fünfzig Kilometern rechts halten und dann einfach schwimmen, schwimmen, schwimmen, dann würde irgendwann die Küste von Japan auftauchen. Unterwegs hätte ich die Wale, die Seehunde und die Schiffe grüßen können. Ich kann mir vorstellen, dabei den Sand und meinen Strand zu vergessen. Mein Blick geht um die Welt und plötzlich sehe ich mich von hinten. Ich bin in meinen Gedanken einmal um den Planeten geflogen. Ich bin außerhalb von mir.

Aber zurück zu meinem Heißluftballon. Ich hätte Lust, ihn gegen eine fliegende Untertasse einzutauschen. Ich brauche einfach Geschwindigkeit. Sogar

Lichtgeschwindigkeit hat mich immer nur marginal interessiert, weil sie immer noch zu langsam ist. Es würde immer noch dreikommazwei Jahre brauchen, um nach Alpha Centauri, dem nächsten Stern, zu gelangen, und nach Alpha Centauri habe ich noch nie Sehnsucht gehabt. Dann schon eher nach den Plejaden, dreihundertachtzig Lichtjahre von uns entfernt und auch Siebengestirn genannt, oder nach Kassiopeia, das schöne »W« am Nachthimmel, oder nach der Dunkelwolke im Pferdekopfnebel. Auch mit tausendfacher(!) Lichtgeschwindigkeit (das wären dreihundert Millionen Kilometer in der Sekunde, also schnell) würde es immer noch über ein Jahr dauern, um den Pferdekopfnebel zu erreichen. Darum brauche ich ein Raumschiff besonderer Sorte, mit »hyperspace drive«. Oder ich würde gern den Weltraum falten, sodass ein entfernter Teil plötzlich auf meinem Teil der Milchstraße zu liegen kommt. Dabei spüre ich mich zwar noch, aber die Größe der Welt übernimmt langsam.

Außerdem wäre ich beim Pferdekopfnebel, galaktisch gesprochen, sozusagen gerade vor die Haustür getreten, da wo die große Welt beginnt. Ich bin in der Milchstraße zuhause. Sie ist groß, aber sie ist noch nicht the big picture wenn es um das Universum geht. Sie besteht aus zweihundert Milliarden Sonnen – dreißig für jeden Bewohner der Erde, ganz zu schweigen von den Planeten um diese Sonnen. Aber es gibt Milliarden von Milchstraßensystemen, mit Abermilliarden von Sonnen und Aberabermilliarden von Planeten. Mein kleiner Taschenrechner hat nie genug Stellen, um irgendwelche big picture Fragen zu errechnen. Jetzt wird das Bild wirklich groß.

Ein kleines Beispiel dafür: Wir haben einen Himmelskörper entdeckt, der so groß ist, dass er, wenn unser ganzer Planet auf ihn fallen würde, so groß wäre, wie ein Sandkorn auf unserem Planeten. In meinem Denken stoße ich überall an Grenzen. Auch die Vorstellung reicht nicht mehr aus. Die Bilder, die ich von Gott habe, hole ich nicht mehr hervor. Ich lasse sie alle ruhen – ich beginne keine Bilder mehr zu brauchen. Ich fühle mich in der Unendlichkeit wohl – innen und außen. Ich bin angekommen.

Dieses sich immer erweiternde Bild, ist für mich Ausdruck des geglückten Alterns. Ich weiß, dass die Welt viel größer ist, als ich sie denken kann – auch die innere Welt. Unsere Seelen enthalten große Weiten, die wir versuchen können, auszumessen. Im Alter habe ich mehr und mehr die Einstellung, die das möglich macht. Es könnte sein, dass the big picture kein Ende hat. Wirklich, kein Ende. Ich werde eine Ewigkeit damit beschäftigt sein und die Ewigkeit ist schon hier und jetzt.

Dass ich dies alles so denken kann, ist Ausdruck meiner Berufung. Es passt zu mir, zu uns allen, die wir Menschen sind. Das ist wozu wir hier sind. Aus dieser Sicht gesehen, wirkt vieles, worüber wir uns streiten, fast lächerlich.

Wenn wir alles kleinkariert sehen, dann haben wir uns verlaufen. Im Alter lerne ich noch einmal neu zu staunen. Es passt zu mir und es entspricht der differenzierten Welt, in der ich lebe. Ich übe es, meine Kleinheit und meine Kleinlichkeit loszulassen.

Ende

»Dies ist das erste Zeitalter, das auf die Zukunft achtet. Das ist leicht ironisch, weil wir vielleicht keine Zukunft haben werden.« So sagt der Zukunftsforscher und Schriftsteller (Autor von »2001«) Arthur C. Clarke (1917-2008). Wie lebt es sich damit, dass die Menschheit unter Umständen eher zu Ende geht, als das eigene, persönliche Schicksal? Oder glaubt das bisher noch niemand wirklich? Ich denke an meinen Großneffen Jona, geboren am 18. Juli 2010, und was einmal sein Lebensgefühl sein wird.

Meckern als Lebenserfüllung

Bei Wilhelm Busch gibt es das Gedicht »Der Nöckergreis«. Das ist ein Typ Mensch, der an allem etwas auszusetzen hat und nur meckert. Hier ist ein Teil des Gedichtes.

Ich ging zum Wein und ließ mich nieder
Am langen Stammtisch der Nöckerbrüder.

Da bin ich bei einem zu sitzen gekommen,
Der hatte bereits das Wort genommen.
›Kurzum‹ – so sprach er –, ›ich sage bloß,
Wenn man den alten Erdenkloß,
Der, täglich teilweis aufgewärmt,
Langweilig präzis um die Sonne schwärmt,
Genau besieht und wohl betrachtet
Und, was darauf passiert, beachtet,
So findet man, und zwar mit Recht,
Dass nichts so ist, wie man wohl möcht.
Da ist zuerst die Hauptgeschicht:
Ein Bauer traut dem andern nicht.
Ein jeder sucht sich einen Knittel,
Ein jeder polstert seinen Kittel,
Um bei dem nächsten Tanzvergnügen
Gewappnet zu sein und obzusiegen,
Anstatt bei Geigen- und Flötenton,
Ein jeder mit seiner geliebten Person,
Fein sittsam im Kreise herumzuschweben.
Aber nein! Es muss halt Keile geben.
Und außerdem und anderweitig:
Liebt man sich etwa gegenseitig?
Warum ist niemand weit und breit
Im vollen Besitz der Behaglichkeit?
Das kommt davon, es ist hienieden
Zu vieles viel zu viel verschieden.

Der eine fährt Mist, der andre spazieren;
Das kann ja zu nichts Gutem führen,
Das führt, wie man sich sagen muss,
Vielmehr zu mehr und mehr Verdruss.
Und selbst, wer es auch redlich meint,
Erwirbt sich selten einen Freund.‹«

So geht das Gedicht immer weiter. Der Ton ist leicht, aber die Aussage ist gravierend. Es erinnert mich an viele Ältere, die, obwohl sie noch mitten im Leben stehen, schon so wirken, als hätten sie mit dem Leben abgeschlossen. Alles taugt nichts. Für sie scheint es zum Älterwerden dazu zu gehören, die Welt schlecht zu machen. Natürlich tue ich das nicht. Das sind immer nur andere.

Aber gelegentlich wenn ich mit Älteren zusammensitze, schleicht sich dieser Ton schon mal ein. Einer beginnt mit einer Kritik und jemand anderes hat schon ähnliche Erfahrungen gemacht und bald ist man ein Chor mit Anekdoten und Feststellungen, in deren Schilderung die ganze Welt nichts mehr zu taugen scheint. Nur wir, in dieser kleinen Gruppe, haben es begriffen. Es ist eine Stammtischmentalität, ein Herdenbewusstsein – auch wenn sie klein ist, diese Herde. Wenn man es sehen könnte, würde man bemerken, wie von diesem Treffen dunkle Wolken aufsteigen, die die ganze Luft verpesten. Eine Vergiftung geht vor sich.

Diese Haltung ist nicht mit der Kritik derer zu verwechseln, die die Welt gern verbessern möchten. Der Nöckergreis möchte die Welt nicht verbessern, er möchte nur meckern. Er weidet sich an seinen negativen Schilderungen. Dahinter verbirgt sich häufig ein Empfinden der eigenen Unzulänglichkeit. Im Meckern kann sich der Meckerer als größer, intelligenter, eifriger, weiser darstellen. Falls Frauen meinen, sie könnten keine Nöckergreise werden, weil das immer Männer sind: Es gibt auch Nöckergreisinnen. Sie gestalten das etwas anders, aber die Haltung dahinter ist die gleiche.

Auch wenn ich die Gefahr erkenne, bin ich nicht gegen sie gefeit. Mit sechzig oder siebzig habe ich vieles tiefer durchdacht als jemand mit vierzig. Es bietet sich darum an, dass ich mir eine Meinung und Haltung erarbeitet habe, die nicht durch jemand, der nicht so lange Zeit hatte, seine Positionen zu entdecken, einfach entkräftet werden kann. Ich bin einfach weiter! Aber das ist die Falle. Ich mag weiter sein, aber ich bin darum nicht besser, und meine Meinung nicht die einzig Akzeptable. Die Stimmen der Welt sind ein Sinfonieorchester und ein gutes Orchester besteht aus ganz unterschiedlichen Instrumenten. Ein Orchester, das nur aus Tubas besteht, wäre auf Dauer nicht auszuhalten. Der Nöckergreis ist eine Tuba in seiner Durchdringlichkeit und seiner Fähigkeit, alles andere zu übertönen.

Moderne Nöckergreise sind nicht immer leicht zu erkennen. Sie gebrauchen Tarnungen. Sie sehen nicht mehr ganz so dumm aus wie der Mensch in Wilhelm Buschs Gedicht. Sie kommen intelligent einher. Sie sind informiert, wissen Bescheid. Aber ihr Herz ist das Herz eines Meckerers. Sie machen alles, was sie wissen, zu Munition, um möglichst viel abzuschießen. Ich möchte ihnen einfach nicht mehr zuhören, ich will sie nicht bestätigen, wenn sie jeden Ansatz, etwas in der Welt zu tun, nur abschmettern – so intelligent sie es auch tun. Vielleicht gibt es nichts, was junge Menschen an Alten so abstellt, wie diese Haltung.

Und da, wo ich ihn in mir spüre, diesen Nöckergreis, – der die Welt nicht mehr versteht, der aufgehört hat, sich weiter zu entwickeln, der nach rückwärts denkt und Geschichten von alten Zeiten erzählt, als alles besser war, wie schon viele Nöckergreise vor ihm gesagt haben – wo ich ihn in mir spüre, da möchte ich ihm einen Tritt geben oder ihn zusammenstauchen und sagen:

»Baue etwas auf, anstatt alles einzureißen. Deine negative Art ist Teil des Problems, in dem wir untergehen. Werde reif und lasse deine Verwöhnung los.«

Onkel Herbert

Für uns als Kinder, hieß er immer Onkel Fettnett. Er war nett und neigte zum Fettsein. Er mochte diesen Namen, er deutete ihn als unsere Zuneigung für ihn, womit er sicherlich nicht Unrecht hatte. Mit ihm machten wir Sport, besonders Steinstoßen, in Ermangelung einer Kugel, wie sie beim richtigen Kugelstoßen gebraucht wird. Dann zogen wir nach Kanada und haben uns lange nicht gesehen. Als wir dann als Erwachsene Deutschland wieder besuchten, fuhren wir auch zu ihm und seiner Frau.

Ein richtiger Kontakt wurde nicht hergestellt, weil sie an alten Formen festhielten, in denen wir nicht bereit waren zu leben. Dann starb seine Frau und er kam in ein Altenheim. Dort habe ich ihn einige Male besucht. Das letzte Mal wird mir wohl immer in Erinnerung bleiben. Er erkannte Waltraud und mich nicht mehr, als wir auf sein Zimmer kamen, und dann wieder doch. Er fragte mich nach seinem Vater und ich sagte ihm, dass dieser schon vor langer Zeit gestorben sei. Auch wenn er das schon lange wusste, schien er es nicht zu verkraften. Dann schwiegen wir. Irgendwann brüllte er dann plötzlich los wie ein sterbendes Tier, kaum wie ein Mensch, aber wie ein Wesen, das mit einem Schmerz und Leid von einer anderen Welt in unsere einbricht und diese Welt erschüttert. Dann war er wieder still und dann kam das Brüllen wieder.

Ich habe nie wirklich deuten können, woher dieses Brüllen kam und was es ausdrückte. Aber ich werde den Gedanken nicht los, dass es um etwas ging, was er in seinem Leben nicht angegangen war und nicht angesehen hatte. Jetzt überfiel es ihn mit einer Wucht, der er nichts entgegenzusetzen hatte. Er war nur noch Schmerz und Leid und nichts schien ihn davon befreien zu können. Es ist schwer, mit dem alt zu werden, was wir nicht ansehen wollten.

Aufhören können

Ich spüre, dass ich in dem Bereich des Aufhörens noch manches zu lernen habe. Ich habe ein Leben lang etwas gelebt, es modifiziert, entwickelt, verfeinert, wiederholt, untersucht und verändert, bis ich an diesem Punkt angelangt bin. Mein Leben hat eine gewisse Gestalt entwickelt, auf die ich sogar ein bisschen stolz bin – besonders weil es nicht immer leicht war und ich dabei Widerstände überwinden musste. Und jetzt, mit zunehmendem Alter, merke ich mehr und mehr, wie es dran ist, genau das loszulassen, was mein Leben ausgemacht hat – ich muss es »verlernen«, um noch einmal unterwegs zu sein. Ich finde es schwer, weil es direkt an das geht, was mich ausmacht. Habe ich denn das alles nur gelernt, um es irgendwann loszulassen? Ja, vielleicht.

Ich habe das schon einmal erlebt – im mittleren Alter war es wichtig, das Gegenteil zu meinen Anlagen zu entwickeln, wenn ich mich nicht wiederholen wollte. Das, was mir zufiel, musste durch das ergänzt werden, was ich mir erarbeiten musste. Wir merken es manchmal in unserer Ehe: Ich tue jetzt, was Waltraud früher tat und sie übernimmt, was einmal meine Sache war. Wir haben voneinander gelernt und können jetzt das loslassen, was wir konnten, um das zu lernen, was uns noch fehlt. Der Schmerz des Loslassens trifft auf das Glück der Ergänzung.

Aufhören zu können heißt, dem Ungeahnten noch einmal eine Chance zu geben. Wenn wir die Hände voll haben, können wir nichts Neues anfassen. Etwas aufzuhören heißt, nach vorne hin offen zu werden.

Medaille

Gern teilen wir die Medaille aus: »Du hast dich gut gehalten«. Wir meinen damit, dass man einer Person ihr Alter nicht ansieht. Vielleicht erwarten wir dasselbe Kompliment – eine Art gemeinsame Sache gegen das Alter. Wir können das noch steigern, indem wir einander nicht glauben, dass wir »schon so alt sind« wie wir sagen. Als wäre es ein besonderer Verdienst, jung geblieben zu sein.

Nicht in der eigenen Generation steckenbleiben

Die Freundschaft zu Jüngeren hat zwei Seiten. Insgesamt habe ich gern jüngere Freunde und Freundinnen. Ich profitiere von ihrem Engagement mit der Welt. Ihre Entdeckungen werden ein Stück meine Entdeckungen. Ich schneide mir etwas von ihrer Lebendigkeit ab. Es ist eine gute Sache. Auch ist etwas Eitelkeit dabei. Sie zählen mich offensichtlich noch nicht zum alten Eisen, auch wenn ich mich an schlechten Tagen schon so fühle.

Die andere Seite kann anstrengender sein: Durch ihre Vitalität erinnern sie mich an mein Alter. Was für sie noch leicht und selbstverständlich ist, mag für mich schon anstrengend sein. Dann muss ich aufpassen, dass ich nicht versuche, mit ihnen mitzuhalten. Ich habe schon erwähnt, dass ich gern mit einem jungen Fotografen reise, der vor ein paar Jahren nur halb so alt war wie ich.

Inzwischen sind wir uns näher gekommen, weil er durch seine Jugend doppelt so schnell altert wie ich! Wenn er neunzig ist und ich einhundertzwanzig wird man den Unterschied kaum noch merken! Diese Fotoreisen mit M. sind körperlich und geistig anstrengend. Wir stehen fast immer im Dunklen auf, um bei dem Zauberlicht ehe die Sonne aufgeht, oder kurz nachdem sie aufgegangen ist, schon an dem Ort zu sein, wo wir fotografieren wollen. Dazu wandern wir in einsame Gebiete, klettern über unwegsames Gelände, stehen bis zu den Schenkeln in Bächen oder im Meer und müssen in der ganzen Zeit ständig Entscheidungen treffen, ob es sich lohnt, dieses oder jenes Bild zu machen – welches Objektiv zu verwenden ist, wie die Szene zu belichten ist, und welcher Ausschnitt zu wählen ist.

So kann es den ganzen Tag gehen und abends kommt dann wieder das wunderbare Licht und wir müssen noch einmal besonders wach und umsichtig sein, um vielleicht den »shot of the day« zu machen. Wir kommen im Dunklen zu unserem Camper zurück, machen uns etwas zu essen, oder sind zu müde dazu und kriechen in unsere Schlafsäcke. Am nächsten Tag wiederholen wir das Ganze – mit Begeisterung und Einsatz. Und trotzdem wundern wir uns manchmal, wenn wir nach vierzehn Tagen erschöpft sind. Nach drei Wochen kommen wir jeder mit sechstausend Bildern nach Hause.

M. ist wesentlich größer als ich – manchmal wirkt es so, als wenn ich zwei Schritte für einen von seinen machen muss. Ich habe gelernt, nicht mit ihm zu konkurrieren. Es gibt Stellen, an die ich mich nicht mehr wage und dann bekomme ich auch nicht den »shot«, den ich gern gehabt hätte. Es ist gut so. Ich habe schon viel gesehen und viel fotografiert, ich bin reich an Erinnerungen.

Aber ich gebe zu, dass dieses Abgeben eine Herausforderung ist. Ich lasse los, kenne aber auch noch das

Glücksgefühl, wenn ich ein Motiv besser hingekriegt habe als M. Ich fühle Wohlwollen M. gegenüber – ich wünsche ihm Erfolg, er ist jetzt dran, ich habe meine Zeit gehabt. Ich darf auch als Fotograf alt werden. Ich kann mir jetzt schon manchmal vorstellen, keine Kamera mehr auf eine Reise mitzunehmen. Aber ganz bin ich da noch nicht. Ich lasse mir Zeit. An der Freundschaft mit Jüngeren gefällt mir, dass ich durch sie ihre Welt erlebe und dadurch herausgefordert werde, flexibel zu bleiben.

Ich verfalle nicht in eine Rolle, ich bleibe nicht in meiner Generation stecken. Ich ruhe mich nicht auf dem »Geleisteten« aus. Wenn ich mit Jüngeren zusammen bin, bin ich gefordert, mich ihrer Welt zuzuwenden und will es auch, weil ich neugierig bin, wie sie leben. Ich erlaube dem Leben, mich immer wieder neu aufzustöbern. Ich stelle mich in den Fluss.

Als ich fünfzehn war, hat es mich oft gestört, wenn am Sonntagnachmittag mein Onkel und meine Tante meine Eltern besuchten und wir alle im Wohnzimmer zusammensaßen. Es schien mir fast immer langweilig zu sein, weil die vier Älteren nichts mit meiner Welt zu tun hatten. Zwei waren zwar meine Eltern, aber sie schienen gerade durch die Anwesenheit meines Onkels und meiner Tante von meiner Welt hermetisch getrennt zu sein. Sie bildeten eine Einheit und wir Kinder bildeten ebenso eine Einheit. Es gab kaum wirkliche Berührungspunkte. Intuitiv spürte ich schon damals, dass da etwas nicht stimmte und das es auch anders sein könnte.

Alles ist offen

Ich habe vom Feuer geredet,
das das Alter überdauert,
von den Sprechchören im Herzen,
die mich anfeuern, größer zu werden,
als mein kleines Bild von mir.
Ich habe dich reingerechnet
in die erstaunliche Gleichung,
aus der ich nicht entkomme ohne, himmlisch zu sein.

In jedem meiner Knochen ist ein zweiter,
in jeder Sehne die beglückende Anspannung,
und in dem Herzen der Seele die andere Seele,
von der ich zehre und zehre.
Nichts ist bestimmt, alles ist offen.
Am Strand bildet sich neues Land
und auf der Höhe des Meeres kentert ein Schiff
und befreit seine Insassen zu dem Abenteuer,
aus dem sie erwachen werden wie Träumende.

Ganz gleich, wie ich mich vorbereite,
ich werde überrascht sein,
so viel von mir habe ich hineingegeben,
so vorsichtig die Dinge beim Namen genannt.
Ich nähre mich von der Ewigkeit – die Luft der Seele.

Rolle

Ich bin Vater von zwei Töchtern, aber das heißt nicht, dass ich bis an mein Lebensende die Rolle des Vaters habe. Biologisch werde ich immer ihr Vater sein, nicht aber psychologisch. Auch da gilt wieder, dass ich zuerst ich bin und dann meine Rolle. Das möchte ich auch meinen Kindern vermitteln.

Als die beiden Töchter letztes Weihnachten zuhause waren, fiel mir auf, wie viel ich sie nach ihrem Ergehen fragte und wie ich mich dafür interessierte, was sie beruflich und anderweitig tun. Und mir fiel auch auf, wie wenig sie mich fragten. Ich spreche dann trotzdem auch ungefragt über mich, nur knapp, genug um zu sehen ob es Interesse gibt. Ich schrieb gerade an einem Buch über Franz von Assisi und teilte mein Interesse daran mit, vermittelte auch etwas von meiner Begeisterung für den Stoff. Aber es kamen keine vertiefenden Fragen von meinen Töchtern.

Ein Woche später sprach ich mit Kira, der älteren Tochter, darüber und sagte ihr, dass ich in solchen Momente das Empfinden habe, noch die Rolle des Vaters zu haben, der sich für seine Kinder interessiert, die Kinder sich aber nicht für die innere Welt des Vaters zu interessieren brauchen. Ich sagte es nicht als Erwartung, aber als Feststellung. Sie verstand und ich bin gespannt, wie es weitergehen wird.

Erfüllt älter zu werden heißt für mich, zu versuchen, sämtliche Rollen hinter mir zu lassen und nicht mehr darauf zu reagieren, wenn mich andere in diesen Rollen festhalten wollen. Es ist wie ein Abstreifen von viel Plunder, sodass ich immer mehr nur ich selbst bin. In den Rollen fühle ich mich letztlich nicht angesprochen. Vielleicht fühle ich mich ein wenig gebauchpinselt, wenn sich mir jemand aufgrund meiner Leistungen und Errungenschaften nähert, aber am Ende ist es zu wenig. Das spüre ich mit zunehmendem Alter mehr. In dem Maße, wie ich wirklich gereift bin, will ich weniger die Ehrung, als die echte Begegnung. Ich bin daran interessiert, mein Wesen zu zeigen und das Wesen anderer zu spüren. Da ist echte Begegnung möglich.

Der Feind Gleichgültigkeit

Vielleicht zerstört nichts das Leben der Älteren und Alten so sehr, wie die Gleichgültigkeit. Sie kann der Fähigkeit, loszulassen, sehr ähnlich sehen, ist aber von ihrem Ursprung und ihrer Wirkung ganz anders. Gleichgültigkeit ist die akzeptable Form von Resignation, die sogar aufmerksame Menschen manchmal nicht durchschauen. Gleichgültigkeit kann entstehen, weil wir alles schon so oft getan, erlebt und durchdacht haben. Wir kennen es schon. Es gibt nichts Neues unter der Sonne.

Meine Bobachtung ist, dass durch die Begrenztheit meines Lebens – die mir mit dem Alter mehr und mehr auffällt – die Welt verwandelt wird, wenn ich es erlaube. Direkt ausgedrückt: Der bevorstehende Tod macht das Leben, was wir noch haben, kostbarer. Es ist eine Art Handel: Weil uns im Alter deutlich wird, wie begrenzt unser Leben ist, schenkt uns das Leben durch genau die Wahrnehmung unserer eigenen Sterblichkeit eine Verdichtung des Lebens. Dadurch entkommen wir der Gleichgültigkeit.

Ich spüre auch in der Verbindung zu meinen erwachsenen Kindern eine Dimension, die früher nicht da war. Sie sind jetzt, im Jahr 2015, dreiundvierzig und sechsundvierzig und ich erlebe, dass ihr Umgang mit dem Leben anders ist, als meiner es war und noch ist. Gerade darin liegt die Spannung – manchmal auch im doppelten Sinne des Wortes – die jede Gleichgültigkeit vertreibt.

Gleichgültigkeit ist auch oft das, was man in langen Ehen spürt. Da sind zwei seit dreißig, vierzig oder gar fünfzig Jahren zusammen, aber sie scheinen einander kaum noch wirklich wahrzunehmen. Sie sind füreinander Teil des Mobiliars geworden. Ihr Umgang miteinander scheint fast ganz ritualisiert zu sein. Einer weiß vom anderen, dass er/sie da ist, aber es gibt kaum noch ein gegenseitiges Entdecken, weil man einander schon komplett zu kennen meint und dadurch einander gleichgültig geworden ist. Und da, wo einer den anderen dann doch mit Worten oder Handlungen überrascht, ist dies eher eine Quelle der Irritation als eine Herausforderung, einander kennenzulernen. So wird aus der Gleichgültigkeit dann eine erklärte oder stille Ablehnung und Langeweile, die beiden großen Killer eines lebenswerten Lebens. Gleichgültigkeit und Langeweile wachsen aus der Blindheit gegenüber der eigenen Einmaligkeit. Da, wo ich mich und andere als Prozess verstehe, wo ich ständig »werde« und das »Werden« anderer beobachte, da bleibt es spannend. Zu meinen, man wisse viel, führt zu Langeweile, weil wir nicht mehr überraschbar sind. Im Alter gibt es dann eine Art Umkehrung dieses Prozesses. Die Mystiker nennen es »Entwerden«. Wir lernen loszulassen, wir nehmen Abschied – sogar von uns selbst. Auch das ist ein Prozess, bei dem wir mit Spannung beteiligt sein können.

Nähe

Ich achte darauf, dass ich mich einerseits von meiner Umwelt löse, aber andererseits auf intensive Weise mit ihr in Kontakt bleibe. Losgelöst kann ich jemandem, oder einer Sache, näher kommen, als wenn ich mit dem Menschen oder mit der Sache verwickelt bin. Der wunderbare Widerspruch, der im Alter leichter zu leben ist.

Konzentration

Wo wir früher Expansion gelebt haben, leben wir nun Konzentration. Wo früher das Leben nach überallhin offen war, beginnt es sich nun zu schließen, bis es sich in unserem Tod für diese Welt ganz schließt und vielleicht für eine andere Welt öffnet.

Fotografien

Welche Fotografien ich von mir mag? Die, auf denen ich wirke, als würde ich das Leben in der Hand haben. Es ist weniger ein visueller Ausdruck, als ein Gefühl beim Betrachten des Bildes. Dieses Gefühl habe ich immer wieder gesucht, meistens unbewusst, aber ich wusste, wenn ich es hatte.

Meine Alzheimer Theorie

Mein Vater ist an Alzheimer gestorben. Seine letzten Jahre waren für meine Mutter sehr schwer, weil sie ihn bis zum Ende gepflegt hat, auch als er sie nicht mehr erkannte und handgreiflich wurde. Es ist eine furchtbare Krankheit. Es gibt ein Gedicht von mir, in dem ich meinen Wunsch, vor der Krankheit verschont zu bleiben, ausdrücke. Aber das reicht nicht. Ich möchte mehr tun.

Bei Autopsien von an Alzheimer Erkrankten hat man festgestellt, dass ganze Teile des Gehirns, wie in einem Brand, ausgefallen waren. Es gibt Autopsien bei Menschen, deren Gehirne ähnlich ausgesehen haben, die aber keine Symptome der Alzheimer Krankheit aufwiesen. Wo liegt der Unterschied? Es ist ein ganz einfacher Gedanke: Die Arbeiten der ausgefallenen Teile des Gehirns wurden von anderen Teilen übernommen, neue Bahnen wurden vom Gehirn geschaffen. Aber warum geschieht das bei manchen Menschen und bei anderen nicht?

Im Laufe des Lebens gibt es gravierende Einschnitte. Wir laufen gegen Mauern und es geht nicht weiter. Das mögen äußere Dinge sein: eine Krankheit legt uns lahm, wir bestehen eine Prüfung nicht und eine gewisse Karriere ist uns damit verschlossen. Wir verlieren viel Geld in Investitionen.

Es können innere Dinge sein: Man kann den Glauben der Kindheit und Jugend nicht weiter so nachvollziehen wie bisher und sucht nach etwas anderem. Die Partnerschaft zerbricht und man trennt sich, nachdem man Jahre zurück die große Liebe erlebt hat. Das sind existenzielle Grenzsituationen und es ist entscheidend, wie wir damit umgehen.

Schaffen wir es, diese existenziellen Krisen zu verarbeiten und nicht nur zu überleben, sondern aus diesen Herausforderungen etwas zu machen? Gelingt es uns, unser ganzes Wesen umzustellen und mit den neuen Gegebenheiten etwas zu machen, was uns neue Räume und Wege erschließt? Das Leben gibt uns viele Chancen, dies zu üben.

Die Vorbeugung gegen Alzheimer beginnt bei jedem Menschen, meine ich, in der Gegenwart. Es ist wichtig, so früh wie möglich zu trainieren, das Wesentliche unseres Lebens immer wieder neu zu besehen. Es ist eine existenzielle Sache. Es geht beim Altern nicht darum, noch ein neues Kartenspiel oder eine neue Sprache zu lernen, oder ein Land zu besuchen, in dem die Zustände anders sind, als zuhause. Ich sage nichts gegen diese Tätigkeiten, aber das sind nicht die, die uns auf eine existenzielle Weise fordern. Dass intelligente, körperlich fitte und geistig rege Menschen mit Alzheimer krank geworden sind, ist bekannt. Aber Intelligenz und körperliche und geistige Fitness sind für mich zunächst »äußere« Werte. Sie sind »materiell«, während der existenzielle Einsatz ein spiritueller ist.

Rilke beendet das Gedicht »Archaischer Torso Apollos« mit der Zeile: »Du musst dein Leben ändern«. Er tut diesen Ausruf angesichts der alten, kopflosen Skulptur, oder besser noch, die Skulptur fordert es von ihm, sein Leben zu verändern. Da, wo wir in Kontakt mit dem Tieferen, dem Mythischen, dem Spirituellen treten, da gilt es, das Leben zu verändern. Für einen Lyriker ist das eine überraschende Zeile. Aber genau um diese Haltung geht es. Gerade im Alter, wenn wir meinen, das meiste geschafft und eine Nische gefunden zu haben, in der wir und ausruhen können, steht es bei uns an, unser Leben zu verändern. Mit der Hinterfragung der großen und grundsätzlichen Inhalte unseres Lebens, schaffen wir gravierende Verwandlungen in uns, die sich auch auf den Körper auswirken. Was wir spirituell üben, übt unserer Gehirn auf der materiellen Ebene: neue Bahnen und Kombinationen zu legen. So wie wir spirituell abstoßen, was uns im Reifungsprozess nicht weiterbringt, so lernt auch das Gehirn, dem nicht mehr zu vertrauen, was chaotisch geworden ist und beauftragt andere Zellen einzuspringen.

Das ist eine große Herausforderung für alte Menschen, aber es ist die Herausforderung, die uns vor einem furchtbaren Abstieg in eine menschliche Hölle retten kann, in der alles unterzugehen scheint, was wir ein Leben lang aufgebaut haben. Die Anstrengung ist also noch nicht vorbei. Vielleicht kommt sie in neuer Form im Alter auf uns zu. Aber für die, die sich schon ihr halbes Leben hinterfragt haben, ist der Schritt nicht so groß. Sie sagen:

»Dieser Art Herausforderung habe ich mich schon oft gestellt!« Sie haben schon früher begriffen, dass das Leben etwas Prozesshaftes ist, etwas Werdendes. Sie haben sich von Lebensabschnitt zu Lebensabschnitt neu gefunden und würden es seltsam finden, diese Erneuerung im Alter nicht weiterzuführen. Es ist ihre Grundeinstellung. Und während sie so reden und ihre Seele mit dieser Zumutung herausfordern, bereitet der Körper sich vor, die Entsprechungen im Physiologischen anzunehmen und Lösungen zu finden.

In diesem ganzen Prozess ist es wichtig, ob ich mich als Körper sehe, in dem eine Seele und ein Geist hausen, oder ob ich mich als Seele und Geist sehe, der sich eines Körpers bedient. Dem Körper den Vorrang zu geben, kann zur Folge haben, dass der Körper übernimmt und entscheidet, was möglich ist und was nicht. Ich möchte lieber von der Kraft meiner Seele und meines Geistes aus mein Leben betrachten. Es gibt viele Beispiele, in denen der Körper Erstaunliches geleistet hat, weil die Seele es wünschte. Darauf möchte ich mich konzentrieren. Meine Seele möchte mein Leben weiter führen, vielleicht kann sie das Gehirn bitten: »Lege neue Zentren an, schaffe neue Verbindungen zwischen ihnen, erhalte mir einen Körper, den ich gebrauchen kann und in dem ich mich wohlfühle.« Wenn der Körper und die Seele wirklich miteinander kommunizieren, dann kann es sein, dass der Körper den Wünschen der Seele nachkommt.

Ich übe seit Jahren, meinen Körper und meine Seele in Einklang zu bringen. Ich möchte im Sterbealter nicht vom Körper regiert werden. Ich möchte ihm jetzt schon beibringen, dass er die Entscheidung über mein Leben mit der Seele teilen muss. Er hat nicht das Recht, weiter zu funktionieren, wenn die Seele sich verabschieden möchte. Dabei nehme ich den Körper ernst, sehe ihn aber nicht als allein bestimmend. Ich frage abwechselnd den Körper und die Seele: Was willst du? Und lerne auf beide Antworten zu hören und sie zu deuten.

Überraschend und groß

Vielleicht ist die Zeit gekommen,
das loszulassen,
was ich mit Liebe gesammelt habe –
die Steine, die Zuwendung,
die Kiefernzapfen, die Erinnerungen,
die Federn, die Knochen.
Und es zurückzugeben an die Erde
und mich auszuruhen
in der Leere meines Lebens.
Ich will noch nicht sterben,
aber mit weniger Ballast leben.

„Halte dich bereit,
das Andere kommt näher –
es wird an dir geschehen,
überraschend und groß
schon hier."
Sage ich mir.

»Altersspezifisch«

In manchen Köpfen gibt es eine feste Vorstellung, wie wir alt zu werden und zu sein haben. Man muss sich seinem Alter entsprechend verhalten. Das gilt für alle, außer vielleicht für Schauspieler und Rockmusiker – die ja sowieso machen, wozu sie Lust haben. Missbilligender Blick, abwertende Handbewegung, leicht verächtliche Mundstellung. Was ist denn in den Vorschriften enthalten und wie kommt es zu ihnen? Man trägt gewisse Kleidung nicht mehr, Jeans zum Beispiel, besonders, wenn man etwas dicker ist. Man sollte möglichst keine grellen Farben tragen. Schmuck für ältere Männer ist immer grenzwertig. Gewisse Tätigkeiten sind suspekt. Noch intensiv Sport zu treiben, weit zu reisen und womöglich noch allein, und gar als Frau allein, sollte man im Alter vermeiden, von Abenteuerreisen ganz zu schweigen. Die Regeln sind von der Alterspolizei aufgestellt, die interessiert ist, die Würde der Alten zu wahren. Aber geht es dabei um die Würde, oder um eine Denk- und Handlungsfaulheit?

Bei diesen Gedanken merke ich wieder einmal, dass ich erst Mensch bin und dann alternder oder alter Mensch. Ich bekomme meine Information für mein Verhalten zuerst von meinem Menschsein, von dem Ulrich Schaffer, der ich nun schon siebzig Jahre lang bin.

Wenn ich mich nicht zuerst von mir informieren und

bestimmen lasse, verliere ich etwas von mir. Ich beginne dann bei den Gepflogenheiten, den Rollen und Regeln. Das ist für mich der entschieden falsche Ansatz. Ich beginne bei mir und da kann es sein, dass ich einen kupfernen Armreif tragen möchte oder ein lila Hemd, oder plane, mit Schlittenhunden zum Nordpol zu fahren.

Es kann sein, dass ich mich in den Augen der »Altersspezifischen« lächerlich mache, aber wer lacht und aus welchem Grund? Was gewinnen wir durch »altersspezifisches« Handeln? Sicherlich werden wir dann leichter einzuordnen sein. Man wird uns besser hochrechnen können und wir werden nicht auffallen. Ich erinnere mich noch, wie wichtig es meiner Mutter war, dass wir Kinder nicht auffielen – noch nicht einmal im positiven Sinn. Das hatte etwas mit ihrem Bild von Demut innerhalb ihres Glaubens zu tun – ein Verständnis, das ich nie übernommen habe. Ich habe darum immer wieder Dinge getan, die man nicht tun sollte.

Die neuen Alten haben die Chance anders zu altern. Ich glaube, das Ganze ist mit einer ständig wachsenden Tendenz verbunden, den einzelnen Menschen als Einzelnen zu sehen. Wir kommen aus Zeiten kollektiven Denkens. In unserer vorgeschichtlichen Zeit war es wichtig, das Kollektiv zu betonen, nur so überlebte man. Man brauchte die Sippe, den Stamm. Viel später gab es immer wieder Bestrebungen, dieses Kollektiv zu überwinden.

Die Renaissance und Reformation drücken dies aus. Martin Luther, als katholischer Priester, war nicht mehr bereit, sich von der Kirche sagen zu lassen, wie er glauben und predigen sollte. Er stand als Einzelner vor Gott und ermunterte andere, sich selbst auch so zu sehen. Die Künstler der Renaissance waren nicht nur Handwerker im Dienste der Könige, Fürsten und Kirchen, sie wurden durch ihre Kunst selbst zu Stars. Der moderne Mensch, der erst er selbst ist und dann alles andere, wurde geboren.

Heute ist es nicht ungewöhnlich als Einzelner zu leben und doch gibt es auch für uns noch kollektiven Druck. Es sind nicht Kirche und Staat, sondern die Mode, der Stil, die ungeschriebenen Regeln der Gesellschaft. So musste Barack Obama im Wahlkampf am Ende doch die kleine Anstecknadel mit der amerikanischen Flagge tragen, weil er sonst nicht genug Nationalstolz demonstriert hätte. Es gab keine offizielle Vorschrift, aber der Druck war da. Für ihn, und für jeden von uns, ist es immer wieder die Aufgabe, sich diesem kollektiven Druck zu widersetzen und den eigenen Weg zu wagen.

Das Bild des Alterns, und damit das Bild der Alternden, gehört noch zu den festeren Bildern unserer Gesellschaft. Es gibt Gepflogenheiten, kollektive Vorstellungen. Auch Kinder können ihre alternden Eltern nicht ganz unvoreingenommen sehen. Wenn die Eltern noch dieselben Interessen und einen ähnlichen Geschmack haben wie ihre

Kinder, dann wirkt das für die Kinder seltsam – es ist, als würden die Eltern den Kindern den Ausdruck ihrer Generation wegnehmen. So gibt es Kinder, die Mühe haben, wenn ihre Eltern sich gut mit den Freunden der Kinder verstehen. Da stimmt etwas nicht – die Eltern haben sich in der Generation getäuscht, meinen die Kinder dann.

Mich begeistert der Gedanke immer wieder neu, dass ein jeder Mensch als Einzelner und nicht als einem Kollektiv angehörig gesehen werden kann. Ich bin immer erst ich und dann bin ich alles andere: Mann, Vater, Ehemann, Nachdenklicher, Autofahrer, Spinner, Fotograf, Schriftsteller, Deutscher, Kanadier, Zweifler, Glaubender, Siebzigjähriger. Und jeden dieser Begriffe darf ich von Tag zu Tag neu füllen. Ich entscheide, was passend ist. Ich höre nicht auf die Alterspolizei, auch dann nicht, wenn sie mit Graulicht angefahren kommt.

Werde ich die Kraft haben?

Jetzt ist sie manchmal da, diese Furcht, die so tief reicht, wie sonst nur die Liebe reichte. Sie ist da und nicht wegzudenken, nicht wegzureden, nicht wegzuarbeiten. Es gibt kein Wort, dem sie sich beugt, kein Gefühl, das sie überwinden kann. Werde ich die Kraft haben, die Größe, um mit dem bevorstehenden Tod umzugehen? Werde ich ihn noch gestalten können, wenn auch mit letzter Kraft?

Es ist dann, dass ich das Leben bitte, mich zu segnen, noch einmal und so umfassend, wie ich es bisher nie brauchte, um die Schritte vor dem letzten Schritt zu tun. Ich wünsche schon jetzt, dass ich, wo ich mir selbst voraus war, vielleicht schon Worte in den Mund genommen habe, die mir noch nicht gehörten. Ich wünsche, diese Worte schon jetzt so zu füllen, damit der Sprung dann nicht zu groß ist und ich nicht in den schrecklichen Abgrund falle, zwischen dem, was ich weiß, und dem, was ich tun kann. Ich habe vorwärts stürzend gelebt und will jetzt aufholen und auffüllen, was ich geglaubt habe. Wird es mir gelingen?

Ein Wunsch

Vorübergehend hat sich der Prozess
meines Sterbens verlangsamt.
Ich spreche jetzt leiser.
Ich will nicht wecken, was weiterschlafen will.
Es ist gut allein zu sein mit dem Gang der Zeit,
mit den Gezeiten, den wiederkehrenden Winden,
mit der Liebe, vor allem mit der Liebe
und allen Dingen außerhalb der Zeit.
In ihnen sterbe ich sanft, wie eine Übung,
wie eine stille Generalprobe
für die endgültige Vorstellung.

Dass ich mich verlangsame
nehme ich nicht als Begnadigung,
aber als eine Gnade, deren Ursprung
ich nicht verraten will.
Nur wünsche ich mir manchmal jemanden,
der zuhört, wie ich still bin,
in einem stillen Respekt vor der Stille,
aus der alles entsteht.

Bedürfnis nach Alleinsein

Ich merke, dass mit zunehmendem Alter mein Bedürfnis nach Ruhe und Alleinsein wächst. Im Alleinsein gehe ich mir meistens nach. Ich habe es schon immer gebraucht, aber es ist noch wichtiger geworden. Jetzt im Alter erlebe ich es wie eine Vorbereitung für etwas Undefinierbares. Ich lege einen Raum an, in den ich gehen kann. Dort gibt es mitunter eine Gegenwart, eine Atmosphäre, die mir hilft an die großen Fragen heranzugehen.

Ich sehe in meinem Bedürfnis nach Alleinsein keinen Luxus, sondern eine Notwendigkeit, wenn ich innerlich und äußerlich gesund bleiben will. Ich habe jetzt den Mut, mehr denn je, über mein Leben zu verfügen, und nicht mehr andere mit ihren ungeschriebenen Gesetzen, mit ihrem psychologischen Druck, mit dem Argument der »Gepflogenheiten« und was es sonst noch gibt, über mich verfügen zu lassen. Unsere Gesellschaft, zumindest die öffentliche »Kultur«, beargwöhnt das Bedürfnis nach Alleinsein. Vielleicht gibt es die Angst, man könnte zu sehr über sich und die Gesellschaft nachdenken und ihr gegenüber kritisch werden. Es ist sicherlich ein Grund, warum wir eine »Kultur der Zerstreuung« entwickelt haben. Das gilt für Nordamerika noch mehr als für Europa. Wir amüsieren uns zu Tode.

Manchmal spüre ich in diesem Wunsch nach Alleinsein

auch schon eine Art Vorbereitung auf das Sterben, das auch allein geschehen wird, auch wenn man von Menschen umgeben sein sollte, die einem zugewandt sind. Wir sterben allein und es ist gut, das schon zu üben. So werden wir das Sterben organischer erleben und nicht als etwas Abruptes. Für mich ist das nicht morbide, sondern realistisch.

Es ist ein wohltuender Gedanke: Jedes Mal wenn ich allein bin, arbeite ich an meiner Zukunft, an dem, was unentrinnbar auf mich zukommt. Ich nehme die Chance wahr, zu üben. Am wichtigsten ist mir bei meinem Alleinsein der Wunsch, gewissen Dingen in mir nachzugehen. Ich habe das zwar für mein Schreiben schon lange getan, aber jetzt verbindet es sich mit der Erkenntnis, dass ich nur noch eine begrenzte Zeit habe. Ich spüre, wieviel in mir noch bearbeitet werden will, wie viele von meinen Gedanken und Ahnungen ich noch gestalten möchte.

Es kann wie ein Test sein, sich zu fragen, ob man im Alleinsein schon sehr schnell Einsamkeit spürt, dieses Gefühl, von anderen Menschen abgeschnitten zu sein und darunter zu leiden. Wenn das so ist, dann ist es doppelt wichtig allein zu sein, um dieses Empfinden zu überwinden. Erst dann werden wir nicht in die Begegnung fliehen, weil wir das Alleinsein nicht aushalten. So werden wir einander nicht missbrauchen.

Vielleicht können wir den Begriff »Einsamkeit« auch

wieder ins Positive kehren. Das Wort »einsam« ist von Luther in unsere Sprache eingeführt worden und steht dem althochdeutschen Wort »gemeinsam« gegenüber. Es hatte nicht die abwertende Bedeutung, die manche ihm heute geben. Vielleicht waren die Menschen früher fähiger, allein zu sein. Ich sehe, dass sich meine psychische Gesundheit in dem sinnvollen Wechsel zwischen »einsam« und »gemeinsam« abspielt. Ich kann allein sein, weil ich mit anderen Menschen sein kann. Und ich kann mit anderen Menschen sinnvoll zusammen sein, weil ich aus dem Kräfte spendenden Alleinsein komme.

Für mich ist gerade im Alleinsein eine Nähe zu anderen Menschen möglich, die ich manchmal kaum erlebe, wenn ich mit den Menschen zusammen bin. Es ist, als wenn das Alleinsein wie ein Filter wirkt, der alles Störende, Ablenkende herausfiltert. Dem gegenüber steht dann zum Beispiel eine Gruppe von Menschen, mit der ich mich treffen könnte, in der ich aber nicht alles sagen darf, weil das vielleicht jemanden verletzen könnte. Das, was an belebendem Dialog geschehen könnte, wird nicht gewünscht. Dann bleibe ich lieber zuhause und begebe mich in den Dialog, der sich in meinem Inneren abspielt. Direkt gesagt: Ich erlebe mich als guten Partner für mich selbst. Ich bin gern mit mir. Es ist, als wenn alles, was ich erlebt, gehört, gelesen habe, jetzt endlich im Alter sortiert werden möchte und dafür brauche ich Zeit und innere

Ruhe. Waltraud und mir geht es manchmal so: Wir haben wochenlang keinen Termin irgendeiner Art, wir sind ganz frei, dem nachzugehen was in uns ist. Wir fühlen uns ein wenig »schlecht« dass wir so bei uns selbst sind.

Dabei sind wir nicht nur bei uns selbst, sondern in Telefonaten und Mails sind wir mit der ganzen Welt verbunden. Dann bekommen wir eine Einladung und nehmen sie an. Wir werden aus dem Innenleben, das auch gleichzeitig unser äußeres Leben ist, herausgeholt. In den Tagen, bis wir der Einladung folgen, beginnt aber schon wieder der Wunsch, auch diesen Abend noch ganz für uns zu haben. Dann lachen wir über unseren Wunsch nach Alleinsein. Zusammengefasst: Ich erlebe den Innenraum der Seele und des Geistes wie einen wunderbar fruchtbaren Boden. Dieser Reichtum wächst im Alter, weil ich immer reicher an Begegnungen, Überlegungen, Erfahrungen, Beobachtungen werde. In mir existiert die ganze Welt, wenn ich mich traue, in diese Welt hineinzusteigen.

Das Alleinsein ist auch der Ort, mich dem Transzendenten zuzuwenden, Gott zu hören. Ich schreibe viel in diesen Zeiten der Stille und vermute, dass mich das Schreiben nach über fünfzig Jahren noch immer so fasziniert, eben weil ich etwas von dem höre, was von einer anderen Wirklichkeit zu kommen scheint.

Mit dem Älterwerden schätze ich diesen Innenraum mehr und mehr, ohne dabei in ihn aus der Welt um mich zu fliehen. Ich erfahre ihn als wunderbaren Reichtum, mehr als ich das als junger Mann konnte. Manchmal habe ich das Empfinden, dass ich wieder zu etwas Altem, BekanntUnbekanntem zurückkehre.

Ein Bild dazu: Ich stelle mir eine Linie vor, die von links nach rechts läuft. An einer gewissen Stelle weitet sich diese Linie aus, wird zwei Linien, bildet einen Tropfen, verwandelt sich dann wieder in eine Linie. So ist mein Leben. Ich entstehe aus dem Unfassbaren – werde, entfalte und gestalte mich, und münde dann wieder in das Unfassbare ein. Die Zeit, in der ich der sichtbare Tropfen bin, geht dem Ende zu und ich möchte die mir verbleibende Zeit bewusst erleben und erfassen. Sie ist unendlich kostbar, ganz gleich was auch nach diesem Leben kommen mag. Ich werde nie wieder so in diesen Umständen leben und der sein, der ich bin. Auf diese Weise verbindet mich eine tiefe Liebe zu meinem Leben und ich möchte nichts davon verschwenden.

Zu Erde werden

Als ich den Schädel eines Elchs
in den wilden Erbsen fand,
die Zähne noch fest in dem sich auflösenden Kiefer,
da schloss sich der Kreis
und ich wusste, dass der sandige Boden uns liebt
mit Ausdauer, wie seine Mutter, die Erde.
Einen Moment lang schmerzte es nicht,
dass ich einmal Erde sein werde
für die Lupinen und Tannen
und unter den Pfoten des Bärs und des Kojoten,
die durch die weichen Zeilen meiner Gedichte streichen.

Nichts war umsonst

Für viele Menschen ist der Rückblick auf ihr Leben anstrengend, sie haben das Empfinden, dass die Konsequenzen gewisser Entscheidungen sie von ihrem wahren Leben abgehalten haben: Die Wahl des Berufes, die Wahl des Partners, die Entscheidung für oder gegen Kinder, die Wahl des Wohnorts, die Wahl der Freunde, mit denen sie sich umgeben haben. Sie haben dadurch etwas verpasst. Sie hätten »mehr« Leben haben können, wenn sie anders gewählt hätten. Sie haben ihr Leben verfehlt, finden sie.

Was, wenn es nur das Leben gäbe, das wir gelebt haben? Alles andere wäre Spekulation, wie das Leben hätte sein können. Wir haben die Wahl getroffen, die uns möglich war und die wir leben konnten. Alles andere war nicht möglich. Was war, war. Was ist, ist. Mir wird immer deutlicher, dass ich jetzt, rückblickend, nur über meine Haltung zu meinem Leben verfügen kann. Ich kann die Umstände nicht verändern. Selbst die Wahl, die ich bewusst getroffen habe, habe ich so getroffen, weil ich der Mensch war, der ich war, mit seiner ganz einmaligen Geschichte, mit seiner Prägung und seinen Grenzen.

Im Alter haben wir die Möglichkeit zu sagen: Es ist nicht so wichtig, wie oder was ich gelebt habe, sondern wichtig ist, wie ich jetzt mein Leben sehe. Das ist die befreiende Sicht. Dafür ist es buchstäblich nie zu spät. Ich bin nicht Opfer meines Lebens, sondern gestalte jetzt, was mir noch bleibt. Wir können in einem kühnen Sprung nach vorne sagen, dass alles in unserem Leben richtig und uns entsprechend war. Dann können wir unsere ganze Energie daransetzen, die Umstände, die Fügungen und unsere Wahl, als den unausweichlichen und auch verständlichen Ausdruck unseres einmaligen Lebens zu verstehen. Dann sind wir nicht Opfer der unglücklichen Umstände gewesen, sondern das Leben hat uns abwechselnd geliebt und herausgefordert – was auch Liebe war. So gesehen, haben wir nichts verpasst.

Eine Art Gefangenschaft

Beim Durchblättern meiner alten Gedichte überfiel mich eine tiefe Traurigkeit. Ich erinnere mich noch an die Leidenschaft, die ich beim Schreiben spürte, an den Versuch, mit diesen Gedichten eine Gemeinschaft von Menschen zu schaffen, die in ihrem Innenleben unzerstörbar sein würde. Manche von meinen Wünschen sind eingetroffen.

Ich bin vom Leben, und besonders von meinen Lesern, reicht beschenkt worden. Manchmal hatte mein Leben eine fast unglaubliche Dichte. Warum dann diese Traurigkeit? Weil ich mir noch mehr gewünscht habe – die Möglichkeit, das alles festzuhalten, diese Tiefe des Gefühls, die Begegnungen, die Entdeckungen. Aber ich weiß, dass es nicht geht, nie gegangen wäre, ganz gleich, was ich auch versucht hätte. Woher kommt dieser Wunsch nach ewiger Dauer? Vielleicht gibt es in uns eine Erinnerung an etwas, für das wir keine Worte haben – eine andere Wirklichkeit, nach der wir uns ständig zurücksehnen, ohne sie beschreiben zu können. Wir sind Blinde, die versuchen von der Farbe zu reden. Weil wir tief in dieser Welt drinstecken, sind wir blind für die transzendente Welt.

Mit dem fortschreitenden Alter wird das Empfinden für das Versagen auf diesem Gebiet größer, weil die Zeit davonrennt. Keine meiner Schöpfungen wird ausreichen, um die Verwandlung für immer herzustellen. Wir werden einer nach dem anderen sterben und über uns wird die Wirklichkeit sich lautlos schließen, wie ein See über einem versinkenden Stein. Es bedarf manchmal meiner ganzen Energie, um mich gegen diese Traurigkeit zu wehren. Es ist dann das überwältigende Gefühl, dass alles egal ist.

An guten Tagen gelingt es mir, genau dieses Gefühl von einer anderen Wirklichkeit als Startpunkt zu einer anderen Ansicht zu benutzen. Weil ich das alles fühlen und mir in Ansätzen vorstellen kann, darum muss es diese alles ewig bewahrende Wirklichkeit geben. Ich kann nur erfinden, was es irgendwo gibt – letztlich ist alles eine Art Erinnerung. Das versöhnt mich und ich bin auf diese andere Wirklichkeit gespannt. Vielleicht ist der Tod die Tür dorthin. Diese Gedanken lösten folgende Gedichte aus.

In den goldenen Ähren

Ich denke an dich
in den goldenen Ähren,
als du noch auf dich zu lebtest
und an dem Frieden,
den du mit dir geschlossen hattest.

Wäre es nicht wert,
dich noch einmal
in die Ähren zu legen
und dich einholen zu lassen,
von dem Gold über Gold
über Gold?

Der Ort

Nachdem ich vieles gewollt habe
und sich mir überraschend
die Welt in die Hand gegeben hat
– vorübergehend, wie Geliehenes –
will ich nichts mehr
und komme an einem Ort an,
den es bis jetzt nie gab,
für mich.

Ich sehe mein Leben nicht wie eine Prüfung an, die ich zu bestehen habe. Ich gehe nicht zur Schule, sondern bin ein Künstler, der ein Kunstwerk schafft. Es geht um das Unfassbare, das Unermessliche. Das sind Worte, die wir kaum noch in unserem aktiven Wortschatz haben. Aber wir brauchen sie, in einer Zeit wie unserer, mit ihren fast unfassbaren Bedrohungen, mit einem stillen Terror und dem Kampf mit Gefühlen der eigenen Bedeutungslosigkeit. Der amerikanische Philosoph, Henry David Thoreau, der von 1817 bis 1862 lebte, schrieb: »Most men lead lives of quiet desperation and go to the grave with the song still in them.« »Die meisten Menschen führen Leben stiller Verzweiflung und sterben mit dem Lied noch in ihnen.« Um gegen diese stille Verzweiflung anzugehen, brauchen wir eine andere Wirklichkeit. Ich will mein eigenes Leben wie ein Bollwerk gegen die Hoffnungslosigkeit aufrichten.

Jetzt im Alter kann ich noch einmal mein ganzes Leben durchdenken und die Verbindungen herstellen, die mir vielleicht in jüngeren Jahren entgangen sind. Dazu ist das Alter da. Das ist eine neue Chance, uns selbst zu verstehen. Vieles in meinem Leben kann ich neu interpretieren. In den Jahren, die mir noch bleiben, kann ich etwas ganz Einmaliges schaffen. Es ist nicht zu spät – vielleicht hätte ich es früher nicht können, weil ich die Übersicht nicht hatte. Für das Alter kann es ein Projekt sein, das meine letzte Lebensphase verwandelt.

Für mich erkenne ich vier Schritte auf diesem Weg.

1. Ich erkenne mein eigenes Inneres auf eine tiefere Weise. Ich schaue immer wieder nach innen – am besten mit Papier und Stift, oder am Bildschirm des Computers, um aufzuschreiben, was ich entdecke. Ich achte auf das, was sich in mir meldet. Es geht um Überleben, Gesundheit und Reife. Ich nehme ernst, was ich finde und gebe dem Gefundenen eine Gestalt. Ich schätze es und lasse es nicht beschmutzen. So wie ich mit dem umgehe, was ich in mir finde, so werden am Ende andere mit mir umgehen. Ich erkenne, dass ich wichtig bin, auch wenn Stimmen in mir etwas Anderes sagen. Wenn nötig, lebe ich gegen die an, die mir diese Welt nehmen wollen.

2. Ich stelle mit dem Entdeckten die Verbindung zur äußeren Welt her. Es reicht mir nicht, mich selbst zu finden, bei mir zu sein, mich zu mögen. Wir leben alle in einer Welt von Beziehungen, Verstrickungen, Verbindungen, Abhängigkeiten, Ergänzungen. Darum muss das Bild unseres Inneren in Bezug zu der Welt um uns gesetzt werden. Der Maler zeigt seine Bilder, er malt nicht nur für sich. Das Bild bekommt einen Rahmen, vielleicht eine Galerie, der Tänzer eine Bühne, der Film eine Leinwand.

3. Durch die Begegnung mit Menschen schaffe ich eine Verschwörung der Hoffnung und des Lebens. Ich muss

nicht alleine bleiben. Es ist zu wenig, andere nur wahrzunehmen. Wir können uns verbinden, für einander da sein, eine Gemeinschaft der Hoffenden bilden. Das gehört mit zum Kunstwerk meines Lebens. Unsere Lebenskunst verbindet sich mit der Lebenskunst anderer. Es hat in der Kunstgeschichte verschiedene Schulen des Malens gegeben. So gab es in Kanada in den frühen Jahren des 20. Jahrhunderts eine Künstlergruppe – »The Group of Seven«. Sie lösten sich ganz bewusst von der europäische Art zu malen. Sie zogen in die Wildnis Kanadas, sogar bis in den arktischen Raum hinein, um dort »vor der Natur« zu malen. Es verband sie eine große Liebe zur Natur. Sie waren eine Art Verschwörung und schufen so einen neuen Malstil. Vielleicht können wir zu einem ganz neuen Stil des Umgangs miteinander finden.

4. Ich weite das Ganze aus in einen transzendenten Raum hinein. Wir sind uns selbst nicht genug, wir brauchen die Verbindung zu dem ANDEREN: zu Gott, zum Sinn, zur Bedeutung. Wenn das Unfassbare nicht in unserem Leben vorkommt und in dem Leben miteinander, dann bleiben wir auf Dauer arm. Ich meine hier nicht eine organisierte Religion, nicht Zugehörigkeit zu etwas, sondern einfach die Erkenntnis, dass wir in eine unfassbar große, unverstehbare Welt eingebettet sind. Das Bild weist über sich selbst hinaus. Jedes Kunstwerk ist es selbst – und gleichzeitig ein Pfeil, der darauf hinweist, dass es mehr

gibt. Darum kann jeder Betrachter etwas anderes im Bild sehen, etwas anderes in einem Roman lesen. Ich will das Unfassbare verkörpern, es spüren und spüren lassen. Ich möchte mich an das Mysterium anschließen, aus dem wir gespeist werden, ob wir es wissen oder nicht.

Ein Bild dazu: Ich male einen Kreis. Im Kreis ist alles, was ich weiß. Alles außerhalb des Kreises ist das große Unfassbare, Unbekannte. Der Rand des Kreises berührt dieses Große, Weite. Je mehr wir wissen, je größer also der Kreis ist, desto größer ist die Begegnung mit der unfassbaren Welt. Das eigene Leben so zu sehen, kann ein Programm für ein erfülltes Altern sein. Man kann nicht früh genug damit beginnen. Es bildet sich ein Netz, in dem wir ruhen können. In meinem Roman »Im Schutz des Herzens« gibt es einen Text, der das ausdrückt. Da schreibt der Erzähler an seine Tochter:

»In den letzten Monaten habe ich oft gedacht, dass wir ein Geflecht aus Liebe herstellen müssen, das zwischen uns allen so eng geknüpft ist, damit niemand von uns hindurchfallen kann. Verstehst du, was ich meine? Ich merke immer mehr, was schon viele vor mir gemerkt haben: Am Ende zählt nur die Liebe. Wieviel Energie habe ich in so manche Unternehmungen gesteckt und sicherlich war es richtig so – es war dem Stand meines Wissens und meiner Weisheit entsprechend, und ich konnte nicht reifer handeln, als ich war – aber jetzt versuche ich neu festzulegen, was wirklich wichtig ist. Nichts ist so wichtig wie die Liebe, aber wie lebt man sie? Das liebende Herz schützt den Liebenden und den Geliebten vor der Sinnlosigkeit. Wir schützen einander mit unserem Herzen. Der Verstand schafft das nicht, auch nicht die Gefühle. Beide sind nicht umfassend genug. Wir brauchen unser ganzes Wesen, eben unser Herz, um einander Schutz zu geben. Wenn ich an ›Herz‹ denke, dann denke ich an alles, was ich zu geben habe. Ich schreibe dir dies, weil ich mich geschützt weiß von deinem Herzen. Ich bin dir zugewandt und ich spüre deine Zuwendung, auch wenn wir nicht immer einer Meinung sind.« Das Alter ist die Zeit der Fertigstellung dieses Kunstwerkes.

Bei mir zuhause

Die Landschaft faltet mich in sich hinein.
Jede Welle grüßt,
auch wenn ich sie nicht wahrnehme.
Die lila Wolken halten die untergehende Sonne
so lange fest, bis ich wegsehe.
Im Überfluss verschwendet sich das Leben ans Leben.
Die Meermaler lernen Hoffnung von den Möwen,
sie wählen Lebensfarben
und glauben an ihre Fähigkeit, zu fliegen.
Die Flundern und Tintenfische eine Welt tiefer,

gehen in den Gedanken der Menschen über Land
und lösen das Wundern aus.
Aus blauschwarzen Wolken kommt silberner Regen –
wie bei mir, denke ich.
Täglich übt das Meer seine Pünktlichkeit.
Land und Wasser schrumpfen,
bis alles mit allem verbunden ist.
Darüber wölbt sich das Unaussprechliche
und öffnet den Weg zur hohen Burg des Herzens.
Da entfalte ich mein Leben wie ein Kunstwerk.

Achtsamkeit im Alter

Im Alter geschieht nichts von selbst. Der Glaube, dies wäre so scheint ein Überbleibsel aus anderen Zeiten zu sein, als man meinte, das Alter bringe Reife mit sich. In den Generationen vor uns, war es üblich, das Alter zu ehren, nur weil ein Mensch alt war. Vielleicht hatte es etwas damit zu tun, dass ein Mensch, der alt geworden war, schon viel durchgemacht hatte, und man ihm darum eine gewisse Ehrerbietung zollen sollte. Diese Haltung ist heute fast verschwunden. Mir ist das recht. Ich möchte keine Ehre empfangen, nur weil ich sechzig, siebzig oder achtzig Jahre alt bin. Wenn überhaupt Ehre, dann möchte ich sie für die Reife bekommen, an der ich gearbeitet habe und für die ich etwas eingesetzt habe.

In dem Sinne gibt es im Alter auch nicht automatisch eine größere Achtsamkeit. Sie kommt nicht, wenn man sich nicht für sie eingesetzt hat. Viele Menschen werden alt und schalten von der Welt ab. Es gibt unterschiedliche Weisen, das zu tun. Es gibt ein Abschalten, um einen inneren Weg konsequenter gehen zu können. Man betritt einen fast monastischen Pfad, den man sich ein Leben lang nicht leisten konnte, weil man im Berufs- und Familienleben stand.

Jetzt ist man frei dafür. Aber es gibt auch ein Abschalten mit der Haltung: »Ich verstehe die Welt nicht mehr und will sie auch nicht mehr verstehen.« Die erste Haltung kann zur größeren Achtsamkeit passen, die zweite nicht. Achtsamkeit ist nicht nur größere Aufmerksamkeit, sondern sie ist der Versuch, die Welt in ihren Zusammenhängen intuitiv zu begreifen. Es geht also nicht nur um ein genaueres Hinsehen, Hinhören, Hinschmecken, sondern auch um ein empfindsameres Spüren, mit dem in uns, was über die fünf Sinne hinausgeht. Achtsamkeit ist die Fähigkeit, zu entdecken, dass sich die großen Dinge im Kleinen abspielen. Achtsamkeit ist auch, so hinzusehen, dass man das, was man ansieht, von innen her versteht, so wie es sich selbst verstehen mag.

Achtsamkeit ist im Alter besonders gut zu üben, einmal weil wir mehr Zeit haben, aber auch, weil wir auf einen großen Erfahrungsschatz zurückblicken und uns diesen zur Hilfe holen können. Ich meine nicht nur eine »Wald- und Wiesen«-Achtsamkeit, mit der wir zwar besser sehen, hören und empfinden können, die sich aber dem, was über die Erfahrbarkeit hinausgeht, nicht wirklich widmet, sondern sich mit dem Versuch begnügt, die Welt in ihren Kausalitäten besser zu verstehen.

Wir können unser Augenmerk nun auf die inneren Zusammenhänge lenken. Was heißt es, wenn ich morgens mufflig aufstehe und daraus eine Lebenskultur gemacht habe? Was heißt es, wenn ich mich in meinem Reden immer wieder auf das Negative konzentriere? Was wird durch einen zynischen Menschen in seiner allernächsten Nähe ausgelöst und wie wirkt das auf die ganze Welt? Was geschieht mit einem Mann, der nicht wirklich auf seine Frau hört, auch wenn sie empfindsamer ist als er und eher spürt, wenn etwas krank oder kaputt ist? Und was geschieht mit einer Frau, die sich immer wieder »hineingibt«, in das, was ihr Mann wünscht und wie er die Welt sieht? Wie wirkt das, was ich ganz privat tue, auf die Welt um mich? Gibt es eine Möglichkeit, die Auswirkungen der Liebe (nicht nur der Verliebtheit) in der Welt zu spüren? Das sind alles keine neuen Fragen, aber jeder von uns kann sie beim Altern wieder neu für sich entdecken und in seinem persönlichen Umfeld beantworten lernen.

Ich möchte der Achtsamkeit ein eigenes Organ zuschreiben – einen Achtsamkeitssinn. Es ist nicht ein

Organ, mit dem wir geboren werden, aber eins, das wir entwickeln können. Es entsteht durch Gebrauch. Je offener wir für die Welt sind, desto mehr teilt sie sich uns mit. Mit Menschen können wir das am deutlichsten merken. Dieser Achtsamkeitssinn ist das Organ, mit dem wir die Welt und unsere Mitmenschen direkt lieben. Es ist weniger eine Tätigkeit und stärker eine Haltung. Es ist der vorsichtige Umgang mit der Welt, mit einer ständigen Offenheit für das Begreifen der Zusammenhänge. In dem Gedicht »Innere Verwandtschaft« aus dem Buch Geheimnisvolle Zusammenhänge habe ich versucht, etwas davon auszudrücken. Die Wortbilder sollen auf das hinweisen, was hinter den Bildern steht.

Innere Verwandtschaft

Vielleicht ist das Singen des Flusses
nichts anderes als mein Denken
und mein Denken nichts anderes
als die Photosynthese der Pflanzen.
Und könnte der Sprung
der großen Katze in der Kalahari
dem Kampfwort zwischen uns entsprechen?
Vielleicht verliert der Herbstbaum seine Blätter
so wie ich sprachlos werde.

Vielleicht ist dein Glaube
mit deiner dir gemäßen Inbrunst
nicht so anders als mein Atmen.
Gleicht nicht das Sterben
des Waldes dem stummen Vater,
der keine Frage an sein Kind richtet?
Nimmt unser Schmerz zu, so wie ganze Gattungen
täglich aussterben auf diesem leidenden Planeten?

Wenn wir das eine begreifen,
nicht mit den Milliarden Zellen unseres Gehirns,
sondern mit unserem Blut,
nicht mit spröden Beschreibungen,
sondern mit unserem Wesen,
mit unseren Fingerspitzen,
mit der ersten Wahrnehmung am Morgen
und dem letzten Hauch am Abend,
wenn wir das eine wirklich begreifen,
vielleicht verstehen wir dann,
dass das andere nicht anders ist
und dass wir in dem enthalten sind,
was wir in uns tragen.

Im vorhergehenden Gedicht wird nicht zwischen Mensch, Tier und Pflanze unterschieden. Alles gehört zusammen und der achtsame Mensch nimmt alles in Offenheit wahr. Es bietet sich an, im Alter achtsamer zu werden. Man hat Geduld gelernt, man kann besser hinter die Kulissen sehen, man ist vielleicht gnädiger und demütiger. Aber das Gegenteil kann ebenso wahr sein. Es gibt viele Alte, die unachtsam leben. Die Welt kommt ihnen dumm vor. Sie setzen sich ab, sie werden überheblich – sie berufen sich auf ihre Erfahrung, auch wenn sie die Erlebnisse ihres Lebens nicht in Erfahrung verwandelt haben. Das macht die Kommunikation untereinander und auch mit Jüngeren schwierig.

Man könnte sagen, dass das Alter einerseits besonders für eine größere Achtsamkeit prädestiniert ist, dass es aber andererseits besonders schwer ist, noch leidenschaftlich am Leben beteiligt zu sein, was aber die Voraussetzung für die Achtsamkeit ist. Wenn es einfach und gleichzeitig schwer ist, dann ist es wahrscheinlich wieder eine Frage des Einsatzes und der Entscheidung, auf welche Art wir altern werden.

Ich spüre in meinem Leben mit zunehmendem Alter die Kostbarkeit der Welt, die mich umgibt. Ich merke, dass ich eine Vorsicht entwickle, die ich früher nicht gehabt habe. Die Vorsicht ist eine Leichtheit, schon fast eine Leichtigkeit, die aus der Schwere kommt: Ich erkenne das Ende an, die Unwiederbringlichkeit, die Endgültigkeit, und das macht mich mitfühlend und zart. Mit der Erkenntnis meiner Zerbrechlichkeit werde ich offen für die Zerbrechlichkeit der Welt um mich, besonders auch für die Menschen, die in mein Leben kommen.

Die Zartheit ist keine Schwäche, keine Verwöhnung, keine Verhätschelung, sie ist in ihrem Kern fest und widerstandsfähig. Da, wo sie sich an das Leben richtet, wo sie sich den Dingen und Menschen zuwendet, da tut sie es in tiefem Respekt und mit einer Konsequenz, die wirklich das Gegenüber meint. Das macht mich achtsamer. Meine Liebe, besonders zur Natur, erzeugt eine tiefe Dankbarkeit in mir. Ich schätze mich glücklich, so in der Welt sein zu dürfen – die Welt mit meinen Sinnen aufsaugen zu können. Je älter ich werde, desto mehr geht es mir so.

Man müsste so still halten können
so vorsichtig hinhören
und so aufmerksam betrachten,
dass sich die ganze Welt auftut
und man alles an ihr
von innen versteht,
über alle Worte hinaus.

Achtsamkeit und Dankbarkeit sind eng miteinander verbunden. Der achtsame Mensch ist dankbar und der dankbare Mensch ist achtsam. Das sind zwei Ansätze, an denen wir arbeiten können. Beide führen zum gleichen Ziel: zu einem bewussteren und tieferen Leben.

Die Zartheit und Empfindsamkeit ist die lebendige Art alt zu werden. Aber wir können – wie viele Alternde es tun – auch den Weg der Gleichgültigkeit wählen. Den Gleichgültigen ist die Welt um sie, die Menschen, die Dinge, die Gedanken, nicht wert, dass an sie gedacht wird. Sie sind nicht beteiligt. Die Haltung entwürdigt die Welt und nimmt ihr ihren Zauber – aber nur für den, der diese Haltung hat. Gleichgültigkeit entleert, Empfindsamkeit, besonders wenn sie mit Dankbarkeit gepaart ist, erfüllt.

Gelegentlich erlebe ich die Zartheit wie ein Schweben über dem, was ich liebe. Ich erlebe die Göttlichkeit der Welt und ahne dann, dass Liebe die einzige göttliche Umgangsform ist.

Ich möchte zwei Gedichte anschließen, die diesen zarten Ton in sich tragen. Dabei geht es nicht um die Worte, sondern um die Sensibilität hinter den Worten.

Jetzt hat er Zeit

Manchmal zeigen sich ihm jetzt Dinge,
die schon lange hier waren.
Sie haben sich nicht angebiedert,
haben auf ihre Zeit gewartet,
auf das Ende seiner Leistung,
auf die Erkenntnis des eigenen Verschleißes,
um irgendwann gehört zu werden.

Der übliche Aufstieg ist vorbei
und er hat Zeit, die Vergänglichkeit zu erkennen,
die die Dinge so liebenswürdig macht:
ein Stein in der Brandung,
ein Waschbär mit zarten Händen,
die Tanne, die ihren Stamm
mit Zapfen umgibt,
das tagelange Singen des Regens im Winter.

Da beginnt alles zu sprechen,
zart und vorsichtig,
und alles an ihm hört,
wie zum ersten Mal.

Nur jetzt und hier

Nicht besser haben will ich es,
nicht himmlischer,
nicht ohne Tränen
und nicht mit Engeln,
auch will ich hier nicht
noch einmal erscheinen
ohne mich zu erkennen,
sondern hier und jetzt,
will ich die Zeit anhalten,
und was ich erlebe
soll immer Gegenwart sein,
so wie dieser Gedanke jetzt,
in diesem Moment …
der schon vorbei ist,
unwiederbringlich.

Winter der Gefühle

Vor über zwanzig Jahren habe ich das Buch »Winter der Gefühle« geschrieben und fotografiert. Es ist eines meiner schönsten Bücher, das diejenigen, die es besitzen, nicht hergeben und das nur selten antiquarisch zu finden ist. Es ist eine Erzählung über einen Fallensteller, der alles verliert, was ihm lieb und wertvoll ist. Das Buch ist mit Winterfotografien illustriert, auf denen manchmal kaum etwas zu sehen ist – alles verliert sich im Schnee und Nebel. Es ist ein sehr herbes, offenes Buch, in dem nichts beschönigt ist. Darum hat es mich immer wieder überrascht wenn Menschen mit schweren Leiden, Menschen in hoffnungslosen Lagen, in denen der Tod schon nach ihnen griff, dies als ihr liebstes Buch von mir sehen.

Was geschieht da? Auch wenn es in unserer Gesellschaft ein Tabu gegenüber dem Tod gibt, so gibt es doch gleichzeitig auch ein tiefes Bedürfnis, über das Schwere in unserem Leben, und über den eigenen Tod, zu sprechen. Wir brauchen das Gespräch über dieses große Ereignis, das uns allen bevorsteht. Darum ist es für Menschen, die nach diesem Gespräch suchen, wie eine Erlösung, ein Buch zu lesen, in dem der Tod angesprochen und nicht beschönigt wird.

Als Älterer sehe ich es als meine Aufgabe und als meinen Beitrag an, dieses Thema immer wieder in die wichtigen Gespräche mit einfließen zu lassen. Wir können einander helfen, wir brauchen nicht allein sein, mit der Angst und Sorge um diese letzte Phase in unserem Leben. Schon einander unsere Angst zu gestehen und unsere Gedanken darüber zu teilen, kann eine große Erleichterung bedeuten. Was wir ansprechen, kann seine dunkle Energie, die oft durch das Verschweigen entsteht, verlieren. Was wir benennen, was wir in Worte kleiden, kann uns nicht mehr so leicht beherrschen. Ich will üben, das Dunkle zum erfüllten Leben zu zählen.

Trauer, Tragik

Als ich jung war, habe ich tiefsinnige Gedichte über die Schwere des Lebens geschrieben. Das folgende Gedicht ist mit zwanzig entstanden.

ein kleiner
schwarzer vogel
küsst deinen hals
am abend
der kuss schmerzt
eine brennende wunde
und langsam fallen alle sterne
auf dich zu
nachtfalter die zum
lichte huschen
und drin verbrennen

Ich konnte damals so schreiben, weil ich es auch spürte. Und doch fühlt es sich heute anders an, über die Schwere und den Tod zu schreiben, weil das Thema wegen meines Alters existenzieller geworden ist. Der Tod ist mehr als nur eine statistische Wirklichkeit. Heute kenne ich Momente, wo mich die Unausweichlichkeit der menschlichen Tragik mit großer Vehemenz heimsucht. Ich empfinde dann fast körperlich die Diskrepanz zwischen meinen Ambitionen und Visionen einerseits und der Unmöglichkeit, sie zu realisieren andererseits. Der Abstand zwischen den beiden ist wie ein Abgrund, in den wir hineinfallen.

Der Tod hat eine wichtige Rolle in diesem Drama: Wir geben uns mit unserem Wahrnehmen und Lieben vollkommen in diese Welt hinein. Wir bauen etwas auf, wir opfern uns dafür, wir schaffen eine gewisse Beständigkeit, und dann kommt der Tod und beendet alles. Der Trost, dass es ein Leben nach dem Tod geben könnte, reicht oft nicht aus, uns vor der Trauer zu retten. Nicht zu wissen ist schmerzhaft. Und diese Wahrnehmung geschieht nicht nur, wenn der Tod unmittelbar bevorsteht, sondern gerade beim Älterwerden wird mir immer klarer, wie ich die ganze Zeit unter dieser Drohung lebe. So sehr ich mich auch mühe, es gibt keine Permanenz, es gibt keine Sicherheit vor dem Ende. Die Festigkeit dieser Aussage kann einen Schatten auf alles werfen, was ich tue und ansehe. Es bedarf manchmal einer großen Stärke, dagegen an zu leben.

Je älter ich werde, desto mehr erlaube ich dem Leben diese Seite zu haben, ohne mich vor dieser Erkenntnis retten zu wollen. In dem religiösen Umfeld, in dem ich aufgewachsen bin, durfte man so etwas nicht sagen und am besten auch nicht denken. Mit dem Glauben an einen Erlöser war alle Tragik beseitigt und sie dennoch zu sehen, war Ausdruck eines fehlenden Glaubens, eines Unerlöstseins. Und dort, wo es nicht so moralisch religiös getönt war, war es schlicht Undankbarkeit, sich nicht nur auf das Gute zu konzentrieren.

Jetzt, mit dem Älterwerden, erlaube ich mir diese Sicht, ohne schlechtes Gewissen und mit einem tieferen Verständnis. Auch erlaube ich mir seit meinen späten Vierzigern den Gedanken, dass es Gott nicht gibt und dass alles dem Zufall unterworfen ist. Ich halte den Gedanken aus – nicht als aktiven Unglauben, aber als ein Ernstnehmen meines Denk und Fühlapparates und als Ausdruck meiner Integrität. Ich möchte Gott nicht aus meinem Leben ausklammern, aber ich gebe auch nicht vor, dass mein Glaube – wo ich ihn denn einsetze – ein Wissen ist.

Das ist die Sicht aus der Nähe des täglichen Erlebens einer unvollkommenen Welt. Ich möchte diese Seite von mir und meiner Wahrnehmung der Welt ernstnehmen. Ich weiß aber auch, dass es möglich ist, einen Schritt zurückzutreten und zu versuchen, the big picture zu sehen. In diesem größeren Rahmen hat dann wie der alles eine Bedeutung, die ich setze. Ich entscheide, was sinnvoll ist. Da kann die Welt nur so aussehen, wie sie aussieht, da müssen wir die Freiheit haben, uns selbst zerstören zu können, ohne die Intervention Gottes zu fürchten. Die unauflösbare Tragik zu erleben, und sie zu spüren, wird in dem Moment zu einem Ausdruck einer zu engen Sicht. Ich weiß um den Sprung des Glaubens, aber es gibt Zeiten, da scheint mir dieser Sprung wie ein Verrat am Leben. Dann tue ich ihn nicht. Ich werde solidarisch mit denen, die so ähnlich fühlen.

Am Ende geht alles in der großen Unverständlichkeit unter und auf. Durch mein Empfinden für die Tragik des menschlichen Lebens, verstehe ich die Welt nicht besser und nicht schlechter. Ich weiß nur, dass ich es so erlebe und dass mein Erleben legitim ist. Ich vermute, dass alles genauso sein muss, wie es ist, auch wenn ich es nicht verstehe. Ich klage weder mich, noch Gott an: Ich verstehe es als das menschliche Los. Das macht es nicht leichter, aber es mir eingestehen zu dürfen, macht es erträglicher. Diese Sicht beschreibt nicht mein überragendes Erleben des Lebens. Es gibt andere Beiträge in diesem Buch, die fast das Gegenteil aussagen. Das ist so gedacht. Das ist die echte Widersprüchlichkeit meines Wesens.

Es ist schon die Asche

Es ist schon die Asche,
die du spürst,
die dich blind macht,
die das Weinen aufwellen lässt
wie ein inneres Meer,

die Asche von den Knochen,
von der trockenen Haut,
von den Nerven, die den Himmel spürten
in jedem Sandkorn,
in jeder unscheinbaren Bewegung.

So kurz ist das Blühen,
so kurz das Glühen,
so schweigend der Himmel.

Das Ende von Freundschaften

Vor einigen Jahren habe ich wieder Kontakt mit einem amerikanischen Freund aufgenommen. Wir hatten dreißig Jahre vorher wichtige Dinge miteinander geteilt, uns dann aber aus den Augen verloren. Über das Internet habe ich ihn wiedergefunden und ihn und seine zweite Frau eingeladen. Wir haben zu viert eine Woche bei uns verbracht. Wir merkten schon bald, auch wenn wir uns gegen die Einsicht wehrten, dass wir inzwischen weitergegangen waren, sehr viel weiter (was das auch heißen mag), und uns nicht mehr viel verband.

Die Beiden haben uns inzwischen zu sich in den Mittleren Westen der USA eingeladen, aber wir werden nicht dorthin fliegen. Einerseits ist es schmerzlich, weil unsere Verbindung tief war. Andererseits ist es für mich ganz verständlich. Wir haben uns auseinander entwickelt. Es darf so sein. Wir werden nicht zu ihnen fliegen, weil wir uns davon für unsere Entwicklung nicht viel versprechen. Auch ist das, was wir mitbringen würden, nicht so wichtig für sie. Das heißt, wir werden wenig empfangen und wenig geben können. Das sind die Kriterien, die eine gute Freundschaft ausmachen, wenigstens für eine längere Zeit, auch wenn man zwischenzeitlich einfach nur miteinander sein und einander genießen kann.

Das klingt nur dann hart, wenn wir meinen, man

müsste alles, was man einmal begonnen hat, auf unabsehbare Zeit fortführen. Für mich gehört es zum Älterwerden, zu erkennen, dass es Abschnitte im Leben gibt. Abschnitte, im wahrsten Sinne des Wortes: Man schneidet etwas von dem ab, was vorher vielleicht sogar wichtig war. Ein Abschnitt ist beendet. Diese Sicht macht es möglich, auf Neues zuzugehen – einen neuen Abschnitt einzuleiten. Es kann zum schmerzhaftesten Ereignis im Leben gehören, aber es ist nötig. So erneuert sich das Leben, so wachsen wir weiter, so geben wir neuen Möglichkeiten, Menschen und Situationen eine Chance. Wer dieses Abschneiden nicht schafft, geht zunehmend in dem unter, was er/sie mit sich trägt, besonders wenn es nicht mehr wirklich zum jetzigen Leben dazugehört. Ich vermute, dass so manche Frustration im Leben von Menschen ab fünfzig oder sechzig Jahren von dieser Unfähigkeit, im eigenen Leben aufzuräumen, herrührt. Weil es so viele Verpflichtungen gibt, die in sich fast leer sind, und dem Verpflichteten nichts mehr geben, gibt es wenig Zeit zum Alleinsein, zur Ruhe, zum entspannten Lesen eines Buches von tausend Seiten, zum Betrachten eines guten Films.

Ich weiß, dass ich da bei manchen »Freunden« anecken werde und verstehe das als Preis des Älterwerdens. Ich möchte mich nicht lang und breit erklären, oder gar meine andere Sicht des Älterwerdens verteidigen. Es ist der Prozess des Lebens, der nicht festgehalten werden kann. Wenn wir die Konsequenzen nicht ziehen, auch wenn sie unangenehm sind, werden wir uns selbst verraten und unreif bleiben.

Damals

Als ich unter den alten Bäumen
auf dich wartete,
war ich Meister der Zeit.
Schon eher du kamst,
war sie zum Bersten
gefüllt mit unzerstörbarer Hoffnung
und jede Minute war Ewigkeit
in meinem unerschütterlichen Mut.

Deutung

Im Alter werden gewisse Möglichkeiten reduziert. Manche empfinden, dass sie selbst als Menschen reduziert werden, aber wir sind nicht identisch mit unseren Möglichkeiten. Unser Körper leistet nicht mehr, was wir von ihm verlangen, wie er es früher getan hat. Aber was zunimmt oder zunehmen kann, ist unsere Fähigkeit, etwas auf eine gewisse Weise zu sehen.

Es gibt keine allgemeine Wirklichkeit: Es gibt deine

und meine Wirklichkeit, und die hängt davon ab, wie wir etwas zu sehen wählen. In anderen Worten: Alles hängt von unserer Sichtweise ab. Ein Förster, ein Jäger und ein Dichter gehen durch einen Wald. Jeder der drei sieht einen anderen Wald. Was für den einen Inspiration sein mag, ist für den anderen ein Geldwert an verkäuflichen Hölzern, während der dritte nur sieht, wie sich in diesem Wald ein Hirsch gut vor seinen Gewehr verstecken kann.

Wie tief die Sichtweise uns bestimmt, sehen wir bei unseren Gedanken über das Alter. Ein Mensch, der sich ganz mit seinem Körper identifiziert, mag das Alter als den großen Abbau erleben, an dessen Ende das Ausgelöschtwerden steht. Ein Mensch, der stark von seinem Glauben an ein Leben nach dem Tod geprägt ist, kann im Alter den Tod als Erlösung von seinem Körper sehen und schon den Übergang in eine bessere Welt spüren. Das sind nur zwei Sichtweisen von vielen.

Für mich ist es eine wichtige Entdeckung beim Älterwerden, dass ich diese Wahl habe. Ich lebe zunehmend weniger unter dem Diktat dieser oder jener Unausweichlichkeit. Die Türen gewisser Gefängnisse springen auf. In diesem Sinne möchte ich gern folgende Vorstellungen überwinden:

Vorstellung 1: Das Alter ist Abbau

Es gibt die berühmte aufsteigende und absteigende Linie. Wenn wir jung sind, steigt unsere Lebenslinie auf. Die Medizin sagt uns, dass wir spätestens mit fünfundzwanzig auf unserem körperlichen Höhepunkt sind. Wenn wir uns in erster Linie als unseren Körper sehen, geht unsere Linie ab dann unweigerlich bergab.

Eine alternative Sicht: Ich lege immer mehr von dem ab, was an mir unwesentlich ist. Das Altern ist ein Läuterungsprozess. Was zurückbleibt, ist reiner und echter. Was für ein Bild! Jedes Bild löst eine gewisse Befindlichkeit in uns aus. Es bestätigt sich sozusagen selbst. Wir werden zu dem, was wir glauben. Im Negativen wie auch im Positiven. Wenn ich mich als Opfer des Alters sehe, werde ich erleben, dass ich Opfer bin. Durch meine Sichtweise nehme ich meine Leben fest in die Hand oder gebe es aus den Händen.

Vorstellung 2: Wir vereinsamen im Alter

Vereinsamen wir im Alter automatisch? Ich glaube nicht. Vielleicht bedarf es eines größeren Einsatzes in der Arbeit an uns selbst, um uns so zu entwickeln, dass es für andere Menschen – auch jüngere – spannend ist, mit uns zu sein. Natürlich will kein Mensch, und schon gar nicht ein jüngerer, mit negativen Alten, die alles kritisieren und schlechtmachen, zusammen sein. Die Einsamkeit, die Alte erleben, ist oft eine selbstgeschaffene.

Es geht hier nicht darum, zu richten, wohl aber aufzuzeigen, dass wir eine Wahl haben. Lebendigkeit und innere Flexibilität im Alter sind eine Wahl. Sie fallen uns nicht zu, wir müssen etwas einsetzen, um sie zu leben. Das Negative scheint uns eher zuzufallen, vielleicht, weil es dafür so viele Beispiele gibt. Wir sehen es um uns, und machen es unbewusst nach und glauben, dass es die Norm sei.

Vorstellung 3: Wir können vieles nicht mehr tun

Das mag in gewisser Weise stimmen, aber es bedeutet nicht viel, weil wir gerade im Alter den Zugang zu einer neuen Art zu leben finden. Es geht um eine Verschiebung der Werte. Wenn ich im Alter noch unbedingt expansiv leben und die Welt erobern will, dann mag ich enttäuscht sein, dass mir manches schwerfällt. Vielleicht ist das, was ich noch unbedingt tun will, nicht mehr »dran«" für mich. Manchmal habe ich das Empfinden, dass mir manches verschlossen wird, damit ich mein Augenmerk auf etwas anderes richten »soll«. Es ist eine Art innere Evolution, die sich hier behauptet: Ein neuer Abschnitt deutet sich an. Wir werden von unserer »Expansion« befreit, um auf den Weg transzendenter Abenteuer gelockt zu werden. Es geht um die Evolution unseres Geistes, um den persönlichen (und daran angeschlossen – um den kollektiven) Durchbruch zu einer konsequent inneren Entwicklung.

Solange wir das expansive Muster festhalten, werden wir den Segen des Neuen nicht erleben. Wir werden Opfer der alten Vorstellung bleiben.

Vorstellung 4: Im Alter zählen wir nicht mehr

Auch das mag zu einem gewissen Grad stimmen. Aber auch da gibt es eine alternative Sicht. Wenn zählen zu wollen nicht nur der Wunsch ist, wahrgenommen zu werden, sondern noch der Wunsch ist, alles zu managen, dann gehört er zur Expansion, zum Vergleichen, zum Konkurrieren. Die Expansion der Alten ist eine andere. Es geht hier nicht mehr um Breite, sondern um Tiefe. Die Alten sind berufen, das Fundament für eine neue, innere Welt zu legen, oder dort, wo es schon gelegt ist, weiter darauf aufzubauen. Ich möchte kein »junger« Alter sein, wohl aber ein Alter, der mitten in einer Entwicklung steht. Entwicklung ist kein Verdienst der Jungen, weil es sozusagen Teil des Jungseins ist. Später, wenn es nicht mehr automatisch dazugehört, wird es zu einem Verdienst, wenn man noch flexibel im Denken bleibt. Es ist dann auch meistens das Resultat von vielen Jahren des Übens.

Ich merke, während ich dieses Kapitel schreibe, wie sich ständig eine Stimme mit einem »Ja, aber...« in mir meldet. Da will sich das Alte durchsetzen, die Vorstellung, nicht mehr zu zählen, und ich muss meine ganze Energie daransetzen, um nicht zurückgezogen zu werden.

Vorstellung 5: Alter ist die Abwesenheit von Jugend

Das Alter wird von der Jugend her definiert. Es ist die Abwesenheit der Jugend, als könnte sich das Alter nicht selbst definieren. Die Werbung in unserer Kultur macht uns jeden Tag deutlich, dass Jungsein alles ist. Nur jung macht das Leben Spaß, nur dann können wir in Liebesbeziehungen leben, nur dann sind wir »cool«. Jugend ist der Standard, an dem alles gemessen wird. Dabei ist für viele die Jugend gar nicht so cool, sondern häufig anstrengend und stressig. Wir haben es mit dem Jugendmythos unserer Kultur zu tun, der, weil er sich ständig erneuert, wiederholt, verwandelt, eine ungeheure Kraft hat.

Ich beobachte mich jetzt manchmal unter Jüngeren und meine, nicht mehr wirklich beitragen zu können. Häufig stelle ich dabei fest, dass die Jugendlichen, mit denen ich zu tun habe, mich nicht so sehen. Das Problem ist meine Verinnerlichung gewisser Vorgaben in unserer Gesellschaft. Diese Vorstellung hat viele Menschen mittleren Alters und Alte nicht auf den Gedanken kommen lassen, dass das Alter etwas ganz Eigenständiges ist, das sich nicht mit der Jugend vergleichen oder messen braucht. Alte scheinen oft noch nicht gemerkt zu haben, was für einen Schatz sie darstellen würden, wenn sie sich im Alter weiter entwickelten. Stattdessen wirken sie manchmal so, als würden sie sich bedauernd entschuldigen, weil sie nicht mehr jung sind. Oder sie erwarten Respekt und eine besondere Position im Leben Junger, nur weil sie alt sind. Wenn man ihnen das verweigert, sind sie enttäuscht.

Aber das Alter selbst hat keinen Wert, wie auch die Jugend selbst keinen Wert in sich besitzt. Etwas wird wertvoll, weil wir etwas daraus gemacht haben. Das betrifft die Jugend ebenso wie auch das Alter. Wir dürfen das Alter als ein neu zu entdeckendes Land betrachten – unsere Gesellschaft wird durch die Entwicklung der Medizin so alt werden wie noch nie. Von 1900 bis 2000 ist die Lebenserwartung um fünfundzwanzig Jahre gestiegen. Irgendwann werden die Alten die Zahlenstärksten sein. Das heißt, es gibt so viele Alte wie noch nie, und es wird Zeit, diese Gruppe nicht nur im Gegensatz zu einer anderen zu sehen, sondern eigenständig, um das Potenzial auszuschöpfen, das in ihr steckt. In den nächsten dreißig Jahren werden dramatische Entwicklungen geschehen, wenn die »Baby-Boomer« (die geburtenstarken Jahrgänge 1946 bis 1964) nicht nur das Bild des Alters, aber auch unser Bild vom Leben maßgeblich beeinflussen und bestimmen werden. Wir Alten jetzt, und die Alten der nächsten dreißig Jahre, gehen spannenden Zeiten entgegen.

Kurze, weiße Manchesterhosen

Es war 1952. Ich war neun Jahre alt. Wir wohnten in dem Dorf Seebergen bei Bremen, waren aus Pommern geflohen und jetzt »Fluchlinge«, wie wir auf Platt, fast beschimpfend, genannt wurden. Noch hatte das Wirtschaftswunder nicht stattgefunden, aber zu essen gab es inzwischen meistens genug. Mein Vater fuhr Brot und Kuchen über Land aus. Er musste beides von einer Großbäckerei kaufen und dann in den Dörfern wieder verkaufen. Wenn er nicht genug einkaufte, verschenkte er wertvollen Verdienst, wenn er zu viel kaufte, konnte er es nicht zurückgeben und wir »mussten« am Wochenende Kuchen essen.

Anzuziehen gab es noch nicht viel, darum war es besonders schön, dass ich eine kurze, weiße Manchesterhose besaß, die ich liebte. Heute hieße sie Cordhose. Ich erinnere mich nicht nur an sie, ich spüre noch das Wohlbefinden, wenn ich sie trug: Ich hatte die Dinge in der Hand, sie gaben sich mir, ohne, dass ich sie zwang. Die Hose reichte mir fast bis zum Knie, hatte weite Beine und war unten umgelegt. Sie hat dazu beigetragen, dass ich dem Leben vertraue. Wenn ich sie trug, wusste ich, dass ich etwas konnte, dass das Leben formbar war, ohne damals je diese Worte gedacht zu haben. Ich vermute, dass sie aus einem amerikanischen CARE Paket stammte. Vielleicht habe ich ein Leben lang nach diesem Gefühl gesucht, ohne es zu wissen. Die sechzig Jahre, die mich von ihr trennen, sind problemlos überbrückbar. Erinnerung holt sie ins Jetzt.

Freundschaft von Herzen

F. verkauft meine Bücher in seiner Buchhandlung und lädt mich seit zehn Jahren jedes Jahr zu einer Lesung ein. Er ist zwanzig Jahre jünger als ich und gemeinsam werden wir älter. Auch wenn wir uns sonst im Jahr nicht sehen, sind wir miteinander verbunden. Ich genieße die Ruhe des Alters, in der sich Freundschaft im Herzen ereignet und nicht beteuert werden muss.

Die kleine Welt

Als ich vor vielen Jahren
in meiner weißen kurzen Cordhose
durch die norddeutsche Flachebene streifte,
wild, frei und Gott nah,
wusste ich nichts von der Pazifikküste Kanadas,
von ihrer herben Schönheit,
von den Wäldern, die ins Meer wachsen,
von den Tönen der Wale und Seelöwen
und den glitzernden Gletschern,
die über dem Meer hängen.
Jetzt wohne ich schon
vier Fünftel meines Lebens
in dieser Welt und alles ist so klein geworden,
dass ich jetzt manchmal
die Wümme bei Fischerhude
von hier aus sehen kann.
Bald wird die Hamme im Meer münden,
die Torfkähne werden auf dem Pazifik fahren
und Gott wird mit den Orcas spielen
wenn die Sonne untergeht.

Sterben können

Mit zweiundneunzig Jahren lag meine Mutter mit einer Infektion, die sie sich im Krankenhaus geholt hatte, in einer Einrichtung für betreutes Wohnen und wollte sterben. Dann aber wollte sie auch wieder leben. Es war anstrengend für sie und ihre Besucher. Meine Schwester und ich stellten sie vor die Wahl: Willst du leben oder sterben? Sie wählte das Sterben und so setzten wir mit ihrer Zustimmung alle Medikamente ab, die sie eventuell wieder gesund machen würden, sie nahm nur schmerzstillende Mittel. Als sie nach einer Woche nicht gestorben war, beschwerte sie sich bei mir. Ich sagte, sie müsse sich gedulden, es würde nicht so schnell gehen. Es dauerte noch einige Wochen. Durch ihre Wahl war sie dem Hin und Her zwischen Tod und Leben entgangen. Sie brauchte sich nur auf eines zu konzentrieren. Auch das ist ein Gestalten des eigenen Sterbeprozesses.

Sich selbst genießen

Jemand fragt, ob ich Zeit habe, und meint damit, ob ich nach »außen« hin etwas vorhabe – ob ich einen Termin mit jemandem habe, ob ich ins Kino gehen oder in die Stadt fahren will. Wenn ich mit Nein antworte, weil ich gern allein mit mir sein möchte, zählt das nicht so recht.

Aber um manches zu bewältigen, brauche ich davor und danach Zeit allein mit mir. Es ist wie eine Voraussetzung zu jedem sinnvollen Zusammensein.

Ich muss es manchmal erklären, dass ich die Zeit mit mir brauche und sie genieße, mehr genieße als die Zeit mit manchen Menschen. Früher hätte ich es nicht gewagt, so zu denken und schon gar nicht, es zu sagen. Ich veranstalte jeden Tag ein Treffen mit mir. Ich weiß, dass das meine Kraftquelle ist. Mich zu zentrieren und zu konzentrieren, ist wichtig. Ich lebe zentripetal, nicht zentrifugal. Der kolumbianische Schriftsteller, Gabriel García Márquez hat es wunderbar knapp formuliert: »Das Geheimnis eines schönen Alters ist der würdige Umgang mit der Einsamkeit.«

In der Liebe reifen

Es kann sein, dass wir verdammt sind, das Haus unserer Liebe im Alter leer zu erleben, wenn wir den Begriff der Liebe nicht so füllen, dass die ganze Welt darin vorkommt. Die Liebe nur zu zweit zu leben ist vorbei. Sie ist der bürgerliche Überrest aus einer alten Zeit, in der Unwissenheit uns geschützt hat. Die Welt ist eine andere geworden, aber sie ist noch genauso bedürftig wie vor hundert Jahren. Als der erste Weltkrieg vor über neunzig Jahren gefochten wurde, war die Blindheit groß, aber auch heute noch kämpfen wir Kriege im Namen zweifelhafter Gottesbilder, und die Blindheit ist noch immer da. Es ist, als gäbe es den Ehrgeiz, die alten Fehler noch einmal auf ganze eigene Weise zu machen. Vom Krieg errettet uns letztlich nur die alte, neue Liebe.

Frauen sind heute freier, und doch sind sie gefangen in der Bedürftigkeit der Männer mit ihren Fantasien. Männer sind frei, und doch sind sie gefangen in den Bildern, denen sie sich unterordnen, woher sie auch kommen mögen. Damals wie jetzt errettet uns nur die Liebe aus dieser Gefangenschaft. Aber es muss eine größere, weitere Liebe sein, als die, der Generation vor uns. Wir stehen an der Schwelle zu etwas Neuem, zu einer Sicht, in der sich die Welt verwandeln wird und die Liebe muss sich auch verwandeln, wenn sie dieser Welt gerecht werden will. Unsere Liebe muss zu ihrer Quelle finden und sich nicht im Vorfeld aufhalten. Wir müssen auf einen Grund stoßen, auf dem viele von uns ihr mystisches Dasein ahnen und dieser Berufung nachgehen.

Dic Zerstörungswut in der Welt wird uns alle entleeren, abtun und vernichten, wenn wir nicht eine Form der Liebe finden, die nicht an Schönheit, Sexualität, an das häusliche Glück, an die Gefühle des Hingezogenseins gebunden ist. Gegen diese Dinge ist nichts zu sagen, aber in einer Welt, die im Lauf schritt auf ihre Auflösung zustrebt, sind sie zu wenig. Es ist als wollten wir die Probleme der Welt mit Schlagern lösen, in deren Refrain es heißt: »Ohne dich kann ich nicht leben«.

Es hat schon immer eine Liebe im Hintergrund gegeben, aus der die vordergründige Liebe mit ihren Schlagerinhalten und ihrer Vorläufigkeit gelebt hat. Die Mystiker haben von ihr gewusst, haben versucht, Wortbilder für sie zu finden. Sie haben von der himmlischen Hochzeit gesprochen, von der Verschmelzung mit Gott. Sie haben sie in der Stille gesucht, weil Sprachlosigkeit zu ihr gehört. Zeitweise haben sie gemeint, ein Verlust der eigenen Individualität gehöre zu ihr. Sie haben von einer »Religion der Liebe« gesprochen und damit dem Christentum Angst gemacht. Diese Liebe ist immer wieder auf wunderbare Weise in der Welt aufgeleuchtet, hat uns beflügelt, bis wir sie wieder vergessen haben. Es gibt auch schon viele, die diese Liebe leben (bewusst oder unbewusst) weil sie an diesen tiefen Lebenskern angeschlossen sind. Aber sie muss in unserer Gesellschaft noch viel umfassender unsere Ratgeberin werden.

Ich möchte von uns, die wir uns jetzt ins Alter begeben, in dem wir noch einmal alles hinterfragen und uns schon spürbarer in einer transzendenten Welt bewegen, wissen: Worum geht es eigentlich bei der Liebe? In dieser anderen Liebe geht es nicht mehr um vollere Lippen und prallere Brüste, nicht um ein charmanteres Lächeln und nicht um geilere Klamotten, nicht um Viagra und eine ganz neu gefundene Position, nicht um die perfekte Haut, nicht um Liebestod und Schlagerglück. An diesen Verirrungen scheitert die Liebe und die Welt geht weiter zugrunde.

Wir brauchen eine andere Füllung dieses Wortes. Eine oder einer kann diese Liebe nicht allein finden. Sie ist ihrer Natur nach eine Energie, die die ganze Welt betrifft. Wir brauchen die persönliche Suche, die sich mit der Suche anderer verbündet. Wir brauchen eine so dichte Atmosphäre, dass die neue Wirklichkeit sichtbar wird und unsere Liebe die Welt heilt. Wir brauchen eine Verwandlung in der Tiefe. Sie beginnt bei einem jeden von uns, wenn wir die Menschen, für die wir uns entschieden haben, auf eine neue Weise ansehen. Diese Liebe hat auch eine Heftigkeit und Leidenschaftlichkeit, die den Körper mit einbeziehen kann, die aber auch über ihn hinausgeht. Diese Liebe zu entdecken und sie umfassend zu leben, könnte das Zentrum eines Menschenlebens werden. Das wäre erfüllt zu altern.

Sprungbrett

Alles, was wir hier tun, und sei es unser letzter Schritt,
ist wie etwas, was wir zu einem anderen Leben hin tun.
Vielleicht bereiten wir etwas vor, was erst mit unserem Tod beginnt.
Dann wäre das Alter der Ort der Erkenntnis
und nicht der Ort des Zerfalls.
Dann wäre jede Einsicht, die wir uns noch erarbeiten,
wie eine Fahrkarte in das Land der zeitlosen Weisheit,
und jedes wesenhafte Begreifen,
wie ein Wiedererkennen der eigenen Berufung.
Dann wäre das Alter der Höhepunkt unseres Lebens,
weil in ihm alles zusammenkommt, was wir gelernt haben.
Es wäre das Sprungbrett in eine andere Wirklichkeit.
Darum ist jede Kleinigkeit, die wir noch lernen können, wichtig,
und nichts ist umsonst getan.
Wir arbeiten nicht nur
an unserem kleinen, vorläufigen Leben,
sondern ebenso an dem
Großen, Zeitlosen, Unermesslichen.
Wir sind, was wir sind,
erfassbar, begrenzt, alltäglich, menschlich,
und doch sind wir auch Gleichnis
für das Unfassbare, Grenzenlose.
Das ist das Geheimnis unseres Lebens,
dem wir mit dem Alter immer näher kommen.

Eine gewisse Traurigkeit gehört zum Älterwerden, weil die Seele Loslassarbeit leisten muss. Viele von uns leben hier auf der Erde, als wären wir für immer hier. Wir haben eine Existenz aufgebaut, vielleicht Kinder bekommen, groß und expansiv gedacht. Wir haben die Erde geliebt. Wir denken »Permanenz«, auch wenn wir die Schnelllebigkeit und Flüchtigkeit immer wieder erleben. Das Denken von Permanenz, gehört zu unseren Überlebensstrategien. Im Alter müssen wir dann umdenken und umfühlen lernen. Besonders das Umfühlen ist schwer, weil es existenziell ist. Es ist eine Veränderung unseres natürlichen Instinktes. Die Seele, die weniger weit entwickelt ist, empfindet es als Kränkung und Zumutung, dass wir gehen müssen. Da kann auch Ärger über unser Ableben aufkommen. Der englische Dichter Dylan Thomas empfiehlt in einem seiner Gedichte über den Tod, aufzubegehren:

Do not go gentle into that good night,
Old age should burn and rave at close of day; Rage, rage against the dying of the light.

Gehe nicht sanft in jene gute Nacht,
Das Alter sollte brennen und aufbegehren am Ende des Tages; Wüte, wüte gegen das Sterben des Lichtes.

Diese Gedichtzeilen sind im angelsächsischen Raum berühmt geworden, weil viele sich mit ihnen identifizieren können.

Es gibt aber auch eine Verdrängung dieser Traurigkeit. Dies ist besonders bei den Menschen auffällig, die stark von einer Idee oder einem Glauben leben, in dem diese Traurigkeit rein theoretisch keinen Platz hat. Das persönliche Erleben wird als nicht so wichtig angesehen – wichtig ist allein der Glaube. Hier ist die Gefahr, sich selbst zu überfordern und nicht mehr ehrlich zu sein.

Es ist für mich wichtig, der Traurigkeit in mir nachzugehen, sie zu erlauben, sie ernst zu nehmen und aus ihr zu lernen. Mit dem Tod zu leben, macht uns weise, wenn es uns gelingt, dabei nicht morbide zu werden.

Vier Maßnahmen, sich gegen Depression zu wehren:

Erstens: Mit jüngeren Menschen sein, nicht, um selbst wieder jung zu werden, sondern um Kontinuität zu erleben. Das Leben selbst geht weiter, auch wenn ich sterbe. Ich bin Teil eines Größeren.

Zweitens: Sich daran erinnern, dass dies ein Abschnitt ist. Wählen, an ein Leben nach dem Tod zu glauben. Wie ich schon an anderer Stelle ausgeführt habe, wähle ich das, was mir ermöglicht, erfüllter und glücklicher zu leben, ohne dabei anderen zu schaden. Dazu mag es gehören, an ein Leben nach dem Tod zu glauben. Dann ist das Altwerden nur eine Durchgangsstufe, wie es die Kindheit, die

Jugend und das erwachsene Alter waren.

Drittens: Neues lernen. Martin Buber, der Religionsphilosoph und Mystiker, hat den knappen Satz geprägt: »Höre nie auf anzufangen«. Es ist ein Zeichen des Alterns, vom Ende her zu denken. Diese teleologische Sicht kann wie ein Riesenschatten auf unser Leben fallen – alles wird vom Sterben und Tod her gesehen. Ich merke, wie ich in den letzten Jahren häufiger denke: Ob dies wohl das letzte Mal ist, dass ich hier sein werde, dass ich dies tun werde, dass ich dieser Person begegne? Es ist eine verständliche Überlegung, aber wenn diese Art zu denken das Leben übernimmt, ist sie morbide und hält uns vom Leben ab. Es gibt keinen Grund, auch im Alter, nicht noch etwas Neues zu beginnen, zu lernen, zu wachsen, zu entdecken. Es kann uns helfen, unsere Altersraurigkeit zu überwinden.

Viertens: Sich auf den Kern in sich konzentrieren, der nicht alt wird. Es gibt viele Alte, die sich an die Einzelheiten in ihrer Kindheit im Detail erinnern können. Das ist wie ein Sinnbild: Die Kindheit ist noch in uns, sowie auch die Jugend und unser junges Erwachsensein noch in uns sind. Sie gehören zu uns. Darum haben Alternde es schwer, zu akzeptieren, dass sie schon »so« alt sind – sie fühlen sich noch nicht so alt. Es gibt etwas in uns, das losgelöst ist von allem, was uns Bedeutung gegeben hat, von unseren Erfolgen und Rollen. Es war da, ehe wir erfolgreich waren und wird da sein, wenn wir keine »Rolle«

mehr spielen. Es fragt nicht nach dem Recht zu existieren, es muss sich nicht beweisen, es ist nicht von Erfolg abhängig. Es ist nur. Es ist die Seele, die in ihrer Existenz ihre Bedeutung spürt. Durch Achtsamkeit können wir diesen Ort finden und bewohnen. Da überwinden wir die Trauer über unser Altern und über das manchmal schmerzhafte Loslassen.

Die Psychologin Ellen Langer und einige Kollegen der Harvard Universität haben 1979 ein interessantes Experiment gemacht. Sie haben eine Gruppe gesunder Männer zwischen Mitte siebzig und Anfang achtzig zu einem Wochenende eingeladen. Mit ihnen wurden vorher eine Reihe von psychologischen und physiologischen Tests gemacht und gewisse Marker wurden festgehalten: Körperstärke, Haltung, Aufnahmefähigkeit, Kurzzeitgedächtnis, Hör-, Seh- und Schmeckfähigkeit und andere.

Auch wurde die Fähigkeit, sich nach Verausgabung zu regenerieren, gemessen. Für das Wochenende durften sie nur Bilder, Bücher, Zeitschriften, Familienbilder mitbringen, die von vor 1959 stammten, also mindestens zwanzig Jahre alt waren. Als sie anreisten, wurde ihnen klar, warum: Für das Experiment hielten sie sich in einer Umgebung auf, wie sie 1959 existierte. Sie durften sich auch nur über Dinge aus der Zeit vor zwanzig Jahren unterhalten. Also war nicht der aktuelle Präsident Jimmy Carter das Thema, sondern Eisenhower, der Präsident von 1959. Jede Kleinigkeit wurde so eingerichtet, als wenn alle Teilnehmer in ihren Mittfünfzigern wären. Obwohl alle Männer schon Rentner waren, mussten sie über ihre Karrieren reden, als wären sie noch in ihrem beruflichen Leben. Das Psychologenteam wollte den Kontext verändern, in dem sich diese alten Männer sahen.

Die Resultate waren erstaunlich, den Vergleich boten die Mitglieder einer Kontrollgruppe, die auch zu diesem Treffen gekommen waren, die aber im Jahr 1979 weiterleben durften. Sogar die Faktoren, die unumkehrbar zu sein schienen, veränderten sich. Steife Glieder wurden wieder flexibler, die Männer gingen aufrechter (eben wie zwanzig Jahre früher), Muskelstärke (gemessen am Händedruck) sowie Hör- und Sehfähigkeit wurden besser. Sogar die Intelligenz, die sich bei Erwachsenen normalerweise nicht verändert, hatte in ein paar Tagen zugenommen. Neutrale Begutachter fanden, dass die Teilnehmer auf Fotos nach dem Wochenende um durchschnittlich drei Jahre jünger aussahen. Anhand der Messungen an ihrem Körper waren sie tatsächlich bis zu fünfzehn Jahre jünger geworden. Die Indikatoren ihres Körpers bewiesen es.

Man kann daraus ableiten, dass Altern eine Art Programmierung ist und dass das Altern in der Form stattfindet, wie wir es erwarten. In seinem Buch über das Altern geht Deepak Chopra so weit zu sagen, wir könnten das Altern durch ein neues, anderes Denken aufhalten. Zu einem gewissen Teil schreiben wir selbst das Skript unseres Alterns. Ich bin bis zu meinem Tod auch meine Kindheit und Jugend und darf mich an sie erinnern.

Ich will nicht zurück in meine Jugend, aber ich will nicht unter der Diktatur meines Alterns und Sterbens leben. Ich wähle, was ich denke. Auch hierbei, wie bei fast allem im Leben, beginnt die Wirklichkeit in uns, nicht in der äußeren Welt. Was wir glauben, erleben wir. Ich merke jedes Mal, wenn ich zum Fotografieren auf Reisen gehe, wie ich davon ausgehe, dass ich die Strapazen, mit denen diese Reisen verbunden sind, schaffen kann – die langen Anmärsche über unwegsames Gelände, das Tragen des schweren Fotorucksacks, die Hitze der Wüste, die Kälte in den Bergen, die Gefahr, in der Wildnis allein zu wandern. Wenn ich wieder zurück bin, wundere ich mich, dass ich es geschafft habe. Das heißt nicht, dass ich alles, was ich mir vorstellen kann, auch schaffen werde, aber es gibt mir eine bessere Ausgangsposition.

Auch versuche ich die Trauer über mein Altern als ein Durchgangsstadium zu sehen. Sie ist Ausdruck meiner Umorientierung. Sie bereitet mich auf etwas vor, was jenseits dieser Trauer liegt. Ich bin achtsam, nicht in dieser Trauer stecken zu bleiben, indem ich mich auf das konzentriere, was das Leben an mich heranträgt. Es geht dabei nicht um das Suchen neuer Erfolge oder neuer Rollen, sondern um die Wahrnehmung der Dichte und Fülle des Lebens. Wenn ich meine Bedeutung in meinem Sein sehe, dann brauche ich nur sein. Vielleicht öffnet sich genau da eine Dimension, die ich jetzt noch nicht einmal richtig denken kann.

Mit einundsechzig

Ich entlasse mich aus dem Zwang,
noch viel zu tun.
Es wird getan werden,
wenn auch nicht von mir.
Ich konzentriere mich auf den,
der weniger tun wird,
auf sein Wesen,
auf seine unvergleichliche Art zu versagen,
auf seinen Mut zum Glück,
auf seine dunklen inneren Landschaften
mit ihrem geheimen Licht.

Nach einundsechzig Jahren
nehme ich mir das Recht,
weniger zu wollen
und mehr zu sein.

Zahlen, Zahlen

Mich beschäftigt, wie alt jemand ist: die Fernsehsprecherin, mein Zahnarzt, die Frau, die an der Ampel neben mir hält, der Schriftsteller, dessen Bild ich auf dem Umschlag seines Romans sehe, die Eltern von Freunden meiner Kinder, die Spitzensportlerin, der Politiker, die Leserin, die mir einen Brief schreibt. Ich lese nach, was Goethe, Storm, Einstein in meinem jetzigen Alter getan haben. Still für mich habe ich das Jahr notiert, in dem ich älter wurde, als Rilke je war. Einundfünfzig ist er nur geworden und wirkte, auch als ich schon fünfundfünfzig und sechzig wurde, immer noch älter als ich.

Ich versuche über die Information des Alters festzustellen, »wo« ich stehe, was ich erreicht habe, was ich noch zu erwarten habe. Ich weiß, dass es dumm ist, mich zu vergleichen, tue es aber trotzdem. Manchmal macht es mir Mut, zu wissen, was andere in meinem Alter noch getan haben. Ein andermal macht es mich traurig, dass ich eigentlich schon »über den Berg« bin und nicht mehr viel erwarten kann. Da schließen sich dann Gedanken über Leistung an und alles wird lebendig. Am Ende bleibt mir nur die herrliche Freiheit, die nächste Stunde, vielleicht den Tag und die Woche zu bestimmen, wie und mit wem oder mit was ich sie verbringe. Dann lebe ich ein wenig außerhalb der Zeit.

Antwortlosigkeit

Ich merke, dass meine Fragen sich verändern. Früher hatte ich oft Fragen, auf die es Antworten gab, oder zumindest schien es im Bereich des Möglichen, Antworten finden zu können. Mit dem Alter gibt es immer mehr Fragen, auf die es keine Antworten gibt, wenigstens nicht hier und nicht für mich in meiner Gestalt. Mir scheint es, als wenn diese Fragen mich um ihrer selbst willen anziehen. Unsere Antwortlosigkeit ist die einzig passende Antwort.

Systemgläubigkeit

In seinen »Nachgelassenen Fragmenten« schreibt Nietzsche einen Satz, der mich schon als jungen Mann beeindruckt hat: »Der Wille zum System: bei einem Philosophen moralisch ausgedrückt (ist) eine feinere Verdorbenheit, eine Charakter-Krankheit«.

Der junge Revolutionär jeder Zeit kennt diese Haltung. Er begehrt gegen den Status quo auf und will alles verändern. Er versucht die Welt umzukrempeln. Diese Haltung ist wichtig, um Veränderung in der Gesellschaft herbeizuführen. Oft lässt sich dieser Mensch im mittleren Lebensalter in das System, in dem er lebt, einpassen. Manche der aufbegehrenden 68er waren zwanzig Jahre später gut besoldete Professoren, Rechtsanwälte und Lehrer. Im

Alter tritt dann die Möglichkeit der Revolution noch einmal an den Menschen heran. Aber diese Veränderung ist nicht die der Gesellschaft, sondern die der eigenen Seele, des eigenen Verständnisses der Welt.

Darum kann das Alter so spannend sein. Der ältere Mensch ist niemandem mehr Rede und Antwort schuldig. Er braucht nicht mehr eine Fassade aufrechterhalten, hinter der er sich verstecken kann und etwas anderes glaubt. Er wird mutig, nur das zu glauben, was er glauben kann. Dabei kann er merken, dass kein System wirklich zu ihm passt. Da, wo er früher meinte, ein System sehen zu müssen, und sich die Lücken dazu gedacht hat, da wagt er nun, die Lücken als Lücken bestehen zu lassen. Der Mut, zu sich selbst zu stehen, wird wichtiger, als das Dazugehören zu einem Verein, einer Ideologie oder einer Glaubensgemeinschaft.

Nietzsche spitzt es noch zu: Schon der Wille zu einem System ist eine Schwäche, eben weil wir schon in dem Willen zu einem System die Welt verbiegen und sie nicht so akzeptieren, wie wir sie erleben. Das System ist zuerst da und die erlebte Wirklichkeit muss passend gemacht werden – wenn nötig, mit Gewalt. Das ist das Vergehen, die Verdorbenheit. Es ist das Glück des Alters, dies deutlich zu erkennen und systemlos zu leben. Für mich heißt das praktisch: Mich nichts und niemandem mehr unterzuordnen oder anzuschließen, wenn dafür gefordert wird, dass ich mir untreu werden soll. Die Treue zu mir selbst ist mit nichts aufzuwiegen.

Meine Wünsche fürs Alter

Was will ich in meinem Leben haben, wenn ich alt bin? Was ist mir wichtig und wertvoll? Eine legitime Frage. Viele hoffen, dass es alles gut gehen wird, aber sie planen nicht wirklich, oder beginnen mit ihrer Planung nicht in der Gegenwart. Wenn ich jetzt schon weiß, was ich mir später einmal wünsche, dann bietet es sich an, jetzt schon viel dafür einzusetzen.

Ich habe festgestellt, dass mir Freunde wichtig sind. Ich habe Alte kennengelernt, die vereinsamt sind. Um dem vorzubeugen, muss ich jetzt, mit fünfzig, sechzig mich einsetzen. Ich muss mir ein Netzwerk an Freunden schaffen, nicht nur gleichaltrige Freunde, sondern Freunde in allen Altersstufen. Ich hoffe, dass meine jüngeren Freunde noch an mir interessiert sein werden, wenn ich fünfundsiebzig oder achtzig bin. Aber das muss ich jetzt aufbauen und nicht dem Zufall überlassen.

Ich muss auch an mir selbst arbeiten, damit ich mit dem wachsenden Alter noch etwas zu »bieten« habe – und zwar mich. Das heißt, ich muss an mir arbeiten, lebendig bleiben, beweglich, interessiert, aufgeschlossen. Das sind alles Begriffe, die man nicht automatisch mit dem

Älterwerden verbindet. Aber es sind Begriffe, die einen Menschen charakterisieren, mit dem andere gern zusammen sind. Es mag sich etwas pragmatisch anhören, ist es auch, aber es ist gleichzeitig auch ein Schutz vor der Vereinsamung, und warum sollte ich diese Haltungen dann nicht konsequent ansteuern?

Ich wünsche mir im Alter die Möglichkeit für eine gewisse Zurückgezogenheit und Stille, in der Nähe der Natur. Ich habe jetzt schon auf diesem Felsen am Meer vierzehn Jahre leben können. Der Blick nach vorne aufs Wasser ist durch nichts begrenzt. Ich lasse meine Seele gern über das Wasser und in die Weite fliegen. Ich hoffe, im Alter hier bleiben zu können. Ich träume davon, nicht zu sterben, weil ich nicht mehr leben kann, sondern aus der Sehnsucht nach einer größeren Weite.

Ich habe festgestellt, dass mir wichtig ist, ein Heim zu haben. Ich umgebe mich gern mit Schönem. Schönheit zieht mich empor. Ich möchte darum so lange wie möglich in meinen eigenen vier Wänden wohnen, weil ich dort von dem, was mich glücklich macht, umgeben bin. Dabei ist der Materielle nicht nur materiell, sondern viel mehr als das.

Ein Beispiel: Es gehört für mich zum Schönsten, mich auf eine Couch zu legen, die wir schon fünfundzwanzig Jahre haben, weil der Blick von der Couch genau auf die großen Balken geht, die unser Dach tragen. Diese Balken bilden ein rückwärts gerichtetes »Z«, mit Kieferbrettern als Decke darüber. Es sieht wunderbar aus, ich erfreue mich jedes Mal daran. Ich habe eine beinah erotische Beziehung zu unserem Heim. Meine Seele ist in ihm aufgehoben. Ich möchte hier bleiben, bis sie mich hinaustragen müssen, Füße zuerst, wie meine fünfundachtzigjährige Nachbarin es manchmal sagt.

Ich habe auch festgestellt, dass Geld eine gewisse Wichtigkeit in meinem Leben hat, weil es mir die Dinge ermöglicht, die mich erfüllen: eine neue CD, ein neues Buch, vielleicht eine Reise – besonders auch zu Freunden in Europa, ein schönes Restaurant, die Möglichkeit, auch mal ein Geschenk zu machen. Ich muss deswegen mein Geld so verwalten, dass es im Alter noch da ist. Ich darf es auch nicht verachten oder verschwenden, weil es mir dann zu meinem Glück im Alter fehlt. Das letztere hat mit Großzügigkeit zu tun. Ich wünsche mir in allen Bereichen meines Lebens eine Generosität – eine wachsende Fähigkeit, das zu teilen, was ich besitze – materiell, geistig, seelisch, und es nicht nur als Privateigentum zu verstehen.

Weiterhin wünsche ich mir, dass es mir gelingt, für die Entwicklungen in der Welt offen zu bleiben. Ich glaube, dass wir vor größeren Sprüngen in unserer menschlichen Entfaltung stehen, als wir sie schon in den letzten Jahren erlebt haben. Ich glaube, dass gerade die nächsten Jahre bedeutend sein werden – und daran möchte ich gestaltend teilnehmen. Es ist leicht, sich im Alter nicht mehr die Mühe zu machen, sich diese Offenheit zu erhalten. Das Alter scheint uns anzubieten, die neue Welt als nicht so wertvoll und gehaltvoll zu sehen, wie die Welt, die wir mitgeprägt haben. Gegen diese altersbedingte Voreingenommenheit anzugehen, erfordert Liebe und Beschäftigung mit dieser neuen Welt. Ich bitte darum auch diejenigen um mich, mir zu sagen, wenn sie diese abwertende Haltung des Alters bei mir spüren.

Und einen Wunsch habe ich noch. Ich würde ihn am liebsten in Klammern setzen, weil er anderer Natur ist und auf andere Art realisiert werden muss. Aber es ist ein wichtiger Wunsch, weil er meine gestalterische Seite fordert, und das gehört für mich ganz wesentlich zum erfüllten Altern dazu. Ich möchte noch drei oder vier gute Romane schreiben. Ich habe das Empfinden, dass sie in mir leben und ans Licht wollen. Man könnte mir eine gewisse Vermessenheit nachsagen, aber das ist nicht der Geist, in dem ich diesen Wunsch pflege.

Ich wünsche es nicht aus Überheblichkeit und auch nicht aus der Überlegung, dass ich ganz Wichtiges zu sagen hätte – nein, es ist einfach ein Herzenswunsch, ein stiller Traum, der mein Altern begleitet. Aus einer Liebe zu den bisher noch nicht deutlichen Figuren, möchte ich die Welt erschaffen, in der sie leben. Ich möchte ihnen und damit mir eine Heimat geben. Das sind einige meiner

Werte, die ich mir auch im Alter wünsche. Allein, sie deutlich zu benennen und sie knapp zu beschreiben, schafft in mir ein tiefes Wohlbefinden. Das steht mir bevor, daran arbeite ich jetzt. Jetzt. Ich lege die Gleise. Wenn es anders kommt, werde ich damit umgehen lernen. Aber im Augenblick sind es meine Wünsche fürs Alter.

Ein Nachtrag: Inzwischen – wir haben das Jahr 2015 - habe ich vier Romane geschrieben. Sie sind fertig und warten nun auf einen Verlag. An dem vierten arbeite ich. Den Wunsch von oben, »drei oder vier gute Romane zu schreiben«, würde ich jetzt gern auf sechs oder sieben verändern. Ich erlebe mich dabei fast unersättlich. Zu schreiben ist die große Liebe meines Lebens, neben der zu meiner Familie und meinen Freunden.

Feuer des Alters

Ich bin wichtig,
diese Arme und Hände haben sich eingesetzt,
diese Beine sind weit gegangen,
dieser Kopf hat nicht aufgegeben.
Gelegentlich denke ich,
dass meine Wichtigkeit geringer wird – ich werde älter
und lasse die anderen weitermachen.
Aber warum sollte es so sein?

Ich bin wichtig,
weil meine einmalige Energie nötig ist
zur Entwicklung der Welt.
Wenn das Schlagen eines Schmetterlingsflügels in China
auf der anderen Seite der Erde einen Sturm erzeugen kann,
was kann dann meine Energie alles bewirken?

Ich schaue in den Spiegel:
Ein alterndes Gesicht sieht mich an.
Es hat Falten, die Haare sind dünn und grau,
und manchmal vergisst der Kopf Dinge,
an die er sich bisher erinnerte.
Was der Spiegel nicht zeigt
(vielleicht nur ein wenig in den Augen),
ist mein Bestreben nach Weite.
Das ist das Feuer meines Alters, an dem ich mich wärme.
Weite ist der Traum, von dem ich geträumt werde.

Intensität

Was sich in meinem Leben trotz des Alterns nicht stark verändert hat ist mein Bedürfnis, schöpferisch zu sein. Ich verbinde das Schöpferische noch gern mit einem Produkt am Ende. Darum arbeite ich noch viel. Manchmal ist es mir zu viel und ich tue weniger. Aber dann kommt wieder meine Leidenschaft für ein Thema, für einen Gedanken, für die Gestaltung eines Buches und ich stürze mich in die Arbeit an diesem Projekt. Manchmal ist es auch die Leidenschaft für ein gutes Gespräch, in dem neue Gesichtspunkte erarbeitet werden.

Ich tue es aus verschiedenen Motiven, die ich versuche zu verstehen. Ich erlebe den schöpferischen Vorgang als etwas Wunderbares, besonders die ersten Gedanken, die Planung, die Übersicht. Darum gestalte ich ein Buch von Anfang an in seiner endgültigen Form, oder zumindest in den verschiedenen Formen, die es vielleicht annehmen könnte. Ich lege eine Datei auf meinem Computer an, in der ich schon die Größe des Buches, die Satzschrift, die Paginierung und die Illustrationen (wenn es welche geben wird) festlege. Ich gebe meinem Kind einen Namen und schreibe manchmal schon den Klappentext. Ich gehe an das Projekt heran, und es ist mir dann, als wenn ich einen neuen Menschen oder ein neues Land kennenlerne. Dabei entwickle ich eine Intensität, unter der ich manchmal leide. Ich verspanne mich. Es beginnt gewöhnlich in meinem Nacken und breitet sich über meinen ganzen Rücken aus.

Vor ein paar Jahren bin ich sechsunddreißig Mal zu Christine, meiner Chiropraktikerin, gegangen. Sie meinte, eine Verspannung im Lendenwirbel »aufarbeiten« zu können. Als erstes hat sie meinen Nacken »befreit« und ich glaubte ihr, dass sie alles andere auch hinbiegen würde. Aber es gelang ihr nicht. Eine gewisse Steifheit blieb. Früher habe ich mir dafür Vorwürfe gemacht, besonders, nachdem ich Dethlefsen gelesen habe und seine These, dass es eine Entsprechung zwischen unserer Psyche und unserem Körper gibt: Weil ich innerlich unbeweglich bin, bin ich auch äußerlich unbeweglich. Inzwischen habe ich gelernt, dies differenzierter zu sehen. Ich weiß, dass ich mich in meinem Inneren dramatisch verändert habe und auch jetzt noch fast begierig bin, neue Wege zu probieren. Ich vermute, dass die Verspannung in meinem Nacken mit einer Intensität zu tun hat, die zu mir gehört. Ich sage dieses »zu mir gehört« nicht leichtfertig und nicht so, als wäre es unabänderlich. Aber ich merke, dass ich schon früh in meinem Leben eine Haltung dem Leben gegenüber entwickelt habe, die bestimmte Konsequenzen hatte. Diese Konsequenzen sind an sich neutral – weder gut noch schlecht. Aber sie sind da. Intensität war meine Haltung. Es war selten meine Einstellung, zu sagen: »Mal sehen, was sich entwickelt.« Ich ging davon aus, dass es an mir lag, dass sich etwas entwickelte. Ich musste es geschehen machen.

Jetzt im Prozess des Alterns, habe ich meinen Frieden damit geschlossen, dass ich so bin. Ich erwarte von mir keine totale Wandlung. Ich vermute, dass ich mich damit von mir selbst entfernen und entfremden würde. Ich übe es, diese Intensität mit einer größeren Entspannung zu leben. Das ist manchmal wie ein Widerspruch in sich, aber ich spüre, dass ich das noch lernen kann. Irgendetwas in mir weiß mit zunehmendem Alter, dass es nicht immer an mir liegt. Und das, was falsch zu laufen scheint, weil ich nicht interveniere, erkenne ich jetzt manchmal schon als das einzig Richtige an. Ich lerne.

Für mich ist dies eine wichtige Entwicklung, weil ich mir weniger abverlangen muss. Ich habe mich schon oft gefragt, warum ich überhaupt so intensiv bin. Ich vermute, dass ich mich selbst dadurch stärker spüre. Es ist eine wahre Wechselwirkung: Ich gestalte, was ich in mir spüre und durch die Gestaltung spüre ich es noch stärker. Es ist meine Art, meine Lebendigkeit zu erproben. Vielleicht will ich mich so auch beweisen. Ich komme aus einer Familie, in der es wichtig war, nicht zu hochhinaus zu wollen. Es war verdächtig und passte nicht in das Bild christlicher Demut. Ich vermute, dass es diese Stimme noch in mir gibt. Daneben hat es schon vor dreißig Jahren das Staunen in mir gegeben und es gibt es auch heute noch – wenn ich wieder ein Buch fertig gestellt habe – über die Tatsache, dass ich ein Schriftsteller geworden bin.

Verallgemeinernd gesagt: Ich glaube, dass viele von uns überrascht sind über das, was aus uns geworden ist. Vielleicht haben wir sogar das Empfinden, dass wir uns in die Reihen der Wichtigen oder derer, die etwas zu sagen haben, eingeschlichen haben. Wir müssen darum immer wieder beweisen, dass es kein Glücks- oder Zufall war, sondern dass wir verdient haben, was wir erreicht haben.

Ich glaube an einen Kern, der sich durchsetzt. Ich habe mich sehr oft gefragt, wer ich wohl geworden wäre, wenn meine Eltern damals, als ich zehn Jahre alt war, nicht mit mir und meinen Geschwistern nach Kanada ausgewandert wären. Ich habe keine Antwort dafür, glaube aber, dass ich in gewisser Weise, von meinem Kern her gesehen, derselbe wäre.

Ich glaube, dass es Haltungen gibt, die uns einen besonderen Zugang zum Leben ermöglichen. Aber diese Haltungen haben einen Preis. So ist der empfindsame Mensch zwar empfindsam und näher an den Dingen dran, aber gleichzeitig ist er verletzbarer und leidet unter seiner Empfindsamkeit. Es gibt oft das eine nicht ohne das andere. Als ich jünger war, habe ich oft geglaubt, dass man alles haben könne und ich habe versucht, so zu leben. Jetzt erlaube ich mir die Begrenzungen ohne schlechtes Gewissen. So gehe ich mit meiner Intensität um. Sie gehört zu mir.

Vollständig

Was wäre, wenn erst der Tod unsere Seele vollständig machen würde? Darum beschäftigen sich reifende Menschen mit ihrem Tod. Sie ahnen, dass sie durch die Beschäftigung mit ihm Entwicklungen durchlaufen, die ihnen noch gefehlt haben.

Die geliebte Wunde

Ich kann nicht verhindern, dass die Erinnerung manchmal eine schmerzhafte Wunde ist, wenn ich sie mit der Gegenwart vergleiche. Es ist, als wenn eine ganze Welt in der Diskrepanz zwischen gestern und heute versinken kann. Und gleichzeitig hänge ich an der Erinnerung wie an meinem Leben – weil sie es ist.

Mein 22.041. Tag

Eben beginnt der 22.041. Tag meines Lebens,
die Extratage der Schaltjahre schon mitgezählt.
Wie viel Übung habe ich gehabt,
den Tag nicht vor dem Abend zu loben,
wie ich es gelernt habe.

Aber in den letzten Jahren
lobe ich ihn gerade vor dem Abend,
weil das Lob den Tag verwandelt
und ich nicht weiß,
ob ich den Abend noch haben werde.
Zu kostbar ist die Dichte
eines jeden Moments.

Das Unermessliche

Es gibt ein wunderbares Gedicht des italienischen Lyrikers Guiseppi Ungaretti, das ich mit neunzehn Jahren kennengelernt habe. Es besteht nur aus zwei Worten und es hat mich nun schon achtundvierzig Jahre begleitet und mir die Welt immer wieder neu eröffnet. Es heißt:

M´illumino
d´immenso

Ungaretti hat es 1917 mit neunundzwanzig geschrieben und Ingeborg Bachmann hat es dreiundvierzig Jahre später übersetzt:

Ich erleuchte mich
durch Unermessliches

Sogar den Punkt am Ende lässt Ungaretti weg – die Aussage bleibt offen, unermesslich. Dieser einfache Text steht für eine ganze Sicht der Welt. Es ist nicht das Ermessliche, das Begreifbare, das Verstehbare, das uns erleuchtet, sondern eben gerade das, was über unsere Fassungsfähigkeit hinausgeht. Erleuchtung ist der Einbruch einer anderen Welt in unsere Welt – auch da, wo diese andere Welt in uns liegt.

Wir sind seit Generationen mit dem Glauben aufgewachsen, dass es für alles Erklärungen gibt, sogar für das, was wir speziell entwickelt haben, um unserer zwanghaften Erklärungswut zu entkommen – wie die spirituelle Sicht der Welt. Unsere ganze Kultur ist durchtränkt von Descartes »Cogito ergo sum«: »Ich denke, darum bin ich.« Wir sagen nicht »Ich liebe, darum bin ich« oder »Ich glaube, darum bin ich«. Wir glauben an den Verstand und erwarten von ihm unsere Erlösung. Diese Erklärbarkeit der Welt, führt oft zur Machbarkeit. Was ich erklären kann, habe ich in meinem Besitz.

Der Theologe Rudolf Bultmann hat sich mit seinem Entmythologisierungsversuch viele Feinde gemacht. Er wollte das Christentum von seinem diversen Überbauten befreien, um am Ende nur das zu haben, wofür Jesus wirklich gestanden hat. Für viele war es ein wichtiger Schritt. Aber vielleicht sind dadurch Worte wieder zu wichtig geworden. Jetzt im Alter geht es mir um Bilder, die in eine größere Freiheit führen, nicht um eine größere Nähe zu irgendeinem Text. Die Texte sämtlicher religiöser Bücher sind nur Wegweiser. Es geht nie um sie selbst, sondern immer um das, wofür sie stehen und wohin sie uns mitnehmen wollen. Und das, wofür sie stehen, ist oft auch noch nicht, worum es geht. Es ist noch zu verstehbar, zu rational, zu diesseitig.

Mir geht es jetzt beim Altern nicht um die Entmythologisierung, sondern genau um das Gegenteil: Um die Mythologisierung des Glaubens und nicht nur des

Glaubens, sondern des ganzen Lebens. Das Leben selbst ist ein ungeheures Geheimnis und wir Menschen haben immer versucht, dieses Geheimnis zu ergründen und es fassbar zu machen. Manche Dichter, Denker und Künstler haben Bilder dafür gefunden. In der Mythologie sind wir der Entgrenzung am nächsten, nicht in der Erklärung. Das Alter ist die Zeit der Entgrenzung. Das Leben, das in seiner Jugend oft eng und begrenzt im Blick und in seinem Erwachsensein oft erfolgsorientiert und zielbewusst war, darf nun im Alter endlich zurück in die Weite, die ihm zutiefst angemessen ist.

Ich verkörpere etwas Hohes, Wunderbares und es ist ein Verrat an mir selbst, wenn ich mich von Menschen verachten und respektlos behandeln lasse. Ich kann nicht verhindern, dass Menschen mich so behandeln, aber ich kann sie darauf hinweisen, dass sie es tun und mich dagegen wehren. Ich schulde es mir, ich schulde es dem Größeren, aus dem ich komme und in das ich gehe.

Ich habe mich oft gefragt, warum Menschen gerade im Alter oft so besonders eng werden. Vielleicht ist es eine intuitive Angst vor der Entgrenzung, vor der wirklichen Weite. Wir spüren diese Weite schon in uns selbst, durch die Relativierung all dessen, was uns einmal wichtig war. Durch das Alter, und dann noch stärker durch den Tod, spüren wir schon etwas von dem, was auf uns zukommt und wollen uns dagegen durch ein Festhalten absichern.

Wir wollen die Vorformen des Todes – das Loslassen, das Reduzieren, die wachsenden Unfähigkeiten, besonders im körperlichen Bereich – umgehen. Am Ende wollen wir uns vor dem Tod mit seinem Geheimnis schützen. Wir versuchen, uns zu retten, indem wir krampfhaft festhalten, was wir haben und zu kennen meinen.

Aber so wird das Leben klein und eng. Ich möchte lernen, im Alter kühn in das Geheimnis zu springen. Ich tue es, indem ich vieles nicht mehr weiß. Und ich will es auch nicht mehr auf die verkürzte, vereinfachende, platte Weise wissen, weil das nur ein Abklatsch von der Wirklichkeit ist, die mich anzieht. Ich tue es auch, indem ich mich immer wieder in neue Situationen begebe, in denen ich vorher noch nicht war. Einige davon bringt das Alter mit sich – aber nur wenn ich dem Neuen, das mit dem Alter kommt, auch stelle. Ich kann es auch tun, indem ich mich mit den Gedanken befasse, die jetzt von Jungen gedacht werden.

Das Unermessliche macht uns unermesslich. Das Messbare macht uns messbar, vielleicht sogar vermessen. Wenn wir meinen, durch das Verständliche, durch die Systeme, die Kategorien, durch die Theologien und Philosophien, durch die gesammelten Wissenschaften, durch sechs, neun oder zwölf Schritte die Welt verstehen zu können, dann verlieren wir das Kostbarste überhaupt: das Geheimnis. Noch einmal das C.G. Jung Zitat, das er in Form einer Frage in seinen Erinnerungen formuliert: »Die entscheidende

Frage für den Menschen ist: Bist du auf Unendliches bezogen oder nicht? Das ist das Kriterium seines Lebens.« Das erinnert mich an ein Wort von Meister Eckhart: »Lasst euch nicht durch kleine Dinge verwirren, denn ihr seid nicht zu Kleinem geschaffen.«

Das Unermessliche ist eines der wichtigen Bilder des Alterns für mich. Es erfordert, dass ich ein Stück gegen mich selbst und meine Bedürfnisse lebe. So wie ich als Jugendlicher gewisse Haltungen hinter mir lassen musste, um ein Erwachsener zu werden, so muss ich jetzt das Bedürfnis nach Sicherheit zurückstellen, um erfüllt und weitherzig alt zu werden.

Ich möchte in mir einen Raum für das Unermessliche im Leben anlegen: für die Kornkreise, die sich nicht erklären lassen, für die »Weisheit« der Hunde, die genau wissen, wann ihr Herr nach Hause kommt und sich ans Fenster zu setzen, um auf ihn zu warten, für die undenkbare Größe des Universums, für die eigene Enttäuschung mitten im Glück, für die Unerklärbarkeit eines Menschen, den man meinte zu kennen, für die Fähigkeit des Menschen, ungeheuer brutal zu sein, für das eigene konsequente Setzen von Sinn, für die Evolution des Lebens. In diesem Raum will ich immer mehr Geheimnisse sammeln und speichern, bis am Ende alles dort untergebracht ist und ich selbst ihn endgültig betrete, um verwandelt zu werden.

Unermesslich ist

für Wolfgang Hofsommer

Was wir verstehen,
schließt uns schnell zu.
Was wir beschreiben,
verkleinern wir.
Was wir erkennen,
ist nur die Oberfläche.

Immer wieder werden wir gesegnet,
wenn wir nicht verstehen.
So werden die Zellen unserer Seele geöffnet
für den Vorstoß des Windes,
für das Unverstehbare,
das unser Rückgrat hinauf
und hinunter läuft
wie ein goldener Tropfen Licht.

Unermesslich ist,
was noch zu lernen bleibt,
bis wir endlich leer sind.

Verwandelte Enttäuschungen

Mit dem Alter wurde mein Vater schweigsamer. Seine Späßchen von früher schienen nicht mehr zu tragen. Aber in seinem Schweigen schien er nicht in einen inneren Reichtum zu gehen, sondern in eine Depression zu fallen, die er sich nicht eingestehen wollte. Es ist verständlich: Meine Eltern hatten das schöne, große Gut in Pommern verloren, die schwere Nachkriegszeit erlebt und waren dann ausgewandert. In dem fremden Land Kanada mit seinen großen Herausforderungen hatte mein Vater am Ende nur eine furchtbare, schmutzige Arbeit in einem Schmelzwerk gefunden, und war fast zwanzig Jahre dort geblieben – und das als leidenschaftlicher Landwirt. Irgendwann entstand aus diesen gehäuften Enttäuschungen – ich meine es nicht richtend – dann die Alzheimer Krankheit. Der Übergang war fließend.

Was, wenn Alzheimer eine Art HuckepackKrankheit ist, die sich an unsere Enttäuschung über das Leben heftet, die geschwächte Seele überrollt und versucht, sie auszulöschen – neben Genen und sonstigem Biologischen, das man für die Krankheit verantwortlich macht? Dann wäre das Gegenmittel, im Alter nicht so sehr noch mit geistiger Gymnastik jung zu bleiben, sondern es käme darauf an, die Enttäuschungen in unserem Leben so zu verwandeln, dass wir in ihnen, ebenso wie in unseren Glücksmomenten, die Gestalt unseres Lebens erkennen und sie lieben lernen. Ohne Vorwürfe in irgendeine Richtung. Dann wäre es wichtig, Deutungen für die Ereignisse unseres Lebens zu finden – ganz gleich, was sie waren oder noch sind – die allem einen Sinn geben. Dieser Sinn müsste uns so tief erfüllen, dass sich nichts Zerstörerisches auf lange Zeit an uns heften könnte. Am Ende wäre in dieser Sinngebung sogar Platz für die eigene Auflösung. Könnte sogar die Hilflosigkeit, mit der wir uns bewusst in unser Schicksal hineingeben, ein letzter Schritt der Reife sein?

Vaters Alzheimer

Von Jahr zu Jahr
zog er weiter weg von uns
in das schreckliche Flachland
auf seiner Reise zurück in die Wälder seiner Jugend.
Und wir, Frau, Kinder und Freunde,
wollten ihn halten,
in der einzigen Wirklichkeit, die wir kennen.
Aber der Brand in ihm
ließ die Brücken zu uns in Flammen aufgehen,
und wir waren nicht stark genug,
neue Brücken zu denken, von uns zu ihm,
auf denen er vielleicht hätte gehen können,
durch unseren Glauben.

Mir vergeben

Das Alter ist die Zeit, sich selbst zu vergeben. Ich denke jetzt häufiger als früher darüber nach, was mir im Leben alles nicht gelungen ist, dass mir eine gewisse Größe gefehlt hat, dass ich die erhoffte Reife nicht erreicht habe, dass ich geduldiger, empfindsamer, vorsichtiger hätte sein können. Insgesamt: Dass ich nicht der war, der ich zu sein hoffte. Ich spreche hier von einem Gefühl, nicht unbedingt von äußerlich verifizierbaren Tatsachen. Manches ist mir nicht so geglückt, wie ich es mir vorgestellt habe. Ich habe auch im zunehmenden Alter oft gedacht, dass dieses oder jenes noch zu schaffen sein müsste. Das wird jetzt manchmal bedrängend akut, weil ich merke, wie sich mit dem Alter manche Türen schließen und die Möglichkeiten reduziert werden. Was mache ich dann?

Ich glaube, dass dieser Vorgang damit zu tun hat, dass wir im Alter eine klarere Vorstellung davon haben, wie es hätte sein können. Wir haben jetzt mehr Erfahrung und den größeren Überblick. Aber darin liegt ein Denkfehler: Ich habe diese Gedanken mit meiner jetzigen Reife und vergesse dabei, dass ich früher nicht so reif war und es darum keine Möglichkeit gab, auf diese reifere Weise zu handeln. Wenn ich dieses Denken von früher beibehalte, mache ich mich kaputt und diene damit niemandem.

Manchmal werde ich gefragt, wie ich zu meinen frühen

Büchern stehe. Ich antworte, es gibt mich jetzt so, weil ich früher der war, der ich damals war. Ich brauche mich darum nicht dafür zu schämen, was ich früher gedacht und geschrieben habe. Mein ganzes Leben ist ein Prozess, eine Entwicklung und ich darf mir erlauben, damals nicht so weit gewesen zu sein, wie ich es jetzt bin. Und in fünf Jahren werde ich vielleicht mit einer gewissen Peinlichkeit an meine Haltung von jetzt denken. Das bedeutet, unterwegs zu sein.

Dieses Gefühl des Selbstzweifels ist durch ein tiefes Glücksgefühl temperiert, dass ich ein wunderbares Leben gehabt habe und noch habe, weil ich mein Leben gestalten konnte. Ich habe einen Platz für mich und meine Begabungen im Leben gefunden.

Ich bin manchmal über die Tiefe meiner Liebe zu meinem Leben überrascht, zu genau der Form, die es für sich entwickelt hat. Ich bin über seine unverwechselbare Form glücklich.

Ich sehe neben dem Gedanken, dass es wichtig ist, Vorstellungen von sich selbst zu haben, auf die man zuarbeitet, jetzt auch eine gewisse Überheblichkeit darin, unerreichbare Vorstellungen zu haben. Sie waren in der expansiven Zeit des Lebens womöglich nötig, aber jetzt scheint es manchmal genauso nötig zu sein, diese Vorstellungen zurückzufahren und dankbar zu sein für das, was ich erreicht habe. Ich darf mich entlasten. Wenn ich so denke, dann erhebt sich bei mir fast sofort der Verdacht, dass ich jetzt bürgerlich geworden bin – ich habe aufgegeben für eine bessere Welt zu kämpfen. Aber ich merke, dass das nicht unbedingt so ist. Ich erkenne meine Begrenzungen an und arbeite mit und in ihnen – ich verschanze mich nicht hinter ihnen, um nicht mehr zu wachsen.

Ich habe in meinen Büchern viel darüber geschrieben, die eigenen Grenzen zu durchbrechen, sich nicht einengen zu lassen, groß zu denken – und stehe auch heute noch zu dieser Haltung. Aber es gibt auch eine Zeit, von seinen Ambitionen zu ruhen. Dabei ist es mir wichtig festzustellen, wieviel davon Resignation ist und wieviel reife Selbsteinschätzung. Zu ruhen, nicht aus Resignation, aber nach getaner Arbeit, ist ein Vorrecht des Älterwerdens, das ich noch besser entdecken und leben will. Das, was ich kann und weiß, will ich noch mehr durchdringen, es noch mehr assimilieren. Die Expansion geht nicht mehr in das »höher, besser, schneller, effizienter«, sondern in ein tieferes Leben und das Leben-aus-einem-Stück, in dem alles mit allem verbunden ist. Darin liegt die Lebendigkeit im Alter.

Ich kann mir vorstellen, immer weniger immer besser zu tun – besser im Sinne von integrierter und von Herzen – bis ich auf diesem Wege am Ende nur noch auf ganz unterschiedliche und vielschichtige Weise eins tue: Lieben.

Vorsichtig und staunend

Ich brauche nicht mehr
die großen, anstrengenden Gesten der Jugend.
Die kleinen Worte genügen,
eine Berührung, ein versteckter Blick, ein Lächeln.
Sie haben mehr Kraft als die Argumente
meiner Begeisterung von früher.

Ich liebe die Vorsicht des Alters,
die zurückhaltende Meinung,
die entspannte Art zu wissen,
dass nichts wichtiger ist als die Liebe,
die sich keiner Lehre verpflichtet.

Das Alter nimmt mir die Übertreibung,
mit der ich das Unwichtige wichtigmachen wollte.
Es löst die Gewissheit auf,
die oft nur auf Kurzsichtigkeit beruhte.
Es segnet mich mit der Rolle des stillen Stauners,
der ahnt, wie sich alles zu allem fügt.

Ich begreife, dass ich der Welt nichts schulde
als nur mein Wesen, mit seinen Augen, Ohren
und mit dem erfüllten Fleck seines Herzens.

Ich bin meine Tür zur Welt

Ich bin froh, dass ich im Älterwerden nicht mehr den Streit zwischen dem »Anmichdenken« und »Andenanderen-Denken« austragen muss. Als Kind habe ich gehört, dass es falsch, unrecht, egoistisch, Gott nicht gefällig ist, an sich zu denken. Ich musste mich selbst gering schätzen, um die Welt und den anderen groß zu machen. Der Kampf ist jetzt überflüssig geworden. Die Gegeneinanderstellung ist eine künstliche.

Ich weiß jetzt, dass ich mir selbst die Tür zur Welt bin. Ich kann nur durch mich hindurch zur Welt gelangen. Ich bin Schwelle, Klinke, Pfosten und Stürze. Wo ich verneine, dass ich Tür bin, schließt sich die Öffnung, durch die ich zur Welt und die Welt zu mir kommt. Für mich, bin ich die einzige Tür. Ich kann nicht durch deine Tür zu meiner Welt gelangen.

Ich bin das Boot, mit dem ich zum anderen fahre. Wo ich nicht das Boot bin, gibt es keine Möglichkeit, das Meer zu überqueren.

Ich bin der Gedanke, in dem der andere sich wiederfindet. Wenn ich mich mit meinen Gedanken ablehne, bleibt der andere heimatlos. Dazu gehört auch die Unzulänglichkeit des Gedankens, seine Vordergründigkeit, seine Unausgegorenheit.

Ich bin die Gegenwart Gottes in der Welt. Wenn ich

mich selbst herabmindere, mindere ich Gott herab. Darum bin ich heilig und du bist es auch, weil das, was für mich gilt, auch für dich gilt.

Ich bin die Brücke, auf der ich den Fluss überquere. Wenn ich mich verneine, bricht unter mir die Brücke zusammen und der Fluss kann nicht überquert werden.

Es ist eine Art verkappter Hochmut, sich selbst nicht so wichtig zu nehmen. Als wäre man so wichtig, dass es einen Unterschied machte, sich selbst nicht so wichtig zu nehmen. Ich muss nicht erst ein anderer werden, um ich zu sein. Ich darf bei mir beginnen. Ich muss bei mir beginnen. Für mich beginnt alles bei mir.

Das ist für mich eine der wichtigsten Entdeckung im Älterwerden. Das ist für mich die neue Füllung der Demut – der Mut, ich zu sein, mit dem, was ich bin, auch wenn ich unreif, begrenzt, vielleicht sogar dumm und unfrei bin.

Geschichten loslassen

Wir alle tragen Geschichten in uns. Viele davon sind gute Erinnerungen, andere sind schmerzhaft, aber sie blockieren uns nicht. Und dann gibt es Geschichten, die scheinen das Entstehen neuer Geschichten zu verhindern. Sie beschäftigen uns so sehr, oder wir beschäftigen uns so sehr mit ihnen, dass über diese Geschichten hinaus kein Platz für etwas ist. Wir wiederholen sie, deuten sie immer neu, verarbeiten sie in Therapien, berichten über sie in Gruppen und kommen nicht von ihnen los. Je älter Menschen mit dieser Haltung sind, desto wichtiger wird die Vergangenheit. Da wird das verlorene Kind noch einmal auferweckt, da wird noch einmal Schuld zugewiesen, da wird noch einmal die volle Verantwortung für das eigene Leben abgegeben.

Geschichten aus der Vergangenheit verletzen uns nicht wirklich in der Gegenwart. Wir leiden nur unter den Gedanken an diese Ereignisse und vielleicht unter der Wut, dass jemand uns das angetan hat. Es ist dann besser, sich den Gedanken und dem Bedürfnis, sie festhalten, zuzuwenden – sowie der eigenen Wut und dem Bedürfnis, sie immer noch einmal durchzuspielen. Da liegt der Unruheherd, nicht in der fernen Vergangenheit.

Wir müssen manche Geschichten auch unfertig loslassen, ungelöst. Manchmal sind es Geschichten von anderen, die wir bei ihnen lassen sollten. Es gibt ein Rühren in der Vergangenheit, nur um der Gegenwart zu entkommen. So wie wir weniger im Leben gefordert werden – wie häufig im Alter – so laufen wir Gefahr, stärker in die Klauen unserer Geschichten zu geraten und damit keine neuen Geschichten mehr zu schreiben. Wir laufen Gefahr, zu verfallen, anstatt weiter zu entstehen.

Zwei Formen

Alles hat jetzt, im Alter, zwei Formen. Loslassen kann loslassen sein, aber es kann auch aufgeben bedeuten. Hoffen kann hoffen sein, aber es kann auch festhalten heißen. Zu gehen kann Entschiedenheit ausdrücken, es kann aber auch Flucht vor Schwierigkeiten bedeuten. Zu glauben kann der Sieg über die materielle Welt sein, oder das letzte ängstliche Klammern. Sich selbst zu ehren kann der Durchbruch zu einer heilen Beziehung zu sich selbst sein, oder der Ausdruck eines selbstzerstörerischen Narzissmus.

Vielleicht ist es im Alter noch wichtiger, die eigenen Motive zu untersuchen, als es in der Jugend war, weil wir so die eigentliche Wahrheit über unser Leben finden.

Warten

Auf eine seltsame Weise erlebe ich mich jetzt öfter, als warte ich auf etwas. Es gibt wohl Termine und Antworten, die ich erwarte, die aber, wenn sie gegeben sind, das Warten nicht aufheben. Es ist tiefer angesiedelt. Waltraud und ich haben manchmal beide das Gefühl, dass das Eigentliche noch kommt. Dabei füllen wir den Begriff nur widerwillig mit Vorstellungen von »Himmel« oder ähnlichem. Das ist es nicht. Es ist, als gäbe es etwas in uns, das außerhalb dieser Wirklichkeit wartet. Vielleicht leben wir die minimalste aller Dimensionen in uns. Im Bild gesprochen: Der Zweijährige trägt eine Art Bild von dem in sich, was er einmal sein wird. Er kann es nicht beschreiben, er ahnt es nur. Er wartet auf den Moment, sehnt ihn herbei, will »groß« sein, benimmt sich manchmal schon so, als wäre er schon weiter.

Das wäre auch ein guter Sterbensgrund: Man will endlich in die Dimension eintreten, für die man gedacht ist. Es gehört zur jetzigen Dimension, die andere Dimension nicht beschreiben zu können und an ihrer Unbeschreiblichkeit zu leiden.

Das Alter soll uns nicht im Wege stehen

Ich möchte weiter mit dir
in das Geheimnis eintauchen,
auch mit grauen Haaren und weniger Kraft.
Ich möchte neue Verwandlungen für mich
und für uns ausprobieren.
Ich möchte Tiefen als Höhen entdecken
und gerade hier zwischen Tisch und Stuhl
ein Stück Himmel freisetzen.
Ich wünsche mir die Form von Vollkommenheit mit dir,
in der wir auf eine neue Weise
mit dem Lieben spielen lernen.
Und wenn ich an dir leide und du an mir,
dann verstehe ich das
als Ausdruck der Andersartigkeit,
die zur Vielfalt des Lebens gehört.

Ich möchte alt, aber nicht bieder werden.
Ich möchte reifen, aber dabei nicht austrocknen.
Ich möchte wachsen,
aber dabei nicht unausstehlich werden.
Ich möchte noch Begeisterung spüren können,
allein und mit dir
und aus ihr leben, dicht und erfüllt,
ganz gleich, wie alt wir sind.

Ich möchte meine Sprache verfeinern,
um besser ausdrücken zu können,
was ich an dir und mir spüre.
Ich suche die Landschaft des Herzens,
in der wir uns alle wohlfühlen.
Ich habe noch nicht aufgehört
und ich habe nicht vor, aufzuhören,
die Schönheit des Lebens zu entdecken,
auch in diesem Alter.

Ich kenne manchmal fast eine Wehmut darüber, dass ich jetzt, in meinem Alter, die Kleinigkeiten des Lebens so viel besser wahrnehmen kann. Ich spüre den tieferen Respekt und die aufmerksamere Wahrnehmung, wenn ich einen Baum betrachte, wenn ich einen neuen Menschen kennenlerne, wenn ich eine Landschaft zum ersten Mal betrete. Meine Jugend wirkt dann rückblickend fast wie eine Verschwendung, und zu gerne würde ich noch einmal zurückgehen, in die ersten Erlebnisse als Kind, als Jugendlicher, als junger Erwachsener. Es tut mir leid, dass ich damals nicht so tief empfinden konnte, wie ich es heute kann. Mit der Reife ist auch die Liebe gewachsen. Diese macht mich empfänglicher für das Geschehen meines Lebens.

Ich kann nicht zurück, aber ich habe das Heute. Und heute ist an manchen Tagen genauso vollgepackt und spannend wie das Heute vor zwanzig oder dreißig Jahren. Es ist nur eine Frage der Aufmerksamkeit. Dabei fällt mir auf, dass die Art, etwas wahrzunehmen, anders ist, als noch vor zwanzig Jahren. Es ist eine seltsame Kombination von Nähe und Abstand. Einerseits spüre ich den Abstand, den ich zu allem habe. Nur noch weniges ist dringlich. Und andererseits erlebe ich manches so von innen, als wäre ich die Person, um die es geht, oder das Ding, das ich entdecke, oder der Gedanke, den ich zum ersten Mal konsequent zu Ende denke. Ich habe eine Nähe zum Geschehen, weil ich jetzt, wie nie zuvor im Leben, die Hände frei habe – und den Kopf - und das Gefühl, mich einzulassen. Das ist ein Potenzial des Alters, das ich noch weiter entdecken möchte.

In dieser Haltung kann das ganze Leben verzaubert werden. In der kleinsten Bewegung ist das Ganze. In dem Wahrnehmbaren ist das Unfassbare und ich kann es jetzt erleben. Es ist nicht weit weg, es kostet nichts – der Preis ist nur die Aufmerksamkeit – und für sie kann ich mich jeden Tag neu entscheiden. Ich habe viele Gedichte über Erlebnisse geschrieben, in denen sich die Besonderheit der Kleinigkeiten auftut und mir einen Blick in das Große Unfassbare des Lebens gewährt. Hier ist ein Beispiel:

In der Hand, die den Tee eingießt

Wenn sich
die kleinsten Handlungen öffnen,
beginnt die Verwandlung.
Du brauchst nicht mehr zu suchen,
weil es in dir ist.
Deine Hände sind gefüllt
mit Wundern.
Es verwandelt sich nichts,
außer dir.

In dem Arm und der Hand,
die den Tee eingießt,
ist alles wiederzufinden,
was verloren war.

Die englische Lyrikerin des neunzehnten Jahrhunderts, Elizabeth Barrett Browning, hat es in einem Vers wunderbar humorvoll ausgedrückt:

Die Erde ist mit Himmel vollgepackt,
Und jeder gewöhnliche Busch brennt mit Gott;
Aber nur der, der es sieht, zieht seine Schuhe aus;
Die anderen sitzen herum und pflücken Brombeeren.

Schon lange fasziniert mich, dass alles, was ich sehe, es selbst ist und gleichzeitig ein Symbol einer anderen Welt. Das bringt mit sich, dass ich die Dinge als sie selbst liebe, aber auch gleichzeitig ihre tiefere Sprache verstehen will.

Im Alter wird die Welt durchsichtiger. Die Transparenz der Welt hat vielleicht auch mit der eigenen Transparenz zu tun. Ich werde mir selbst transparenter, ich durchschaue mich, ich erlaube mir der zu sein, der ich bin und der zu werden, der ich werden kann.

Das Projektionsspiel

Nicht immer sind wir mit dem zufrieden, was in unserem Leben passiert ist. Da bietet es sich manchmal an, nach den Gründen zu suchen und das führt uns leicht auf die Suche nach einem Schuldigen. Vor einigen Jahren merkte ich, zu meiner eigenen Überraschung, wie ab und zu ein leichter Ärger – mehr war es nicht – meinen Eltern gegenüber in mir aufstieg: Sie hatten meine Geschwister und mich einfach »ausgewandert« als wir zehn, vierzehn und sechszehn waren.

Ich habe in meinem Leben – in Kanada und auch bei meinen vielen Besuchen in Deutschland – manchmal eine gewisse Heimatlosigkeit erlebt, wollte dafür Schuldige suchen und fand sie in meinen Eltern. Wenn es bei diesem Unternehmen nur darum ging, festzustellen, woher diese Gefühle der Heimatlosigkeit kamen, dann war es sicherlich eine gute Sache, wenn es aber um Schuldzuweisung ging, dann war es eine schlechte Sache, weil ich damit mein Leben in die Hände anderer gab. Dabei wusste ich, dass meine Eltern ihr Bestes getan hatten und ich auf vielen Ebenen davon profitiert habe, in einem Land wie Kanada, mit seiner Weite und seinen Naturschönheiten, aufgewachsen zu sein. Auch lebten meine Eltern zu der Zeit, als ich diese Gefühle hatte, nicht mehr. Auch würde durch die Schuldzuweisung keine Veränderung geschehen.

Ich merke im Alter noch mehr als früher, dass ich bei mir bleiben will und muss. Niemand anders ist für mein Glück verantwortlich. Ich will mein Leben nicht aus der Hand geben. Ich will dies auch nicht rückblickend tun: Damals hätte jemand dieses oder jenes tun müssen, und weil das damals nicht geschehen ist, kann ich jetzt nicht optimal leben.

Unsere Worte beschreiben nicht nur Wirklichkeit, sondern sie schaffen sie. Mir fällt auf, wie wir durch unsere Wortwahl eine Wirklichkeit herstellen, von der wir dann glauben, dass sie eine äußere Wirklichkeit ist, über die wir nicht Herr sind und der wir ausgeliefert sind. Am auffälligsten ist es, wie wir uns einander in die Hände geben und dann meinen, wir hätten daran keinen Anteil gehabt. Wenn ich sage: »Ich fühle mich nicht geliebt«, gebe ich bereits mein Leben ein Stück aus der Hand. Ich projiziere auf den anderen, dass er oder sie mich nicht liebt. Es ist zwar eine Projektion, aber sie hat eine starke Wirkung – auf mich und auf den anderen. Ich stelle etwas über den anderen fest und lege ihn/sie, und häufig mich selbst, damit fest.

Je öfter ich das wiederhole, desto mehr wird es zu einer Wirklichkeit, an der ich wenig tun kann, weil ich alles vom anderen erwarte. Anstatt zu sagen: »Ich fühle mich nicht geliebt«, könnte ich auch sagen »Ich fühle mich einsam« und würde bei dieser Aussage ganz bei mir bleiben und nichts in den anderen hineinprojizieren. Ich würde über meine empfundene Wirklichkeit sprechen und nicht aufgrund einer Annahme eine neue Wirklichkeit schaffen, von der ich nicht weiß, ob sie stimmt. Hier einige Gegenüberstellungen:

Ich fühle mich…

ungeliebt …	*…einsam*
nicht ernst genommen …	*…als hätte ich keinen Beitrag*
vergessen …	*…grau*
ungewollt …	*…als finde ich meinen Platz nicht*
übersehen …	*…als wäre ich unsichtbar*
eingeengt …	*…unfrei*
fremdbestimmt …	*…nicht selbstbestimmt*
vernachlässigt …	*…ohne echten Anschluss*

Auf der linken Seite der Liste mache ich alles von den Handlungen anderer abhängig. Hinter den Aussagen steht immer jemand, der mir nicht das gibt, was ich brauche – das ist jedenfalls meine Deutung. Damit versuche ich den anderen zu manipulieren, mir das zu geben, was ich wünsche. Je mehr ich so lebe, desto mehr wird die Abhängigkeit von anderen zu einer Wirklichkeit und desto bitterer werde ich, wenn das Gewünschte nicht geschieht.

Auf der rechten Seite stehen Feststellungen, bei denen

ich etwas tun kann. Ich kann meinen Platz suchen, ich kann versuchen, meinen Beitrag zu finden, ich kann mich sichtbar machen. Ich weiß, dass ich grundsätzlich nicht erwarten kann, dass ein anderer mir das gibt, was ich brauche. Er/sie ist nicht verantwortlich für mein Glück. Ich versuche, niemanden zu manipulieren, und bleibe selbst Herr meines Lebens.

Die Haltung in der linken Liste ist eine besondere Gefahr im Alter, weil wir häufig nicht mehr so gefordert werden und nicht so involviert sind, wie wir es früher waren. Der »Außenseiter« neigt eher dazu, Mutmaßungen anzustellen und die Welt zu deuten. Im Alter neigen wir auch dazu, zu glauben, dass wir aufgrund unserer vielen Erfahrungen die Welt »richtig« sehen und uns nichts vormachen. Die Ironie ist, dass wir dann die Welt meistens so erleben, wie wir sie beschrieben haben – und damit scheinen uns die Umstände rechtzugeben. Es ist eine »self-fulfilling prophecy«, eine sich selbst erfüllende Vorhersage.

Ich merke, wie weit verbreitet diese Sicht in mir ist. Ich erkenne in mir den Hang, den Schuldigen zu finden. Ich bleibe nicht lange bei meinem Zustand stehen, sondern suche nach einer Erklärung und das heißt häufig, einen Schuldigen. Da bin ich schon ganz im Projektionsspiel, das ein Spiel mit schwerwiegenden Konsequenzen sein kann.

Es erfordert eine gewisse Härte sich selbst gegenüber,

dem anderen nicht Schuld zuzuweisen, besonders wenn es um Lösungen geht. Es bleibt mir dann nichts weiter übrig, als zu überlegen, was ich tun muss, um die missliche Lage zu verbessern. Ich will mich auf mich konzentrieren und bei mir bleiben.

Bruder Tod

Vielleicht ist es möglich,
sich den eigenen Tod so oft vorzustellen,
ihn so liebend zu beschreiben,
ihn wie eine dünne, durchsichtige
Gardine im Wind zu spüren,
seinen Hauch wahrzunehmen
wie einen warmen Abendwind, ohne Angst,
sich an all die vor uns zu erinnern,
die ihm begegnet sind und zu wissen,
dass er der Anfang von etwas ist,
was wir nicht sagen können,
und dass er durch all diese Übungen
wie ein Freund in unserer Handfläche lebt,
wie der Stamm zwischen unseren Schulterblättern,
oder als Berg in unserem Leben steht,
der uns die Tiefe und die Höhe gibt,
nach der wir uns gesehnt haben.
Vielleicht ist es möglich,
ihn Bruder und Schwester zu nennen,
Bruder Tod, Schwester Tod,
und ihn heimzuholen wie einen Freund,
der bei uns leben will,
weil er nicht knöchern ist,
nicht weiß und leblos,
sondern der Kern des Lebens,

und weil er es ist, der die letzte Pforte
unserer Sehnsucht aufstößt.

Vergesslichkeit

Es kann passieren, dass ich auf einer Lesereise Menschen treffe, die ich eigentlich gut kenne – vielleicht haben wir ein paar Jahre früher nach einer Lesung noch zusammen gesessen und uns unterhalten – an deren Namen ich mich aber nicht mehr erinnere. Das wird in unserer Kultur als Nichtachtung verstanden. Es kann schmerzhaft sein, wenn mein Vergessen so gedeutet wird, weil es mir besonders wichtig ist, die kleinen Dinge ernstzunehmen und sie nicht zu vergessen. Es ist dann, als verlöre ich etwas von einer gewissen Unschuld. Es ist nicht die Vergesslichkeit, sondern die falsche Deutung, die mir zu schaffen macht.

Der Witz

Sich einen Witz verkneifen – auch wenn er gerade so wunderbar passen würde – weil man da bei den eigenen Kindern mit ein paar Sätzen um Jahrzehnte altern kann. Besonders wenn sie den Witz schon oft gehört haben.

Witzig zu sein, ist oft der Versuch, sich jung zu geben, weil wir das Alter mit Humorlosigkeit verbinden. Wer witzig sein kann, kann nicht alt sein. Wenn es so einfach wäre!

Seniorentag

An jedem ersten Donnerstag im Monat ist Seniorentag in unserem Supermarkt. Es gibt zehn Prozent Rabatt auf alles. Die Gänge sind häufig mit Wagen schiebenden Alten recht voll – ich nenne die, die wesentlich älter sind als ich, die Alten. An der Kasse ist immer die Frage, ob ich meine Goldcard zeigen muss, oder ob die Kassiererin automatisch annimmt, dass ich zu den Alten gehöre. Vorgestern reagierte sie erstaunt, dass ich zu den Senioren gehöre. Ich habe mich darüber gefreut, auch wenn es durchaus sein kann, dass sie diese Reaktion den ganzen Tag über als Masche gutgemeint anwendet. Außerdem: Warum freue ich darüber, als wäre Jungsein besser als Altsein?

Bitten lernen

Ich will im Alter nicht durch Bedürftigkeit Mitleid erwecken und so Hilfe bekommen. Ich will lernen, direkt um die Hilfe zu bitten, die ich brauche, und so das Mitleid überspringen, weil es eine Form von Manipulation ist, es zu erzeugen.

Roman

Ich schreibe an einem Roman über einen berühmten Filmregisseur, der die Diagnose »Unheilbarer Krebs« bekommt und sich nun auf das Sterben vorbereitet. Während ich schreibe, habe ich die Frage: Bereite ich mich selbst so auf mein Sterben vor oder leite ich einen Prozess ein, der in meinem Leben vielleicht noch nicht »dran« wäre – etwa nach dem Motto, dass das geschieht, womit wir uns befassen? Ich entscheide mich für die erste Antwort.

Kleinkram

Es fällt mir immer noch schwer, in dem täglichen Kleinkram – Rechnungen zu bezahlen, Sachen zu verschicken, Telefonate zu beantworten, ein Abonnement zu erneuern, aufzuräumen, das Haus in Stand zu halten – den bedeutsamen Vollzug meines Lebens zu erkennen. Manchmal begreife ich, dass die sogenannten »großen Dinge« am Ende klein sind, und dass sich das Eigentliche ganz woanders abspielt – unfassbar, unbeschreibbar, vielleicht sogar unerlebbar.

So fremd

Der Alterungsprozess selbst hat etwas Mystisches. Da bleibt etwas dasselbe und verändert sich doch. Ich bin der, der ich war und bin es doch nicht. So bin ich mir fremd, so komme ich mir nah.

Unabhängig von Meinungen

Jetzt, wie nie zuvor, ist die Zeit, mich von den Meinungen anderer unabhängig zu machen. In der Expansion der Jugend und des mittleren Alters, schien es wichtig zu sein, das Wohlwollen anderer zu erobern, es zu erhalten und zu genießen. Ihre Meinung zählte und trug dazu bei, mir meine eigene Meinung zu bilden. Dann bildete sich meine Meinung, und zwar nicht als Gegensatz zu anderen Meinungen, nicht als revolutionäre Tat, sondern aus dem Bemühen, zu wachsen und zu reifen. Ich begann, mich zu verstehen und erkannte mich in meiner Einmaligkeit.

Ich erlebe es wie einen Genuss, eine Einstellung, Haltung und Meinung zu haben und mich darin wiederzufinden. Nicht im Sinne eines endgültigen Urteils, nicht als Abschluss, nicht als Verschlussakt – wohl aber als die vorläufige Summe von vielen Erfahrungen, Gedanken, Erlebnissen, Gesprächen, Gelesenem. Der Kern, der ich war, oder den ich in mir verspürte, wenn ich mir treu war, wuchs durch die Jahre, gewann Gestalt und wurde mehr und mehr zum Ausdruck eines ganz einmaligen, unauswechselbaren Menschen. Ich entstand, und jetzt im Alter kann ich mich anblicken und sagen: Das bin ich. Das ist nicht endgültig, es geht weiter, weil es ein Prozess ist, aber vorläufig bin ich hier angelangt und habe diese Sicht des Lebens. Diese Sicht finden manche auf die eine oder andere Weise nicht gut, sie entspricht nicht ihrer Sicht. Manche missbilligen sie, finden sie falsch. Ich erinnere mich an meine Mutter – sie starb als ich sechsundfünfzig war. Sie hatte immer wieder Mühe mit meinem freieren Denken. Manchmal wollte sie ein neues Buch von mir nicht sehen, weil sie Angst hatte, darin einen Glauben zu finden, der nicht dem Glauben entsprach, den sie mir als Kind vermittelt hatte. Ich war ihr nicht fromm genug – in der Weise, wie sie das Wort füllte. Das war – und ich sage das nicht lieblos, wohl aber konsequent – nicht mein Problem. Ich habe meine Sicht nicht entwickelt, um jemandem zu gefallen, auch nicht meiner Mutter, sondern meine Sicht ist aus dem gewachsen, was ich erlebt habe und was ich verantworten kann. Zu altern ist für mich eine Art Heimkehr zu mir selbst.

Auf der Beerdigung meiner Mutter, nachdem ich eine Art Nachruf auf sie gesprochen hatte, kam eine fremde Frau auf mich zu und sagte: »Du bist also der Ulrich. Wir haben im Kreis mit deiner Mutter viel für dich gebetet.«

Ich erinnere mich noch an das seltsame Gefühl, das ich bei diesen Worten spürte, so als hätte meine Mutter mich hintergangen, weil sie einer mir fremden Frau intime Dinge von mir berichtet hatte. Meine Mutter und ich hatten eine enge Beziehung zueinander und doch konnten wir die Welt nicht gleich sehen, auch wenn wir viel miteinander gesprochen haben.

Das ist der Preis der eigenen Meinung. Ich kann sie mir leisten, ich brauchte das Wohlwollen anderer weniger als früher. Ich brauche die Treue zu mir selbst, um mit mir leben zu können. Es ist schön, wenn Menschen uns in unserer Entwicklung begleiten, aber wir müssen auch gut leben können, wenn sie uns nicht begleiten und einen anderen Weg gehen, vielleicht sogar, wenn sie uns verachten. Das kann der Preis des bewussten Lebens sein.

Eine Kette

Wie kostbare Perlen auf eine Kette,
ziehe ich meine Erlebnisse auf den Faden der Erinnerung auf.
Jede Perle braucht ein Loch für den Faden.
So durchschießt die Zeit auch
die Mitte des Schönsten, setzt den Blick ins Unendliche frei,
und ich trage um meinen Hals
den gesammelten Reichtum meines Lebens
in allerkleinsten Perlen.

Erschütterungen

Durch Erschütterungen entsteht das Neue. Das Leben hat so manches an gewisse Stellen in uns gerüttelt. Wir wissen, wer wir sind. Wir wissen, wie wir uns einzuordnen haben. Wir meinen auch zu wissen, wohin die anderen gehören, wozu sie zu zählen sind. Die Überraschungen sind weniger geworden – einerseits, weil wir uns ihnen im Alter weniger aussetzen und andererseits, weil alles schon seinen Platz hat. Wir kennen die Straßen, die Bergketten, den Anfang des Meeres, die Landesgrenzen.

Und dann kommt die Erschütterung, die alles in Frage stellt. Ich wohne am Rand einer Stadt, die auf ein großes Erdbeben wartet. Es ist nicht die Frage, ob es kommt, sondern nur noch wann. Anhand früherer Erdbeben wissen wir, dass es bereits ein Jahrzehnt überfällig ist. Eine große unterirdische Platte schiebt sich unter die andere, der Druck wächst und irgendwann wird es soweit sein. Es kann jeden Tag geschehen. Wenn es geschieht, wird es wahrscheinlich eines der größten Desaster sein, die es je auf der Erde gegeben hat, seit es uns Menschen gibt, weil es drei große Städte betrifft. Das Erdbeben wird alles durcheinanderrütteln. Vieles wird nicht mehr so sein wie vorher, darüber sind sich die meisten in Vancouver, Seattle und Portland klar.

Das ist für mich wie ein Sinnbild. Es sind die Erdbeben

in unserem Leben, die alles durcheinanderrütteln und neue Kombinationen möglich machen. Aber das bedeutet auch ein tiefes Erschrecken, eine Neu- oder Umorientierung von großen Ausmaßen. Wir verändern uns nicht, wenn wir uns nicht erschüttern lassen. In einem Gedicht von mir heißt es:

Von Erschütterung zu Erschütterung
entsteht eine neue Welt
und du tastest dich durch sie hindurch.

Erschütterungen können eigene Fehler sein, große Verluste, Infragestellungen von den Dingen, mit denen wir unser ganzes Leben gelebt haben, Verlassen und Verlassenwerden, große, existenzielle Zweifel. Derartige Erschütterungen können uns dazu bringen, alles neu zu überlegen. Bei allem Schmerz, den sie verursachen, sind sie auch unsere Chance. Unsere Gesellschaft versucht uns zu vermitteln, dass diese Erschütterungen nicht nötig sind. Aber sie sind nötig, wenn etwas neu in uns werden soll. Es gibt auch graduelle Verschiebungen, sanfte Verwandlungen, aber oft brauchen wir die Erschütterung, weil wir uns sonst nicht öffnen würden. Gewohnheiten halten uns blind.

Neigung

Lass die Tränen kommen,
lass die Geschichten in Vergessenheit geraten,
lass den Apfelbaum verwildern
und die Felder verdisteln,
lass die frommen Erinnerungen übergrauen,
lass das hellblaue Kleid
und das lilarot gemusterte Hemd,
lass die blonde Muskelkraft
und den unnachahmlichen Blick,
lass den Himmel und die Hölle.

Probiere die neu gezüchteten Apfelsorten,
genieße die Bilder hinter den Vorhängen,
pflüge die steinigen Rinnen,
ernte, was du nie säen konntest,
ahne, was kommt,
begegne den faltigen Gesichtern,
spüre die engeren Blutgefäße,
die das Blut beschleunigen,
achte auf die Herbstschmerzen:
Sie sind eine Tür,
die nur der Mut, den du jetzt hast,
öffnen kann.

Gebraucht werden und brauchen

Jemanden zu brauchen und von jemandem gebraucht zu werden ist fast wie ein Gesellschaftsspiel geworden. Wir lernen es alle jung. Man muss es können, um nicht überall anzuecken. Das Negative an diesem Spiel ist, dass man häufig nicht ganz echt ist. Echtsein ist im Alter zunehmend wichtiger. Nicht echt zu sein ist, die eigene Entwicklung und Reife zu verweigern.

Wir brauchen sehr viele Menschen – einen Bäcker, einen Lehrer für unsere Kinder, einen Schaffner, einen Abgeordneten, einen Lebensmittelverkäufer, einen Arzt, einen Rechtsanwalt, einen Makler und viele andere. Viele tangieren unser Leben täglich, andere nur ab und zu. Auch für unser Innenleben brauchen wir Menschen, aber es müssen die richtigen sein, wenn sie eine gute Wirkung auf uns haben sollen. Darum möchte ich bestimmen, mit wem ich mich einlasse.

Ich brauche ganz viele Menschen nicht, auch gerade solche nicht, die vielleicht einmal Teil meines Lebens waren. Mein Leben ist weitergegangen und ich bin jetzt in einer Phase, wo genau die, mit denen ich einmal enger verkehrt habe, mich belasten würden. Da ist es Zeit, loszulassen. Das wird schnell als Undankbarkeit, Bindungsangst, Überheblichkeit und Arroganz ausgelegt. Ich möchte mich von diesen Argumenten nicht mehr erschrecken und manipulieren lassen.

Ich brauche auch die nicht, die genau zu wissen meinen, welcher mein Weg ist. Ich möchte mich von ihnen nicht einengen lassen. Ich brauche nicht Bewunderung, nicht Verehrung, nicht übertriebene Kritik, die aus Neid entsteht. Ich brauche nicht Unverständnis für mich, nicht Gleichgültigkeit. Ich möchte auf Dauer nicht mit Menschen sein, die mich in meinem Sosein nicht schätzen. Dazu gehören auch die, die mir mein Gottesbild besserwisserisch ausreden wollen. Ich erwarte nicht, dass jemand so glaubt wie ich, aber ich erwarte, dass ich in einer Freundschaft das glauben kann, was mir wichtig ist. Menschen, die so sind, sind mir kein Gegenüber. Ich sage damit nichts über sie als Menschen aus – aber sie bringen mich nicht weiter. Ich habe den Mut, mich von ihnen zu trennen.

In dem Sinne möchte ich meine Freundschaften und Bekanntschaften neu sichten. Es ist für mich im Alter wichtig. Ich wünsche mir eine Verschwörung der Reifenden. Ich brauche Begegnungen: Menschen, die etwas haben, was mir fehlt, Menschen die mich spiegeln und mir zeigen, wie ich wirke. Ich brauche Menschen, mit denen ich zusammen etwas denken kann, was ich nicht alleine denken konnte. Ich brauche Menschen, bei denen ich aufgehoben bin und bei denen ich mich fallenlassen kann. Alle anderen brauche ich nicht für mein Innenleben.

Ebenso möchte ich untersuchen, warum Menschen meinen, mich zu brauchen. Auch da gibt es viel Missbrauch.

Da braucht jemand mich, um seine Verwöhnung weiter leben zu können. Ich soll gut finden, was er macht, weil er sich damit selbst ein wenig aus der Verantwortung entlassen kann. Oder jemand macht mit mir weiter, weil wir irgendwann einmal Freunde waren, auch wenn seit langem nichts mehr passiert ist, was für unser beider Leben wichtig wäre. Da ist Freundschaft zu einer Gewohnheit geworden. Es bedarf des Mutes, etwas zu beenden. Es gibt auch die, die von der Energie anderer zehren und dabei ihr Leben nicht selbst in die Hand nehmen. Auch das möchte ich nicht unterstützen. Selten sind Menschen neutral: Entweder geben oder nehmen sie mir etwas.

Da, wo das Bedürfnis des einen Menschen für den anderen nicht angetrieben ist von einem echten Wunsch nach Wachstum – sei es durch offene Nähe, durch Herausforderung, durch Spiegelung und Kritik – da entsteht schnell Missbrauch. Da benutzt einer den anderen. Natürlich kann sich eine Beziehung nicht immer nur in Tiefe und Bedeutsamkeit aufhalten. Ich merke, wie gern ich mit Menschen auch nur ganz locker zusammen bin, besonders wenn uns zu anderen Zeiten eine Tiefe verbindet. Wenn aber das Lockere und Oberflächliche die einzige Art des Zusammenseins ist, dann fehlt etwas. Wenn man sich in einer Freundschaft nicht wirklich begegnet, wenn man nicht offen sein kann, wenn man die Verletzbarkeit meidet, dann ist mir das zu wenig. Meine Frage ist dann: Braucht mich der andere wirklich, oder soll ich nur Handlungen und Haltungen des anderen gutheißen? So wie ich diese Fragen stelle, so bin ich auch bereit, mir diese Fragen stellen zu lassen. Gerade im Alter finde ich es wichtig, mich aus unguten Verstrickungen zu lösen, und aus Beziehungen entlassen zu werden, weil mein Gegenüber nicht mehr das von mir bekommt, was er oder sie braucht.

Mein Ziel ist es, reifer zu werden. Darum möchte ich von den Menschen, die mich wirklich bereichern, lernen, mir selbst das zu geben, was ich von ihnen empfange, um sie dann irgendwann nicht mehr zu brauchen. Bei manchen löst es Angst aus, selbst weniger gebraucht zu werden und ebenso andere weniger zu brauchen. Aber das macht die Liebe erst wirklich möglich. Es heißt darum nicht, dass man sich von Menschen, die man nicht mehr braucht, trennt. Weil wir einander nicht mehr brauchen, können wir neu zueinander finden. Ich möchte ganz aktiv auf den Punkt zustreben, wo ich weniger brauche und weniger gebraucht werde. Es ist der Weg in die Freiheit. Bei allem Reifen werden wir sicherlich immer wieder gebraucht werden und jemanden brauchen, dafür sind wir Menschen. Wir werden darum nicht beziehungslos leben, sondern unsere Beziehungen stärker von unserem Willen und weniger von unserer Not her gestalten.

Ich will nicht Jasager um mich haben, wohl aber

Menschen, die auf einer ähnlichen Reise unterwegs sind. Es ist wenig sinnvoll, wenn ich von Frankfurt nach Köln reisen möchte und mich dazu in einen Zug setze, dessen Insassen mir deutlich sagen, dass der Zug nach Stuttgart fährt. Meine Reise ist mir wichtig. Ich will sie nicht gefährden.

C.S. Lewis hat in einem Aufsatz geschrieben, dass das Zeichen des neuen Menschen sei, nicht mehr das Bedürfnis zu haben, gebraucht zu werden. Ich trage meinen Wert in mir und beziehe ihn nicht von der Wertschätzung meiner Mitmenschen. Damit sage ich nichts gegen diese Wertschätzung, aber ich mache mich nicht abhängig von ihr.

Einen Preis haben

Es gibt im Zusammenhang mit dem Brauchen und Gebrauchtwerden einen für mich an Wichtigkeit wachsenden Begriff: Ich will mich nicht unter Wert verkaufen. Es ist mir wichtiger denn je, mich selbst und mein Umfeld einzuschätzen. Ich merke, wie mit dem Alter die Zeit kostbarer wird und ich möchte gewissenhafter darüber verfügen. Ich will meine Zeit nicht mit Belanglosigkeiten verschwenden oder mit Menschen verbringen, die ihr Interesse an Beziehung und Tiefgang nicht deutlich machen. Ich brauche die Zeit für wertvolle Begegnungen, entweder live, per Telefon oder Mail.

Darum übe ich, den Mut aufzubringen, zu fragen, was jemand von mir will, worum es in einer Begegnung, in einem Treffen oder bei einem Gespräch geht, damit ich entscheiden kann, ob ich mich darauf einlassen will. Ich bin ein »Gut« – meine Gedanken, meine Zeit, meine Begeisterung, mein Engagement, meine Stille, mein Dasein sind Güter, die einen Wert haben. Sie haben auch einen Preis, und es ist wichtig, ob mein Gegenüber bereit ist, diesen Preis zu zahlen. Der zu zahlende Preis ist oft nichts anderes, als die echte Bereitschaft, zu teilen und sich verletzbar zu machen.

Ich bin mir meiner Würde mehr denn je bewusst. Ich erwarte dafür keine Ehrerbietung, möchte mich aber selbst dieser Würde entsprechend verhalten. Ich bin nicht bereit, über mich verfügen zu lassen, auch gerade im Alter nicht, wo manche meinen, man müsse verfügbarer sein als zuvor, weil man nicht mehr berufstätig ist. Ich nehme mir die Freiheit, für manches keine Zeit mehr zu haben. Ich bin mir zu schade. Ich möchte meine Zeit anders gebrauchen. Dazu gehört, mir keine langen Geschichten mehr anzuhören, an deren Ende der Erzählende keine Reflexion wünscht, und nur erwartet, dass ich Zustimmung nicke. Ich bin mehr wert, ich habe einen höheren Preis.

Nicht gehen können

Vielleicht ist das Verlassen der Welt für manche so schwer, weil sie noch nicht wirklich gesehen und erkannt worden sind. Ich merke, wie ich immer noch etwas tun möchte, damit man mich wahrnimmt – nicht so sehr im Sinne des Auffallens und der Anerkennung, wie im Sinne des Erkanntwerdens für die eigene Einmaligkeit. Ich spüre, dass ich einen Reichtum in mir trage, eine unauswechselbare Sicht der Welt, und es ist meine Aufgabe, dieses darzustellen. Für mich ist es auch gerade im Altern wichtig, mich immer wieder auf die Reise nach innen zu begeben, um die »Gestalt« meines Lebens zu entdecken.

Es gibt Momente, da bin ich davon fasziniert, wie sich mein Leben entfaltet hat – wie es in vielen Bereichen seinen ganz eigenen Ausdruck gesucht und gefunden hat und damit unverwechselbar geworden ist. Gelegentlich denke ich, dass es eine Anmaßung ist, so leben zu wollen, aber dann weiß ich wieder, dass es nur der Wunsch ist, die Masse zu verlassen, ein eigenes Profil zu haben und als ein einzelner erkannt zu werden. Dieser Hang entspricht uns als Menschen, er ist Teil unserer Definition. Das ist unsere Berufung und unser Bedürfnis.

Im Alter spitzt sich dieses Thema zu, weil sich die Frage stellt: Wenn ich es bisher nicht geschafft habe, wie soll es mir dann jetzt noch gelingen? Ich vermute, dass daher auch soviel Unwillen bei manchen Alten zu spüren ist: Sie sind noch nicht in ihrer Art und Besonderheit erkannt worden, und jetzt, im Alter, scheint man sie noch mehr als früher zu übergehen, oder sie als einen von vielen zu sehen – dazu noch, als einen von vielen Alten, die ohnehin nichts Wichtiges mehr beizutragen haben. Es ist eine Missachtung und sie wissen, dass sie in diesem Unerkanntsein sterben werden. Da entzündet sich ihre Trauer, die sich manchmal als Ärger und Borniertheit äußert.

Ich hoffe, dieses Erleben meines ganz Eigenen wird es mir erleichtern, irgendwann zu gehen. Ich habe mich erkannt und bin von anderen in meiner Einmaligkeit erkannt worden. Ich habe gelebt, ich kann gehen.

Wenn es ginge

Wenn es ginge
auch noch in den letzten Minuten
ganz still Licht zu verbreiten,
das Zimmer mit den Augen auszumessen,
vielleicht die Menschen zu erkennen,
den ganzen Bogen des Lebens zu sehen
wie einen Regenbogen,
wie klar und folgerichtig wäre dann der Schritt
in das Unbeschreibliche.
Und wie viel leichter lebte es sich jetzt
in dem wachsenden Dunkel mit diesem Wissen.

Hinter unserem Haus

Hinter unserem Haus ist ein Berg,
auf dessen Höhe der Tod auf mich wartet.
Einmal werde ich zum letzten Mal
den Weg durch die Erlen,
die Fichten und Tannen gegangen sein,
und ich werde es nicht wissen,
wenn ich Fuß vor Fuß setze.
Aber ich weiß,
dass oben der Tod wartet
und das macht mich frei,
den linken Fuß vor den rechten zu setzen,
in der Unaussprechlichkeit meiner Liebe
zu dem Weg, zu den Bäumen und Büschen,
zu den Geräuschen der Tiere,
zu der Wölbung des Blaus
mit seinen Wolkenschiffen.
Ohne die Dinge wäre ich nur eine Hülle,
weil ich meine Liebe nicht üben könnte.
Wenn der Moment kommt,
werde ich alles abstreifen,
auch mich selbst,
um dann im Frühjahr
in den hellgrünen Spitzen der Tannenäste
und den Kätzchen der Erle zu sehen,
wie unsterblich das Leben ist.

Den roten Faden im eigenen Leben finden

Es hat mich schon immer interessiert, von welchen Gedanken, Träumen, Werten und Einstellungen mein Leben zusammengehalten wird. Dieses Interesse ist beim Älterwerden noch gewachsen. Ich merke, dass Spiritualität die große Klammer ist. Es ist die alte Suche nach der Weltformel, aber nicht im naturwissenschaftlichen Sinne, noch nicht einmal im begreifbaren, ausdrückbaren Sinn, sondern im Ahnen, im Spüren, in der Intuition, im Glauben. Ich habe immer in irgendeiner Form gesucht und das Bedürfnis gehabt, diese Suche mit anderen zu teilen. Das stand im Zentrum meines Lebens, das war der rote Faden und ist es noch.

Den Begriff Spiritualität habe ich im Laufe der Jahre aufgefächert und er umfasst jetzt die Achtsamkeit – besonders im alltäglichen Sinn, die Konzentration auf die natürlichen Prozesse in der Natur und im Zwischenmenschlichen, die wachsende Erkenntnis, dass ich in unfassbare Zusammenhänge eingebettet bin. Ich bin glücklich, dass diese Entdeckungen zum Alter gehören und ihm einen Glanz verleihen.

Ich kann jetzt ein genaueres Profil von mir erstellen. Es besteht aus den einfachen Antworten auf die Fragen »Was will ich überhaupt?, Was ist mir wichtig?, Wohin hoffe ich zu gelangen?« Es ist das Vorrecht, jetzt manches zusammenzubringen und ein vorübergehendes Fazit ziehen zu können. Ich sehe das nicht nur als eine wachsende Fähigkeit, dieses im Alter tun zu können, sondern auch als eine Notwendigkeit. Es ist eine Art Zwischenbilanz, die Orientierung für den letzten Lebensabschnitt geben kann.

Es mag sein, dass ich mich durch mein Wachstum immer wieder aus diesem Profil hinausbewege, es erweitere und verwandle – aber trotzdem ist es wichtig, den roten Faden zu finden, auch wenn ich ihn immer wieder neu deute. Dadurch verstehe ich mein Leben als ein Kontinuum und nicht nur als eine Reihe von einzelnen Ereignissen, die ich nicht sinnvoll miteinander verbinden kann.

Die Seele braucht das Altern

Der Körper hat das Alter nicht nötig, es ist oft eine Zumutung, vielleicht eine Heimsuchung – wobei dieses Wort schon interessant schillert. Der Körper hat lange vor dem Alter – ohne Ausnahmen – seinen Höhepunkt überschritten. Er lässt nach und zerfällt häufig. Aber für die Seele ist das Altern notwendig. Sie ist dem Wein ähnlich, der mit dem Alter reift. Das Alter kann uns abrunden und ergänzen, was noch fehlt. Es kann uns Türen öffnen und Zugänge zu Welten schaffen, die früher verschlossen waren.

Das Alter hat eine seltsam gleichmachende Wirkung. Die Starken und Lauten haben im Alter die Chance, empfindsamer und leiser zu werden. Das Alter kommt ihnen entgegen, weil der Körper nicht mehr kann, was er einmal konnte. Durch Vorgänge im Körper werden sie ermutigt, sich umzuorientieren. Und die Schüchternen können mit dem Alter lernen, sichtbar zu werden und sich zu behaupten. Vielleicht brauchen sie länger, um sich an ihre Grundrechte und ihre Einmaligkeit zu erinnern. In diesen Vorgängen drückt sich eine tiefe Weisheit aus.

Meine seelische Vervollständigung ereignet sich mitunter in entgegengesetzter Weise zu dem Abdanken meines Körpers. So wie der Körper schwächer und hinfälliger wird, so kann die Seele besser in Erscheinung treten. Man könnte für Seele auch Charakter setzen. Der Charakter bildet sich mit den Jahren. Er braucht Zeit für seine Entfaltung. Vielleicht lassen darum auch unsere Sinne im Alter nach. Wir hören schlechter, sehen nicht mehr gut, manche büßen ihren Geschmackssinn ein. Vielleicht ist das auch nicht ein wirklicher Verlust, sondern ebenfalls eine Umorientierung.

Weil wir uns mit unserer Seele beschäftigen, treten die Sinne zurück. Oder: Die Seele zwingt unsere Sinne zurückzutreten. Natürlich gibt es alte Künstler und schöpferische Menschen, die beweisen, dass sogar im

Alter die Sinne noch ganz scharf sein können, wenn der Mensch mit ihnen etwas tut, was er liebt. Ich denke da an Grandma Moses, an Georgia O' Keefe, C.G. Jung, Martin Buber, Albert Schweitzer, Mahatma Gandhi. Wir erinnern uns an sie wegen ihrer großen Seelen.

Unauslöschlicher Glanz

Es ist jetzt gelegentlich so,
dass ich mich sehr deutlich
an meine jungen Jahre erinnere
und ein paar Augenblicke lang glaube,
dass sich mein Leben auftut,
wie damals und alles möglich ist,
noch mehr als damals,
weil ich mit heutigen Augen sehe,
bis ich meinen Handrücken ansehe
und einen ziehenden Schmerz
in meinen Beinen spüre.

Dann konzentriert sich alles in mir
auf die eine Tür, die offen bleiben wird
bis zu meinem letzten Tag.
Aus ihr kommt der unauslöschliche Glanz.

Ereignis

Es gibt Momente, vielleicht sogar Tage und Wochen, in denen ich nicht mehr wachsen will. Es ist keine Verneinung meines Wachstumsprozesses, aber etwas Anderes. Ich spüre dann, wie sich eine andere Art der Reife andeutet. Sie ist losgelöst von dem, was ich tue und meine, tun zu müssen. Ich muss meine Reife nicht mehr »leisten«, muss sie mir nicht mehr erarbeiten. Ich darf hoffen, dass sie sich ereignet. Der Begriff »Ereignis» begleitet mich schon lange. Ein Ereignis scheint keinen deutlichen Ursprung zu haben, als sei es losgelöst von den üblichen Bezügen. Es geschieht einfach. Dafür möchte ich frei sein. Ich bin es gewohnt, etwas vorzubereiten, etwas ins Leben zu rufen. Im Englischen sagt man »to make something happen« – etwas geschehen zu machen. Ich rufe etwas durch meine Entscheidung und Zielstrebigkeit ins Leben. Die Beiträge dieses Buches sind durchsetzt von dieser Haltung.

Jetzt im Alter tut sich diese andere Möglichkeit auf. Ich bin, und dann ereignet sich etwas – nicht durch meine Tätigkeit oder Planung, sondern einfach nur so, fast wie von selbst. Ich will jetzt im Alter lernen, mich in einer Lockerheit zu ereignen, die über meine sonstigen Anstrengungen wohlwollend lächelt. Vielleicht gelingt es mir sogar, einen für mich ungewöhnlichen Gipfel zu erreichen: Zu sagen, ich will dieses oder jenes nicht mehr von mir verlangen. Ich will mich begnügen mit mir, wie ich bin. Es wäre ein großer Sprung von meinen jetzigen Haltungen. In einem Gleichnis Jesu wird von einem Bauern berichtet, der seine Saat aussäte und danach ruhte. Das Ruhen ist Teil des Tuns. Das will ich noch lernen.

Das Alter ist die Zeit, in der wir es uns leisten können, in der Spannung zu stehen, etwas tun zu müssen und es sich ereignen zu lassen. In den ersten drei Vierteln unseres Lebens waren wir dafür verantwortlich, dass etwas geschah. Wir waren Kapitän unseres Schiffes. Jetzt im Alter ist es genauso angebracht, das Steuer gelegentlich dem »Ereignishaften« zu übergeben, dem Mysterium, der Großen Hand. In einem Gedicht von mir gibt es die Zeile:

Du bist ein leidenschaftliches Ereignis.

Nur noch eins zu wollen

Unsere Zeit ist dadurch gekennzeichnet, dass wir von schier unendlichen Möglichkeiten umgeben sind. Eine unüberschaubare Anzahl von Reizen flutet auf uns ein. Per Internet ist die ganze Welt für uns zugänglich. Es ist eine große Herausforderung, zu sortieren und das auszuwählen, was uns weiterführt. Da, wo unsere Zeit knapper wird und unsere Kapazitäten nachlassen mögen, wird es wichtiger denn je, gewissenhafter auszuwählen.

Es ist ein Zeichen der Adoleszenz, alles zu wollen. Es ist Zeichen des Erwachsenen, gewählt zu haben, um gewisse Möglichkeiten in einer größeren Tiefe zu verfolgen. Es ist Zeichen des Alternden, diese Möglichkeiten noch zu reduzieren und vielleicht sogar am Ende »nur noch eines zu wollen«. Ich merke, wie ich noch auf Möglichkeiten reagiere, die an mich herangetragen werden – etwas beginnt zu schwingen, meine Stärken treten hervor, ich denke: »Ich könnte da wirklich einen Beitrag leisten«. Ich erinnere mich daran, wie ich früher gehandelt habe und es bietet sich an, wieder so zu handeln. Aber jetzt will ich lernen, Nein zu sagen. Ich merke jetzt existenzieller, dass das Gute wirklich Feind des Besseren ist. Das, was früher gute Angebote und Möglichkeiten waren, sind jetzt manchmal Versuchungen. Dabei sind die Dinge an sich nicht anders, aber weil sie mich zu einer anderen Zeit in meinem Leben treffen, haben sie jetzt für mich eine andere Bedeutung.

Ich merke, wie das für mich zu einem Problem werden kann, weil ich mich selbst als immer ansprechbar verstanden habe. Es war für mich wichtig, für Menschen da zu sein, und die Welt um mich hat dieses Bild von mir übernommen. Das jetzt zu verändern, kann anstrengend sein. Ich muss mich erst selbst anders sehen und dann dieses Bild Freunden und Bekannten vermitteln. Das genauere Profil, was ich jetzt von mir erstellen will, erfordert eine genauere Wahl meiner Aktivitäten und Freunde. Ich kann nicht einfach das weitermachen, was bisher gut war. Sich selbst so auf eine neue Weise zu entdecken, oder gar neu zu erfinden, kann abenteuerlich sein.

Ein Wintertag in Gibsons

Als ich heute aufstand war mir bewusst,
wie gut es ist, aufstehen zu können.
Vielleicht werde ich es irgendwann nicht mehr können.
Den Fruchtsalat zum Frühstück
habe ich wieder genossen,
als würde ich ihn zum letzten Mal essen.
Er bestand aus einer halben Mango,
einem kleinen Apfel, einer Viertel überreifen Birne,
einer Scheibe Cantaloupe – eine Gartenmelone,
ein paar Grapefruit Dreiecken
mit einem gebogenen Messer kunstvoll herausgelöst
aus den Trennwänden in der Frucht.
Zu dem Obst kamen ein paar Nüsse
und in Wasser eingeweichte Leinsamen,
die alles sämig machten.
Ich aß, während es draußen stürmte
und auf dem Meer ein Schlepper drei Schleppkähne
mit frisch beschneitem Kies durch die Inseln vor dem Haus zog.
Ich dankte meinen Augen für ihre Geschenke.

In dem starken Wind, der von dem Tantalus Gebirge kam
und gegen den Schlepper stand,
kam das kleine Boot mit seiner großen Last
langsamer als ein Fußgänger voran.
Es erinnerte mich an etwas, das vielleicht in meiner Zukunft liegt.
Später setzte ich mich an den Computer
und fand in mir eine Reihe Gedanken, die mir neu waren.
Sie ließen sich sortieren und machten mich glücklich.
Ich formte sie und ließ mich von ihnen beraten.
Vielleicht werde ich das irgendwann einmal
nicht mehr können. Es kann sein.
Später ging ich mit federndem Schritt
(das Federn brauchte etwas Anstrengung)
die dreihundert Meter zum Postkasten
und grüßte die älteren Nachbarn.
Als ich die Post aus dem Kasten zog,
war mir klar, dass irgendwann
jemand anders diesen Kasten gebrauchen wird.

Zu Abend saß ich mit dir an unserem kleinen runden Tisch,
wie seit über vierzig Jahren
und wir freuten uns an dem einfachen Mahl
aus Quinoa, Bohnenbratlingen und einem Salat.
Es ist jetzt abzusehen, dass irgendwann einer von uns
alleine hier sitzen wird.

Am Abend versank ich in einem Buch,
das schon lange auf mich gewartet hatte.
In ein paar Tagen wird es nicht zu den vielen Büchern gehören,
die ich nie gelesen haben werde.

Als wir uns zur Nacht hinlegten
und unsere Hände sich im Dunklen berührten,
da wusste ich, dass dieser Tag wie eine Zugabe war,
wie jetzt jeder Tag.

Printed in France by Amazon
Brétigny-sur-Orge, FR

17106492R00212